汉英语言对比研究

ANYING YUYAN DUIBI YANJIU

曹勇 著

西安交通大学出版社
XI'AN JIAOTONG UNIVERSITY PRESS
国家一级出版社
全国百佳图书出版单位

图书在版编目(CIP)数据

汉英语言对比研究 / 曹勇著. — 西安 ：西安交通大学出版社，2023.2
ISBN 978-7-5693-1692-6

Ⅰ. ①汉… Ⅱ. ①曹… Ⅲ. ①汉语-对比研究-英语 Ⅳ. ①H1 ②H31

中国版本图书馆 CIP 数据核字(2021)第 103611 号

书　　名 汉英语言对比研究
著　　者 曹　勇
责任编辑 李　蕊
责任校对 庞钧颖

出版发行 西安交通大学出版社
（西安市兴庆南路 1 号　邮政编码 710048）
网　　址 http://www.xjtupress.com
电　　话 (029)82668357　82667874(市场营销中心)
(029)82668315(总编办)
传　　真 (029)82668280
印　　刷 西安五星印刷有限公司

开　　本 720mm×1000mm　1/16　**印张** 16.875　**字数** 284 千字
版次印次 2023 年 2 月第 1 版　2023 年 2 月第 1 次印刷
书　　号 ISBN 978-7-5693-1692-6
定　　价 98.00 元

如发现印装质量问题，请与本社市场营销中心联系。
订购热线：(029)82665248　(029)82667874
投稿热线：(029)82668531　(029)82665371

前言

吕叔湘先生曾说过:“一种事物的特点,要跟别的事物比较才显出来。……语言也是这样。要认识汉语的特点,就要跟非汉语比较。……无论语音、词汇、语法都可以通过对比来研究。”确实,语言的对比研究在现代汉语语言学、汉语语法体系的创建和发展过程中起到了巨大的作用,马建忠的《马氏文通》、黎锦熙的《新著国语文法》、吕叔湘的《中国文法要略》、王力的《中国现代语法》和《中国语法理论》及赵元任的《中国话的文法》等,均是通过汉语与外语的对比研究而产生的成果。

想写一本关于汉英语言对比的书,是我十多年来的一个心愿。在给学校对外汉语专业(现称汉语国际教育)讲授汉英语言对比课程时,深感缺少一部适合该专业学生阅读的、能全面系统介绍汉英语言对比研究最新成果的图书。2015 年,汉语国际教育研究生课程增设了“语言对比研究”的内容,我这才下定决心开始撰写,断断续续写了几年,最近总算完稿。

本书主要借鉴前人的研究成果,对汉英两种语言在语音、词汇、语法、语篇及语用等方面的一些主要异同做了一些梳理和归纳。

全书共分八章,涉及汉英语言对比研究中的一些主要层面。第一章简要介绍了语言对比研究的性质、内容及语言对比研究的发展历程,希望读者对语言对比研究领域有一个大致的了解。第二章主要分析中西方思维模式的差异,以及这些差异在汉英语言形式上的表现,这些探讨将为各层次的语言对比奠定基础。第三章阐述了汉英两种语言的发展状况,以及两种语言在近现代的接触与相互影响,以便对造成某些语言现象异同的原因作出解释。第四章运用语音学和音系学理论对汉英语音特征作了较为系统的分析,并重点对比了某些语音现象在两种语言中的不同功能。第五章从词汇形态学和词汇语义学的角度考察汉语和英语在词汇构成、词汇意义等方面的共性和各自的特点。第六章涉及语法对比,重点探讨了汉英句子的定义及汉英句子的结构特点。第七章对比分析的是汉英语言在实现语篇衔接性和连贯性方面表现出的共性与个性,重点对比了汉英语篇在使用衔接手段方面的异同。第八章从两个角度进行汉英语用对比,一方面探讨汉英语言相似表达方式的语用功能有何差异,另一方面探讨相似的语用功能在汉英语言中的语言表达方式有何不同。另外,本章对跨文化交际中语用原则的运用也作了一定程度的分析。

本书的出版得到了西安交通大学出版社的关心和支持。在撰写过程中,西安建筑科技大学文学院领导倾注了满腔热情,给予了大力支持,学院的同事们也给予了热情的鼓励和帮助。本书部分内容曾在本科生、研究生的"语言对比研究"的课上讲授过,撰写过程中也采纳了学生们提出的一些意见。此外,本书吸收和参考了许多国内外学者的研究成果,采用了他们的一些观点和例证,在这里谨向他们一起表示深切的谢意。

在撰写本书的几年里,国内外的汉外对比研究领域又都陆续发表了不少非常有价值的著作和论文,我在写完以后重看全稿时,又觉得有许多需要补充的地方。现在,我只能把这本书作为一个阶段性的总结拿出来,希望以后有机会进一步充实完善。由于本书是六七年来断断续续编写成的,前后难免有失照应,加之本人能力有限,对相关问题的讨论一定有许多不足之处,恳请广大语言教学同行及读者不吝指正。

曹　勇

2022 年 10 月

目录

第一章 导论

语言之间的对比源远流长，可以说，人类什么时候有了语言接触和语言研究，什么时候也就有了语言对比。为更好地了解语言对比研究的性质，本章将首先阐述比较语言学与对比语言学的异同，尤其是它们之间的本质区别，包括研究的对象、目的和方法，继而梳理语言对比研究在国内外的发展历史及现状。

第一节 语言对比的性质

一、比较与对比

比较是人类研究事物、认识事物的一种基本方法，也是语言学研究的一种基本方法。如果说语言学的根本任务是对某种语言现象加以阐述的话，那么可以说，语言学的所有分支都是某一种类型的比较，因为对某一语言现象的阐述，总是要涉及和包含对这现象中各种表现的比较(Hartmann，1980)。我国著名语言学家赵元任先生认为"所谓语言学理论，实际上就是世界各民族语言综合比较分析研究得出的科学结论"(转引自杨自俭，1990)。研究语言需要比较，或是一种语言跟别的语言比，或是语言内部与方言比，或是语言的共时状态跟历时状态比。

许余龙(2002)从理论上对此进行了阐述。他根据语言比较对象的不同，设定了纵横两条轴线，横轴是共时或历时角度，纵轴是语内或语际角度，从而形成了四个象限，这四个象限将语言学研究分成四大类性质和目的不同的比较(见图 1)。

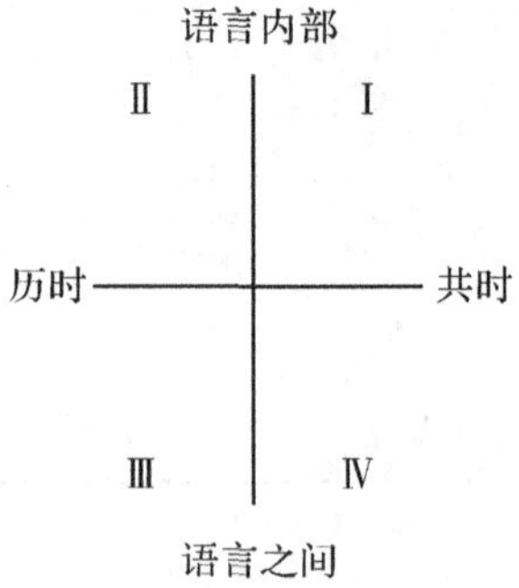

图 1　四大类不同的语言学比较

象限Ⅰ代表了同一语言内部的共时比较。这类比较是对某一语言在其历史发展的某一阶段(主要是现时阶段)的语音、语法和词汇等系统的内部构成成分以及组合结构进行比较。20 世纪初,索绪尔开始了共时语言学的研究,即把语言作为一种状态来描写。此后,共时语言学便成了当代语言学研究的主流,形成了许多流派。现代汉语研究属于此象限。……可以说同一语言内的共时比较是语音学、语法学、词汇学等构成当代语言学主流的各个分支学科的一个主要研究方法。

象限Ⅱ代表了同一语言内部的历时比较。这类比较是对某一语言在其历史演变不同阶段的语音、语法和词汇等系统加以比较,从而使我们了解这一语言的发展历史,找出其基本发展演变规律。……这类比较是对某一语言的语言史及其分科(如词源学、古今对比语法学等)研究的主要方法。

象限Ⅲ代表了不同语言之间的历时比较。这类比较是对不同语言(一般是亲属语言)在各个历史发展阶段的语音、语法和词汇等系统进行比较,其目的主要是探讨语言之间的历史联系,并据此对世界上的语言进行谱系分类,重建或构拟某一组亲属语的共同原始语(proto-language),……不同语言之间的历时比较,往往需要与同一语言的历时比较相结合,这就形成了当前所进行的语言学研究领域中最先发展起来的一个分支——历史语言学,有时也称为比较语言学,或历史比较语言学。

象限Ⅳ是在不同的语言之间进行静态的(主要是现时状态的)比较,以便找出不同语言之间在形式结构等方面的异同。根据比较的目的和涉及语言范围的不同,我们可以将语言之间的共时比较大致区分为三类:第一类的目的是试图找出世界上所有语言在形式结构上的共有特点和某些具有倾向性的规律,这是语言学中,语言普遍现象研究的一个主要内容。第二类的目的是试图找出世界上所有语言在形式结构上的典型不同之处,并根据这些不同,对世界上的语言进行类型学的分类,这是语言类型学的主要研究内容。……第三类比较则通常局限于两种语言之间进行,有时虽然也可能包括两种以上的语言,但是我们却不必考虑所比较的语言是否具有代表性,因为我们所要研究的不是世界上所有语言间的共同点或典型区别,而是两种或两种以上的语言在形式结构上的共同点以及一种语言相对于另一种语言而言的不同之处。这便是对比语言学所要研究的内容。

可见,语言对比研究也是一种比较,不过是一种具有特定含义的语言学中的比较。"语言比较研究"一般属于"比较语言学"范畴,而"语言对比研究"则一般属于"对比语言学"范畴。两者尽管有交集,可通常情况下,"比较语言学"侧重于语言与语言之间的共性或相似性研究,而"对比语言学"则偏重于语言与语言之间的个性或差异性研究。刘宓庆(2006)认为"对对比语言学而言,揭示语言的异质性应该是其主要任务"。

区别"比较"和"对比",可以很好地了解语言对比的性质。但是,语言对比研究不能仅局限于共时研究,因为,对比不仅要指明事物的异同,还要追究它们何以有此异同,这样对比研究有时就不能回避历时因素。杨自俭(1992)和潘文国(1996)都曾强调过对比研究中的历时作用。杨自俭说:"共时与历时两种研究并重,因为要解释异同恐怕非进行历时研究不可。"

二、求同与求异

"比较语言学"和"对比语言学"分属两个不同的象限,因而在研究对象、目的和方法上就会有不同的选择或侧重。要更好地认识"比较"与"对比"在各自学科中的真正作用,就有必要对"比较语言学"和"对比语言学"这两个学科在研究目标、研究对象以及研究方法等方面的异同有所了解。

(一)研究目标不同

在"比较语言学"中,"比较"作为语言研究的基本方法服务于探索语言的起源,其宗旨是通过历时比较建立语言之间的亲缘关系,对世界上的语言进行谱系分类。这一宗旨决定了这门学科总的来说是为了"求同"。18 世纪末,西方学者大量接触并掌握了古印度语——梵语,他们成功地运用"比较"的方法,发现梵语与几种欧洲主要语言在词汇和语法结构等方面存在着诸多相似之处。1786 年,英国学者琼斯(W. Jones)通过"比较"方法,揭示了梵语、希腊语和拉丁语在动词词根与语法形式上的相似性,并提出这三种语言源于同一原始语言——"印欧语"的假说。19 世纪中期，德国语言学家奥古斯特·施莱歇尔（August Schleicher）受当时达尔文生物学物种分类的启发，创制了“树形谱系图”，用自然科学研究方法第一次直观地展示了不同语言之间的亲属关系及其历史演变的过程。

以“对比”为核心的“对比语言学”则是共同点和差异点并重，但更侧重语言间的差异之处，其目的不外乎出于应用目的和理论目的。应用目的是指导语言教学与语际翻译，达到不同文化间的沟通。理论目的可以有多种，如为语言类型研究或语言共性研究服务，为具体某一种语言（如汉语）的研究服务，为探索不同语言的认知模式服务，为探索不同民族思维方式的差异服务，等等。早在19世纪洪堡特（Humboldt）就清醒意识到比较研究限于“求同”的局限性，因而萌发了建立以“求异”为特色的另一种“比较语言学”（即“对比语言学”）的想法。洪堡特说“不计其数的民族作为人，以各种不同的途径担负着创造语言的任务，而比较语言研究的目的就在于详尽地探索这些不同的途径；倘若忽略了语言与民族精神力量的形成之间的联系，比较语言研究便会丧失所有重大的意义”（Humboldt，1836）。从中不难看出，在洪堡特心目中，探索语言本质，探索语言与思维以及与民族个性和精神之间的关系是对比语言学的最高目标或终极目的。

（二）研究对象不同

在整个19世纪的“比较语言学”研究中，具有相似性的亲属语言（主要是印欧语系的语言）始终是研究的主要对象。在西方语文学研究的基础上，比较语言学家们系统地研究了大量的印欧具体语言，他们对从爱尔兰到印度的大量文献资料，包括古梵语、古希腊语、古拉丁语、古日耳曼语、古北欧语以及大量的欧洲现代语言，做了广泛深入的研究，并探索了许多语言演变的内部规律，取得了显著成果。1806年德国浪漫主义文学批评家、语言学家弗·施勒格尔（F. Schlegel）发表了《论印度人的语言和智慧》，首次使用“比较语法”的术语，并指出了梵语和希腊语、拉丁语、日耳曼语等在词汇及语法关系方面存在着亲缘关系。1814年丹麦学者拉斯克（R. Rask）出版《古代北方语或冰岛语起源研究》，1816年德国语言学家葆朴（F. Bopp）出版《论梵语动词变位系统与希腊语、拉丁语和日耳曼语的比较》，在这些代表性研究成果中，他们运用“比较”的方法发现了很多亲属语言都存在着类似的、系统的对应现象，进而构拟了它们的共同起源——“原始印欧语”的表现形式。

“对比语言学”的研究对象更为广泛。它围绕语言的共性和个性研究，不仅适用于亲属语言，也适用于非亲属语言。语言作为人类认识世界的途径和交际工具，存在着一定的普遍性或共性，这使得不同语系间的语言也存在着很大的可比性。丹麦语言学家叶斯柏森(Jespersen，1924)早就认为比较不必局限于属于同一语系、同一起源而通过不同道路发展起来的语言，对差异最大、起源迥然不同的语言也可以加以比较。在他看来，进行这样的语言比较，有助于我们更深刻地理解人类语言和人类思维的最内在的本质。

(三)研究方法不同

从研究方法看，“比较”和“对比”对于“比较语言学”和“对比语言学”而言，是各自学科的灵魂和核心，它们在方法论上主要表现为对“同”和“异”的侧重上。

“比较语言学”用的是历时的方法，通过对现有语言事实的研究而推求无文献时期的远古语言状况，以已知推未知。它总是在研究若干具体语言的基础上，通过对不同语言的符号体系的比较，异中求同，寻求共同的语音对应规律，并进一步建立对应体系。例如，德国的格林(J. Grimm)在1819年出版的《日耳曼语语法》中，受拉斯克有关观点的启示，系统地论述了日耳曼语与其他印欧语之间的语音对应关系。他所发现的这些语音对应规律被后人称为“格林定律”(Grimm's Law)。19世纪的“历史比较语言学”第一次将以往孤立分散的语言研究纳入系统、独立的语言学研究之中，创造性地运用“比较”的科学研究方法，形成了有关语言起源和语言本质的理论假说，进而为20世纪结构主义语言学的产生和发展创造了条件。

从西方“对比语言学”发展史来看，“对比语言学”源自“比较语言学”，然而，它在研究方法和重点上与“比较语言学”却不相同。“对比语言学”主要是共时的研究，但也不能忽略历时的作用。这就是说，语言的发展和演变虽然不是对比语言学本身的研究对象，但是在对两种语言中的某一语言现象进行对比时，如果我们对这一语言现象在各自语言中的历史演变过程有所了解的话，那么我们有可能从历史语言学的角度，对这一现象在两种语言中的现时状态的异同提供一种解释。沈家煊(1996)指出，表面上有差异的两种语言，其背后很可能隐藏着共同的认知基础，对语言间“异”的研究与对语言间“同”的研究是相辅相成的。语言对比研究是集个性研究和共性研究于一体的理论研究，共性研究是个性研究的基础。“异”“同”不是决然的对立，而是一对矛盾的统一。

根据上面关于对比与比较、求同与求异的分析，我们可以把语言对比研究的主要含义归纳如下：

(1)对比语言学是一门独立的语言学学科,其任务是对两种或两种以上的语言(或方言)进行对比研究,找出相互之间的异同,尤其是不同之处,并将研究成果应用于有关领域。

(2)对比语言学不仅要找出所比语言之间的异同,还须对找出的异同作出解释。

(3)对比以共时为主,但不排斥历时比较。

(4)对比语言学的最终目标在于推动普通语言学的建设和发展。

作为术语,对比语言学(Contrastive Linguistics)、对比分析(Contrastive Analysis)和对比研究(Contrastive Studies)经常换用,并无实质差别,不同的学者使用时也会有不同的倾向。不过,从这三个名称的实际使用情况来看,三者之间还是有一些区别的。一般说来,对比语言学为通用名称,它包括理论与应用两个部分,宜作为一个学科名称来使用。对比分析作为一种研究方法,多指应用性语言对比研究,尤指为外语教学服务的语言对比研究。与对比分析相比,对比研究意义上更中性一些,既可指应用性对比研究,也可指理论性对比研究(许余龙,2002)。

第二节　语言对比的三个层次

根据语言对比研究的内容,语言对比研究也由此可以分为三个层次:第一个层次是语言表层结构,即语音和语法的表层;第二个层次是语言表达方法,即语言实际使用的层面;第三个层次是语言心理,这是一种更深层的对比,目的是探索隐藏在语言的不同表达法后面的文化和心理背景,探索各民族语言特有的性质和人类语言共同的本质,更好地理解和使用语言。这三个层次构成了对比语言学的完整内容,不可或缺。

一、三个层次观点的提出

语言对比研究应该分为三个层面的观点最早是我国学者刘宓庆提出的。刘宓庆(1991)在总结国内外研究的基础上,创造性地提出对比研究应该运用层面透视法在语言的结构表层、意义中层及心理深层三个层面进行:

对比语言学理论研究应当是多层次的,即语言结构表层、表现法(中间层次)和思维方式、思维风格(深层)三个层级。语言差异绝不仅仅是一个表层结构问题,它牵涉到我们的文化所衍生的喜闻乐见的表现法，更牵涉到一个民族的历史、哲学观所衍生的思维方式和思维风格。对比研究应该贯彻层面透视法。

潘文国(1997)在此基础上，提出汉英对比研究应分三个层次，这三个层次的研究分别适应不同的要求：

> 第一个层次是语音及语法表层上的对比，其目的是为初学外语者提供一个简便的拐杖。……第二个层次是语言表达法的对比。其对象是外语已有了一定水平而又经常需要在两种语言间进行转换（如第二语言教学或翻译）的人，帮助他们更地道地使用语言。……第三个层次是语言心理上的对比。这是更深层的对比，企图推导出隐藏在不同表达法后面的心理和文化背景，进行一种哲学式的思考，目的是为了最终建立中国的语言哲学。

后来，中国英汉语比较研究会的首任会长刘重德(1998)在为第二辑《英汉语比较与翻译》论文集撰写的序言中再次重申了这一思想：

> 英汉对比研究应分三个层次：第一个层次是语言表层结构，第二个层次是语言表达方法，第三个层次是语言哲学。我这里说的宏观研究，就是这第二、三两个层次的研究。表达法表现一个民族认知世界的方法和规则。要考究这种语言的表达法是怎样形成的，那就要寻求其心理、文化和哲学上的根据。

三个层次的划分进一步完善了对比语言学的学科体系，在深度和广度上都比之前有了极大的拓展，语言对比三个层次的思想也已成为中国对比语言学界的共识。

二、三个层次的主要内容

刘宓庆在其《汉英对比研究的理论问题（下）》(1991)一文中对三个层次的具体内容做过详细阐述，这里我们简要介绍：

（一）语言表层结构对比

语言的表层结构，也就是语言的形式结构，即表现语言之间差异的基本形式手段和句法形式手段。基本形式手段的对比研究涉及语音系统、文字系统和词语系统；句法形式手段的对比研究包括句法成分系统、句型结构系统和语序分布系统。

语音系统对比包括元音、辅音、音调和声调等次系统各自的数目、类型、发音特征和组合方式的对比。汉英语音系统各次系统的差异对比研究不仅有利于完善系统的语言对比研究本身，而且对提高双语教学中的语音习得的质量和效率具有无可置疑的意义。

文字系统对比研究涉及双语的文字渊源、类型、发展、结构和功能差异。汉英两种语言文字系统差别很大,对比研究的范围十分广阔。

词语系统对比涉及宏观研究也涉及微观研究。宏观对比研究必须包括双语词语的分类学差异、文化差异、构词法差异、语义差异和语用差异。微观对比研究则必须包括各词类及成语的分门别类的对比研究,……比如汉语的虚词与英语的结构词在以上诸方面就都有差别。

句法成分系统对比涉及句子中词与词(包括词语)之间的句法结构关系,即在句子中具有不同功能成分的主、谓、宾、定、状、补等。汉英双语句法成分分类虽然大体相同,但不同成分之间差异很大。

句型结构系统对比中,英语可以确定几个核心句句型框架,即 SV、SVO、SVOO、SVC、SVCA、SVAA 等。可以说,英语句子千变万化,但万变不离其宗。而汉语则不然,汉语究竟有多少句型,迄今为止,并无定论,因此汉语的句型结构系统远比英语复杂。

语序系统对比也有宏观、微观之分。微观语序研究语素组合的规律及词语搭配的规律。宏观语序一方面是指语言的线性扩展规律,另一个重要方面是指分句(从句)以上包括分句、句子、句群(语段)的分布模式和语段扩展模式。以上各方面,汉英都有较大的差异。

(二)表现法对比

语言的表现法在句法生成中居于中介过程:它既与属于深层的思维相连,接受思维方式的调节和支配,又与形式结构挂钩,表现为已形成定势的、优化了的句法约定形式(包括在特定语境下的用词、词语搭配、句子及分句等各层次)。所谓“定势”“优化”,指历时性和共时性(长期和广泛)形成的约定俗成;“有效”指具有比一般形式结构更强的社会交际功能(刘宓庆,1991)。

表现法与语言形式结构挂钩的事实是不难列举的。比如汉语的文字结构(异质性表层形式)使汉语只能诉诸词汇表现法,而英语则可以依仗形态表意。比如“I am what I was”用 be 的不同形态表示现在和过去,汉语必须明说:“我跟过去一样”。形态表意属于间接表现法,词汇表意属于直接表现法。

同样,表现法与思维相联系,接受思维的投射以确定其形式的事实也是很多的。以汉语作母语的人注重思维形态上的主体性,认为任何行为都只可能是人这个行为主体完成的,因此行为主体“尽在不言之中”。这种思维风格(方式)使汉语句子的语态(主动式或被动式)呈隐含式,形成受事的施事化。例如我们只说“饭做好了”,从不说“饭被做好了”,因为“饭”是人“做”的,绝不可能由“饭”这个客体自己“做”,一切“尽在不言之中”。英语必须一板一眼地说:“The meal has been cooked”,语态、时态各显其形。

(三)语言心理的对比

思维方式、思维特征和思维风格通常具有深厚的民族文化渊源,它反映操某一种语言的民族群体在漫长的历史过程中形成的语言心理倾向。因此,研究视角应该关注对比中的两种语言思维发展的人文史领域,把握住语言的人文性,同时关注对比中的两种语言的语言发展状况,包括历时的发展和共时的发展。“思维作用于语言,语言也作用于思维。因此我们探讨作为语言的深层机制即思维形态对语言表层结构的影响时,就不能脱离复杂纷繁的语言现象。因为正是在复杂纷繁的语言现象中,留下了操某一特定语言的民族的思维方式、特征和风格的蛛丝马迹”(刘宓庆,1991)。例如:

中国传统的“天人合一”的思想对汉民族思维方式影响很深。大量的受事施事化句子如“房子不买了”,“房子”与“买”没有关系,买房子者在人。这里反映了汉民族语言心理的主体意识,说话者即施事者,不言自明,当然可以略去。这些句子,看似逻辑“悖理”,但这正是汉语的特定素质:汉语就是汉语,它注重的是以主体为本的意念观照,不执着于形式程式。

英语的理性特征与欧美哲学与科学技术较早结合,特别是培根(Francis Bacon)和洛克(John Locke)等一代启蒙哲学家倡导的客观形式化方法(即逻辑论证),很有关系。英语从莎士比亚以后的发展,基本上处在科学逻辑学的规范影响之下。英语的表现法,严密地受逻辑形式支配,概念所指界限分明,句子组织严密。概念中所指是复数,动词形式就是复数式;概念所指是单数(或整体),动词形式就是单数式,绝不含糊。

第三节 语言对比研究的历史与发展

语言对比研究是在人们使用语言进行交际的过程中自然而然地发展起来的。可以说,从一开始有语言接触,就有了语言对比。也就是说,语言对比是和语言接触共生的一种活动,只不过更多的时候是无意识的罢了。但是,作为一门学科,语言对比研究(对比语言学)的历史,就世界范围而言,也不过是最近一两百年间的事,在我国则更短。一门学科有一两百年的历史其实不算太短,但由于对比语言学自身的建设比较薄弱[在西方,对比语言学一直被看作语言学中的灰姑娘,至今地位仍然不高。(潘文国 等,2006)],同时也由于在名称和研究宗旨上与19世纪盛极一时的历史比较语言学有着纠葛,以及研究者往往倾向于为了应用目的(如外语教学和翻译实践)而从事对比研究等原因,研究者对这门学科始于何时,如何发展这样的重大问题也多有分歧。下面我们综合国内一些学者的研究成果,对语言对比研究的起源与发展进行一番梳理。

一、西方语言对比的历史与发展

根据潘文国等(2006)的研究,西方语言对比研究的发展历史可以划分为三个时期。

第一个时期始于欧洲,从19世纪20年代开始直至20世纪40年代,是语言对比的奠基时期,主要代表人物有洪堡特、叶斯柏森以及美国人类语言学家沃尔夫(B. L. Whorf),三人对对比研究的许多基本理论问题做了开创性的阐述。洪堡特(1820)在《语言比较研究与语言发展不同阶段的关系》一文中给对比语言学下了定义,提出了对比研究的对象、目标:

语言比较研究如果要成为独立的学科,提出自己的目标和宗旨,那么,它只能是用来深入持久地探讨语言,探讨民族的发展和人类的进步。

此后又在《论人类语言结构的差异及其对人类精神发展的影响》(1836)一文中进一步提出了语言对比研究的终极目标,提出了语言对比研究的方法:

如果我们把语言看作解释精神发展过程的依据,那当然就必须把语言的发生归因于民族的智能特性,而这种智能特性则需要到每一种语言的结构中去发现。为能比较成功地完成这里提出的研究,我们必须更详细地考察语言的本质和语言差异对精神发展可能产生的反作用。通过这样做,我们就可以使比较语言研究达到最终、最高层次的目的。

继洪堡特之后,丹麦语言学家叶斯柏森(1924)也提出过对比语言学的构想。他在《语法哲学》一书中介绍了语言对比的思路和目的:

这本书观察语法事实的方法可能会为比较语法创造一种新方法,或者创造一种新的比较语法。这种比较不必局限于属于同一语系、同一起源而通过不同道路发展起来的语言,对差异最大、起源迥然不同的语言也可以加以比较。……以便帮助我们比本书更深刻地理解人类语言和人类的思维的最内在的本质。

20 世纪 40 年代初，美国人类语言学家沃尔夫(1941)在《语言与逻辑》一文中最早提出了“对比语言学”这一名称，并指出可以将比较语言学中产生的新的思想方法称之为“对比语言学”：

植物学家和动物学家为了研究世上的物种，开始是觉得有必要描述全球每个角落现存的物种，考虑到历史的因素，又加上了化石；接着他们觉得有必要对这些物种进行比较和对比，以分门别类，理清进化过程，了解其形态和类型。语言科学也正在做同样的工作，而我们现在从事的对距离遥远的事件的研究是研究语言与思维的一种新方法。把地球上的语言分成来自单一祖先的一个个语系，描写其在历史进程中的一步步足迹，其结果称之为“比较语言学”，在这方面已经取得了很大成果。而更重要的是将要产生的新的思想方法，我们可以称之为“对比语言学”，它旨在研究不同语言在语法、逻辑和对经验的一般分析上的重大区别。

可以说，从 19 世纪 20 年代洪堡特开始，直至 20 世纪 40 年代的沃尔夫时期，对比语言学进入了形成期。这一时期的语言对比研究以理论取向为主，将语言对比与“民族思维、逻辑经验”等哲学命题联系起来，初步明确了对比语言学的目标、对象和方法。

第二个时期是从 20 世纪 40 年代到 20 世纪 70 年代，这一时期语言对比研究在理论探索、研究方法和重点上发生了显著的转变，是“在主流语言学理论转向中寻求立足点的开拓期”(潘文国 等，2006)。由于二战背景下外语强化训练的需要，语言对比几乎以服务外语教学为唯一取向，并且显赫一时，使美国成了语言对比研究的中心。

这个时期的语言对比更多地被称为“对比分析”(Contrastive Analysis，CA)，代表人物是弗里斯(C. Fries)、拉多(R. Lado)等美国应用语言学家，他们依托美国结构主义语言学和行为主义心理学作为其哲学与方法论基础，将“比较”或“对比”的方法引入第二语言教学中，目的在于通过将目的语与学习者的母语进行共时层面的系统比较，找出两者结构上的异同点，预测学习中可能出现的难点，并针对性地在教学和教材编写中加以预防和解决。弗里斯、拉多对此分别做了明确的阐述。

弗里斯(1945)在他的《英语作为外语的教学》中说：

建立在将学习者母语与目的语进行细致描写并比较基础上的教材，是最有效的教材。

拉多(1957)在《跨文化语言学》中指出：

本书的基本假设是，通过系统地比较母语和目的语的语言文化，我们能够预测并描写哪些形式在学习者会造成困难而哪些不会。

“对比分析”尝试用对比的视角预测语言的差异和学习的难点，形成了一套包括“描写、选择、对比、预测”在内的严密的对比分析方法和操作程序，这对于丰富普通语言学理论，促进第二语言教学中对语言知识和语言差异的理解，有着积极的意义。然而，教学实践表明“对比分析”并不能有效预测和解决学习者的全部语言错误，再加之自身其他的一些痼疾，所以在20世纪60年代转换生成语言学和认知心理学出现后，“对比分析”的语言教学手段受到挑战，并逐渐为70年代出现的“偏误分析理论”和“中介语理论”所替代。

这一时期的对比研究，将视域过于局限在从应用层面出发的语音、词汇和语法的微观、静态的语言对比上，忽略了社会文化的因素以及语言在其中的动态变化。所以“从总体上来说并不很成功”(潘文国 等，2006)。

20世纪70年代起，美国的语言对比研究开始走向末路，语言对比研究的中心开始从美国转向波兰、芬兰等欧洲各国，一大批有组织的对比研究项目蓬勃开展起来，这些项目有的侧重于理论研究，有的侧重于实践应用，这些项目的开展大大促进了对比语言学的发展，语言对比研究进入了“走向宏观和注重理论建构的时期”(潘文国 等，2006)。

詹姆斯(James，1980)可能是对比研究史上第一个提出宏观对比研究思想的学者，他在1980年出版的《对比分析》(*Contrastive Analysis*)中指出：

现在有必要进一步区分出微观语言学与宏观语言学。……20世纪的语言学的研究目标只是对语言符号的描写，而不关注这些符号的使用，也不关注这些符号所承担的信息如何受到语境的影响。对比分析采取的也是这样的研究方式。最近人们却越来越注意到语境对信息及其意义的决定作用，越来越关注宏观语言学。……这一转移与人们对语义学、社会语言学、话语分析、言语行为理论，以及民族学方法论的越来越浓厚的兴趣是同步的。

第三阶段语言对比研究除了形成宏观对比研究的思路之外，另一大特点就是注重理论研究和建构。这一时期的重要著作和文集除了詹姆斯的《对比分析》之外，还有波兰学者菲齐亚克(Fisiak)主编的四本论文集(1980，1981，1984，1990)、哈特曼(R. Hartmann)的《对比篇章学：应用语言学中的话语对比分析》(1980)、克尔采斯佐斯基(T. Krzeszowski)的《对比语言学的范围》(1990)、孔纳(U. Connor)的《对比修辞学》(1996)、切斯特曼(A. Chesterman)的《对比功能分析》(1998),等等。

20 世纪后半叶,从总的发展趋势来看,对比研究不仅超越句子层面进入篇章,而且密切结合语用和文化,以及语言使用者的认知和心理,体现了由微观向宏观的发展方向。崭新的语言学理论层出不穷,这一阶段的对比语言学理论基础也涉及了语用学、生成语义学、社会语言学、心理语言学以及认知语言学等方方面面,取得了多方面的研究成果。

二、中国语言对比的历史与发展

从理论上讲,任何两种存在差异的语言相互接触,必然会带来语言间自觉或不自觉的“对比”。这种认识早在公元 2 至 3 世纪中国古代的佛经翻译活动中就已初露端倪。但是,对比研究的溯源不能仅仅从对比实践出发,而要从有没有对比的理论和观念出发(潘文国 等,2006)。根据这一标准,大多数学者都把中国语言对比研究的源头追溯到了马建忠。

下面我们从马建忠的《马氏文通》算起,把我国的对比研究分为三期,按照这三个时期,扼要地回顾中国语言对比研究的历史。

第一时期从 1898 年到 1976 年,可以称为探索实践期。马建忠在 1898 年完成了中国人所写的第一部汉语语法著作——《马氏文通》。由于他在其中最早运用了对比或比较的方法进行研究,这部书也被学界一致认同为中国汉外对比研究史的开端。诚然,如许多学者所指出的那样,马建忠致力于在拉丁语法框架基础上建构汉语的语法体系,在《马氏文通》中所做的研究主要是模仿,但“在中国历史上,马建忠第一个把汉语研究纳入了世界语言研究的共同轨道,使汉语研究成了世界语言研究的一部分、全人类语言研究的一部分”(潘文国,2002),其贡献是显而易见的。

马建忠之后,不少学者以英语语法为框架来研究汉语,其中最有影响的要算黎锦熙。黎锦熙 1924 年出版了《新著国语文法》一书。该书是现代汉语语法研究的奠基之作,也是第一部将现代汉语与英语作对比的著作。尽管黎锦熙批评《马氏文通》是仿拉丁体系而作,但《新著国语文法》是参照英语,从中西语言比较的角度看,《新著国语文法》比附、模仿的程度并不比《马氏文通》轻。

真正的“求异”对比思想,起源于陈承泽 1922 年所著的《国文法草创》、胡以鲁

1923 年所著的《国语学草创》以及黎锦熙 1933 年另一本著作《比较文法》。在这些著作里，他们主张在对比中强调对汉语这类弱势语言个性的关注。

从 20 世纪 30 年代直至 40 年代末，包括吕叔湘、王力、高名凯等在内的诸多学者纷纷主张通过中西对比，揭示汉语特点、建立汉语自身的语法和语言研究体系。例如下面提到的一些观点，当然这些观点有的已广为承认，有的则还在争议之中：

(1)汉语没有形态，只有句法，没有词法。汉语“没有形态”的论断最早是由陈承泽提出，后来王力(1944，转引自潘文国，2006)又进一步阐述：

西洋古代所谓语法，本包括三部分：①音韵学(phonology)；②形态学(morphology)；③造句法(syntax)。后来音韵学的部分渐渐扩大，现在已经独立成为一种科学，于是现代普通所谓语法，就只剩有形态学和造句法两部分。所谓形态的部分，是叙述各词的屈折形式，例如英语“饮”字，因人称和时间的不同而有 drink，drinks，drank，drunk，drinking 的分别。所谓造句的部分，是叙述各词的任务和句子的结构方式，如词在句中的次序，事物关系的表现等。汉语没有屈折作用，于是形态的部分也可取消。由此看来，中国语法所论，就只有造句的部分了。

(2)汉语的实词不能分类。这是高名凯提出来的。高名凯在 1948 年的著作《汉语语法论》中指出：

其实汉语的特点是在于实词的语法作用和虚词的补助表明句法，并不在于实词的词类，因为同一个实词在不同的地方有不同的词类功能。单独的实词只有词汇意义是明确的。在实际的语言之中，每一个实词和其他的实词都是有关联的，完全视其在句子中的地位如何而定，它的语法作用也由此关联而被确定。所以，研究汉语语法应当注重句法。

(3)汉语句型的三分。王力(1943，转引自潘文国，2006)认为：

现代中国语里的句子，可以分为三类：①叙述句；②描写句；③判断句。这三类句子的界限是颇清楚的。大致说起来，叙述句是以动词为谓词的；描写句是以形容词为谓词的；判断句是在主语和谓语之间，加系词“是”字，为连系的工具的。

王力的句型三分被汉语学界广为接受后直接被称为“名词谓语句”“动词谓语句”和“形容词谓语句”，后来又加上“主谓谓语句”成为汉语的四种基本句型。

从 1949 年到 1976 年，由于历史原因，汉外对比研究成果并不丰富，研究成果主要有梁达、金有景合著的《中俄语音比较》(1955)、梁达《俄汉语语法对比研究——构词构形·词序》(1957)、陆殿扬《汉英词序的比较研究》(1958)、吕叔湘《中国人学英语》(1962)和赵元任《中国话的文法》(1968)。显然,这一时期由于受到苏联语言学理论的影响,中国的对比研究基本在汉语和俄语之间进行,模仿俄语的语法特点,从以句法为主转向词法,并开始努力地在汉语中寻找形态。虽然这种努力并非一无是处,也取得了一定的成绩,使人们对汉语在形态方面的特征有了新的认识,但是终归不太符合汉语的根本特点,因此并不成功。1956年,《暂拟汉语教学语法系统》(以下简称《暂拟系统》)出台,《暂拟系统》并没有反映汉语的真实面貌,"还说不上是个严密的、完善的'体系'"(张志公,1980),但是"暂拟系统"的建立,"标志着在经过了五十多年的纷争之后,中国终于有了一个至少'暂时'为各方接受的汉语语法的'共同纲领'"。"'共同纲领'在普及语法知识、推广语法教育上的功绩是不可限量的,但对学术研究的深入、理论视野的开拓,其负面影响也是不容小觑的。对于对比研究来说更是致命的。"(潘文国 等,2006)这一时期中国的对比研究基本上处于停滞状态,甚至在整体上出现了某种程度的倒退。

第二时期从1977年到1989年,可以称为转折复苏期。1977年吕叔湘先生发表了《通过对比研究语法》一文,呼吁"要认识汉语的特点,就要跟非汉语比较……无论语音、词汇、语法都可以通过对比来研究。"由此拉开了语言对比研究的新序幕。针对这一时期,潘文国等(2006)概括了几个特点:

(1)中国对比语言学的"开始"期

吕叔湘的倡议拉开了我国语言对比研究的新序幕。赵世开(1979)、丁金国(1981)、胡壮麟(1982)等纷纷响应,并撰写论文,呼吁语言对比的重要性,同时积极引述国外对比语言学的理论与实践。同时,在20世纪80年代,一些语言对比的专著也相继面世,如张今和陈云清(1981)、赵志毅(1981)、任学良(1981)、吴洁敏(1982)、徐士珍(1985)、万慧洲(1988)、邓炎昌和刘润清(1989)等的著作。1990年,由杨自俭和李瑞华主编的《英汉对比研究论文集》(1990)出版,标志了汉英对比研究已迈入新的研究勃发期。

(2)以二语教学、特别是对外本族语教学为主要服务对象

这一时期,大量国外语言教学理论被引介到国内,以"对比分析"为主要特征的教学理论成为当时正蓬勃兴起的对外汉语教学的主要理论依据。对外汉语教学界大力推行"对比分析"的方法,如同西方20世纪50年代的英语作为第二语言教学,热衷于通过对比来"预测"二语教学中的难点一样,中国这一时期的对比研究具有浓郁的为二语教学服务的特征。然而随着其理论解释性和应用性的不足逐渐显现，对外汉语界在80年代末逐渐抛弃了“对比分析”的方法，转而将研究重点放在了“偏误分析”与“中介语”理论上。

(3)微观研究与对照研究

这个时期的研究主要集中在微观上，据潘文国(2002)的统计材料，从1977年到1989年这13年里共发表汉英对比论文392篇，绝大多数都是语音、词汇、语法、修辞、教学、翻译上的微观问题，提到句子层面以上或者涉及语言心理的加在一起不超过10%，其中只有赵世开的一篇《英汉对比中微观和宏观的研究》(1985)，和钱瑗用英文写的一篇《英汉衔接手段比较》(1983)影响较大。有的仅仅是语法体系的对照研究，比如任学良的《汉英比较语法》(1981)、吴洁敏的《汉英语法手册》(1981)、赵志毅的《英汉语法比较》(1981)、徐士珍的《英汉语比较语法》等。这种情况引起了一些学者的批评，如王菊泉(1982)特别指出这些书采取的方法：

很有点像两个球队从两个门入场，走到一起，对面立定并拉手，然后分别在自己那一半场地里玩起球来，有时候你扔一个球过来，我扔一个球过去，表示一下友好，可是始终不认真进行比赛。

这非常形象地切中了这类“对比”的弊病。潘文国(2006)对这种情况评价说：“微观既是方法论问题，又是语言观问题，两方面都走到极端便造成了第二个特色，就是只进行语法体系的对照研究。”

从对比研究发展史来看，这种情况的出现，或许是由于我国语言对比研究的理论基础还很薄弱，对语言对比的性质、目的、方法认识不足造成的，也正是对这种浮光掠影式比照的不满，才推动了对比研究向第三期发展。

第三时期从1990年到现在，可以称之为发展突破期。中国的语言对比研究在这一时期内发展较快，各方面取得的成绩也较大。最为重要的表现是以下几个方面：

(1)学科自觉意识越来越强

在汉英对比学科的发展过程中，1990年杨自俭、李瑞华的《英汉对比研究论文集》的出版起了无可估量的作用，使“英汉语言对比”作为一个新的研究领域深入人心。吕叔湘在这本论文集的题词中说：“指明事物的异同所在不难，追究它们何以有此异同就不那么容易了。而这恰恰是对比研究的最终目的。”这也明确了对比研究的深刻目的。

1991年刘宓庆的《汉英对比研究与翻译》与1992年许余龙的《对比语言学概论》在汉英对比研究史上具有划时代的意义，前者为汉英对比建起了第一个比较成熟的研究框架，后者标志着对比语言学作为一门学科在中国的确立。杨自俭(2000)对学科的名称、性质等进行了探讨，提出了一个较为广泛接受的学科定义："英汉对比语言学是语言学的一个分支学科，兼有理论语言学与应用语言学的性质，其任务主要是对英汉两种语言进行共时和历时的对比研究，描述并解释英汉语之间的异同，并将研究成果应用于语言理论研究和语言应用领域。"

(2)理论自觉意识越来越强

理论意识的自觉是一个学科趋向成熟的标志。在广泛的对比实践基础上，理论的思考也显得尤为重要。刘宓庆发表于1991年的《汉英对比研究的理论问题》是汉英对比理论建设的一篇重要文献。在这篇文章中，刘宓庆强调：

就对比语言学而言，最基本的问题在于抓住对比中的双语(或多语)的不同的基本素质，或曰异质(heterology)，语言的许多形式问题其实只是基于其特定素质而发之于外在的表现，是一种外在言语行为表现。我们无疑必须更加关注内在的、支配言语行为表现的各种内在机制(intrinsic mechanism)，考察它们以何种形式作用于语言结构，而使一种语言有别于另一种语言。

最具有深远意义的是，刘宓庆旗帜鲜明地提出了关于"对比研究的三个层次"的理论，第一个层次是表层结构形式的对比；第二个层次是表达法的对比；第三个层次是语言心理和思维方式的对比。这个思想后来得到了国内几乎整个汉英对比学界的赞同。

潘文国于1995年发表了《语言对比研究的哲学基础》一文，提出了要从哲学上思考对比研究的理论基础问题，并具体建议以洪堡特的"语言世界观"作为对比研究的哲学基础，认为只有先解决语言观问题，才能正确处理对比研究中的一些基本问题。

(3)汉语主体意识觉醒

纵观中国"现代语言学"的建设历程，西方印欧语的痕迹和影响随处可见。在对比研究乃至整个汉语语言学的建设中，如何对待西方理论与如何对待汉语特色成了一个"永恒"的主题。自马建忠以来，汉外对比的崎岖历程使得越来越多的学者意识到，要探寻汉语语言民族特点，建立具有自身特色的汉语语法体系，汉语研究就必须跳出西方体系。潘文国提出在汉英语言对比研究中应换一种研究问题的眼光：从"地道"的汉语出发应是各类英汉研究的基点，这不仅是一种观念的转变，也是一种方法论的转变。在这种意识的指引下，不少学者开始摒弃以往以西方语法体系、惯用术语为模板或在西方体系框架基础上增减调整而进行汉语研究的做法，开始深刻地思考汉语真实的特点。例如，李临定的《现代汉语句型》(1986)，是最早跳出“主、谓、宾”等句子成分名称、纯从语义关系如施事受事等来分析汉语句型的第一部有影响的汉语语法著作。徐通锵(1997)在《语言论——语义型语言的结构原理和研究方法》一书中大力倡导汉语“字本位”的理论，主张以“字”为出发点，建立汉语语义句法的新体系：

印欧系语言以词为基本结构单位，它的研究重点始终是语法，从亚里士多德到现在，这种重点从来没有发生过变化。汉语以字为基本结构单位，它的研究重点就不能是印欧语类型的那种语法，而是语义。

第二章　汉英语言心理对比

思维方式与语言密切相关。语言是思维的主要工具，是思维方式的构成要素。思维以一定的方式体现出来，表现于某种语言形式之中。本章主要探讨中西方思维模式的差异，以及与汉英语言差异的关系，这些探讨将为各层次的语言对比奠定基础。

第一节　整体思维与个体思维

中国传统哲学强调思维上的整体观，把天、地、人视为一个统一的整体。在整个结构中，身心合一，形神合一，以“人与天地万物为一体”“天人合一”为最高境界。孟子说：“尽其心者，知其性也。知其性，则知天矣。存其心，养其性，所以事天也。”他把“天”和“人”看成是统一的整体，表现出完整的“天人合一”整体哲学观。老子提出“人法地，地法天，天法道，道法自然”（《老子・道德经》），庄子认为“天地与我并生，万物与我为一”（《庄子・齐物论》），“泛爱万物，天地一体”（《庄子・天下》）。这些论断充满了汉民族以整体为主的思维倾向和“天人合一”的整体观。这种整体观经历史的积淀、凝练和升华，使汉民族在思维运作上呈现出长于整合、善于提纲挈领，以纲统领全局的综合性思维优势。

西方哲学具有崇尚个体思维的传统，英美民族也强调整体性，但更关注整体中的个体，注重元素、结构和形式的分析。柏拉图首先提出了“主客二分”的思想，亚里士多德主张事物的本质存在于“一般的个体”之中，不能脱离个别而存在。这些观念对中世纪欧洲及近代产生了深刻的影响，例如，笛卡儿提出了个体元素决定整体的“观念原子论”，毕达哥拉斯学派则认为世界万物的本原是由数构成，欧洲近代的科学家哥白尼、伽利略和牛顿把“数”与“量”奉为万物本原。受这些哲学思想影响，16 世纪到 18 世纪欧洲许多自然科学家主张把自然界的各种事物或过程分解为各个部分，把具体问题从总体中分离出来，把复杂的问题划分为比较简单的形式和部分，然后对各个部分进行研究，逐渐形成重个体的思维倾向。

一、整体观照与个体取向

汉字的偏旁往往指明这个字义所表明的事物的种属或类属，如“木”旁，“凡木之属皆从木”，因此“松”“柏”“梅”“枝”“树”“林”等一望而知与树木有关；如“水”旁，“凡水之属皆从水”，“江”“河”“湖”“海”“洋”“池”“深”“浅”等一望而知与水有关。这些偏旁就起到了把字串连起来的作用，每一个字都不是孤立的存在，而是一个形类系统的一部分。随着单音词发展为双音词和多音词，汉语仍然沿用了造字的方法来构词。具体表现为对事物的概念先确定一个统一的类属大名，然后加以个别区分。例如，先把木本植物通称为“树”，然后把各种不同的树分别叫作“杨树”“柳树”“桉树”“榆树”“李树”“松树”“桃树”等，把与“树”有关的各种事物，分别叫作“树干”“树枝”“树冠”“树墩”“树叶”等。汉语的构词法以复合法为主，就是以某一语素所指的物体为一类，以义类相观照构成一族词，这就体现了一种从整体着眼来把握局部的思维方法。

而英语的造字构词反映了西方人的个体思维方式。首先从文字上来说，由于拼音文字没有形义的统一作用，当然也不会有部首偏旁从整体上来统率一族词。在给事物命名时，英语是从个体着眼，一个事物一个名称，并不给以任何“统称”，不同的树，只分别命名为 poplar、willow、eucalyptus、elm、plum、pine、peach，从字形上根本看不出其间有什么联系。汉语中表示与“树”有关的各种事物构成的“树＋＊”的双音词，英语中也用不同的词来表示，如 trunk（树干）、branch（树枝）、bark（树皮）、root（树根）、foliage（树叶）等。英语的构词方法以加缀法为主，由一个个词干分别作为核心前后加缀，呈核心扩散的样态构成一组相关的词，没有从整体上综合地以事物的联系来命名的习惯。

二、重复与替代

很多学者在讨论汉语重整体思维时，提到汉语句子安排中的一种常用手段——周遍性重复。所谓周遍性重复，就是指一个意思本来讲一次就已足够，但汉语常不厌其烦地一再加以重复，有时是别的语言（如英语）很难容忍的。汉语中的这类重复常常以“总说一分述”式的复叠性复句形式出现。语义上，周遍性重复中的“总说”起到涵括作用，是说话人对所论及事物不同认知域的总汇，是不同侧面的综合或概括；各个“分述”是说话人关注所论述对象一个或多个认知域的结果，是涵括所关涉的各个细节。“分述”句为“总说”句提供证据，对其予以一一论证。

我国汉乐府《江南》中的诗句“江南可采莲，莲叶何田田，鱼戏莲叶东，鱼戏莲叶西，鱼戏莲叶南，鱼戏莲叶北”堪称周遍性重复的经典句式。诗歌体以外的散文化叙述中，周遍性重复也很常见：

镇子坐落在一个峡谷里，东面是山，西面是山，南面是山，北面也是山。

The small town lies in a valley surrounded with mountains.

这年头什么都要送礼，生要送礼，老要送礼，病要送礼，死要送礼。

Nowadays you'll have to send presents on almost every occasion—presents for childbirth, on the birthday of the aged, to show your care when somebody is ill or some help to make arrangement for somebody's funeral.

当然，英语中也有重复的例子：

French became the language of the court, the language of the nobility, the language of polite society, the language of literature. But it did not replace English as the language of the people.

法语成为法庭语言、贵族语言、上流社会语言、文学艺术语言，但它却始终没有取代英语，成为民众语言。

英语中的重复一般是修辞性的，与汉语相比少得多。在能明确表达意思的前提下，英语宜尽量采用替代、省略或变换等方法来避免无意图的重复。这样不仅能使行文简洁、有力，而且比较符合英语民族的语言心理习惯。而汉语中的这类重复既是一种修辞手法，也是一种句法格式。从上例我们可以看出汉语在整体重复的音韵上的优点：句子既可以很有节奏感，又具有简略的形式美。英语则不同，英语并不注重这种面面俱到式的描写。汉语往往采取一种全程演绎式的铺叙法，英语则在大多数情况下采取归纳式，避免整体铺叙（刘宓庆，2006）。

三、散点与焦点

中国传统哲学思维习惯总是习惯于从整体上把握对象，而对象所处的关系网并非一个固定明确整体，它处于不断发展、变化的过程中，因而人们要把握对象就必须采取多视角的动态方法。因此汉语句子里常伴有思维重心在不知不觉中的转移，有学者套用国画术语称汉语采用"散点透视"——像国画一样，多视角，多层次，慢慢铺开，给人一种流动感。与之相比，西方哲学思维习惯于从个体上把握对象，主体与客体保持距离，主体从某个特定观察角度，对客体进行客观细致描述。在一个完整意思结束之前，通常不会变换视角，这被一些学者称为"焦点透视"。

申小龙(1993)认为：

从某种意义上说，西方形态语言的句子组织是以动词为核心组织起来的。句子各种成分都是以限定动词(核心动词)为中心明确彼此的关系的。这种句子格局的心理视点是一种焦点透视。它的句界是严格的，可以计算的。内部组织呈几何空间型。汉语句子的心理视点不是焦点透视，而是散点透视。这种散点透视首先是一种着眼于内容完整的组织方法。我们用西方的句法分析眼光来看汉语的句子，就会发现汉语的句子界线没有形式的约束。如果说西方语言的句子是以动词为中心搭起固定框架，以"形"役"意"的，那么汉语的句子却不需要这样一种框架。它以意义的完整为目的，用一个个语言板块(词组)的流动、铺排局势来完成内容表达的要求。因而汉语句子是以"神"统"形"的。……这种整体化方法也正是汉语句子的组织方法。

请看下面的例子：

三省十八县，汉家客商，瑶家猎户，药匠，壮家小贩，都在这里云集贸易。猪行牛市，蔬菜果品，香菇木耳，懒蛇活猴，海参洋布，日用百货，饮食小摊……满圩满街人成河，嗡嗡嘤嘤，万头攒动。若是站在后山坡上看下去，晴天是一片头巾、花帕、草帽，雨天是一片斗篷、纸伞、布伞。(古华《芙蓉镇》)

From eighteen counties in three provinces came Han merchants, Yao hunters and physicians, and Zhuang peddlers. There were two markets for pigs and buffaloes, stalls of vegetables, fruit, mushrooms and edible fungus, snakes and monkey, sea-slugs, foreign cloth, daily necessities and snacks ... The place swarmed with people, rang with a hubbub of voices. If you look down from the back hill on fine days, you saw turbans, kerchiefs, straw hats; on wet days, coir caps and umbrellas of cloth or oiled paper. (戴乃迭 译)

汉英对照可以看出，汉语句群从整体意义上控制音义语块流泻铺排，视点好似流水，不断切换，采用的是散点句法。句群中的音义语块有时结构上无层次主从之分，有时主谓不辨，它们既可以是小句，也可以是短语，甚至只是一个词，但意义连贯，浑然一体。而英语句子定界清晰，结构完整，主语谓语一目了然，句子与词级各显其式，主句与从句各司其职，因而严密规范，采用的是焦点句法。

需要说明一点的是，关于“焦点透视”“散点透视”的说法曾引起过争论，有人认为用词不当，主张改为“视点固定”“视点流动”。潘文国(1997)认为问题不在于此，不必拘泥，只是“视”字有一种静态观察的味道，好似面对一个已经完成的作品，不似“竹式结构”的比喻更能反映出汉语句子的生成过程。这里我们仍采用“焦点透视”“散点透视”的说法，关于汉语句子“竹式结构”的特点我们将在语法对比中谈到。

第二节 悟性思维与理性思维

对中国人思维方式影响最大的三种哲学——儒家、道家与佛教都重视悟性。三种哲学思想对中国人形成重“领悟”、重“微言大义”、重“言外之意”，从而追求“含蓄”和“韵致”的思维方式有很大影响。潘文国(1997)认为“中国人的所作所为似乎都不想让人马上知道，而要让人想一想后才‘悟’出来。表现在文学上，贵含蓄，忌直露；绘画上，贵泼墨写意，而把工笔勾勒视为“画匠”而缺乏‘大家气度’；戏剧上，提炼了许多艺术化的‘程式’，忌生活化的写实；园林建筑上，贵曲折，‘步换景移’，忌一览无余。”中国人的悟性思维在语言上的表现就是“偏重心理，略于形式”“偏重语义关系，略于形态形式”。

西方人的思维方式源于亚里士多德严密的形式逻辑以及16至18世纪风行欧洲的理性主义。理性主义强调逻辑推理，注重形式论证，对欧洲自然科学的发展起了推动作用。韦伯(1987)认为理性是整个西方文化的根本特征。理性导致西方社会有着理性化的经济生活、理性化的技术、理性化的科学研究、理性化的军事训练、理性化的法律和行政机关。就英语表达形式而言，就出现了英语重形式、重理性的特征，其句式构架严整、表达思维缜密、行文注重逻辑理性。

一、意合与形合

美国翻译理论家奈达(Nida，1982)认为：“就汉语和英语而言，也许在语言学上最重要的一个区别就是形合和意合的对比。”

意合指的是词语或分句之间不用语言形式手段连接，其中的语法意义和逻辑关系通过词语或分句的含义表达。汉语用词造句成章的最大特点是采用意合法，重意义组合而轻形式结构，让读者和听者领悟其中的意义和关系；词没有严格意义的形态变化，用词注重功能、意义；句子不受严谨的主谓结构的约束，少用或不用关联词语，摆脱形式的束缚，直接表达现实和思维过程，体现悟性的相似性，词语之间的关系常在不言之中，语法意义和逻辑联系常隐含在字里行间。

形合指的是词语或分句之间用语言形式手段（如关联词）连接起来，表达语法意义和逻辑关系。英语用词造句成章的最大特点是采用形合法，重形式结构协调，让读者和听者分析其中的意义和关系：词有严格意义的形态变化，用词强调"人称""数""格"等的一致；句子受严谨的主谓结构协调一致的制约，多用或常用关联词语，注重形式衔接，以形显义、以形统意，以形态变化制约句子结构。例如：

这几天心里颇不宁静。今晚在院子里坐着乘凉，忽然想起日日走过的荷塘，在这满月的光里，总该另有一番样子吧。（朱自清《荷塘月色》）

I have felt quite upset recently. Tonight, when I was sitting in the yard enjoying the cool, it occurred to me that the Lotus Pond, which I pass by everyday, must assume quite a different look in such moonlit night.（朱纯深 译）

汉语中各句依照事物的内在事理依序铺展，虽无逻辑意义上的连接词，但自上而下形散而意合。译文中用了形态变化、连接词语、代词等，结构严谨。可以看出，汉语句子之间的连接贯通多靠语义，即使没有逻辑词或缺省某些成分也可意会句间的各种关系。而英语中主要以形态和表示各种逻辑关系的关联词控制句间的关系，因而必然呈现出形合的外在特征。

二、模糊与确定

悟性思维风格必然导致汉语表述手段广泛的模糊化，而理性有确定性的特征，因而英语表达方式比较严谨、精确，定义、概念明确，用词造句遵守严格的词法和句法，造句成章也服从某种逻辑规则，适合于科学思维和理性思维，也便于"以理服人"。钱钟书《围城》中有这么一段：

三间大学校长高松年是位老科学家。这"老"字的位置非常为难，可以形容科学，也可以形容科学家。不幸的是，科学家跟科学不大相同；科学家像酒，愈老愈可贵，而科学像女人，老了便不值钱。将来国语文法发展完备，终有一天可以明白地分开"老的科学家"和"老科学的家",或者说"科学老家"和"老科学家"。现在还早得很呢,不妨笼统称呼。

与汉语相比,英语 old 的确精准得多,可以形容科学,也可以形容科学家。如:an old scientist 老的科学家,a scientist of old science 老科学的家。甚至可以很方便地说:a young scientist of young science 年轻科学的年轻科学家,a young scientist of old science 老科学的年轻科学家,an old scientist of young science 年轻科学的老科学家,an old scientist of old science 老科学的老科学家。

钱钟书这里并不是指责汉语不精密。《围城》不是语言学著作,而是一部小说,在这一段中,钱钟书行文诙谐幽默,充分利用汉语表述的模糊性对高松年极尽调侃。

刘宓庆(2006)认为汉语表述手段的模糊化主要表现在下面几个方面:

(1)词性模糊化:汉语的词究竟可以不可以按词性分类,至今犹有争议;

(2)语义的模糊化:问题出在词语运用中依仗悟性定夺形成语义范围定界不明;

(3)句法成分的模糊化:主语、谓语、宾语、状语、定语的定性,有时模棱两可;

(4)单复句定界的模糊化:汉语缺乏表示并列复合、主从复合的标定手段。

此外汉语还有一个最基本的、最广泛的也是最起作用的模糊化,即动词形态的模糊化,包括:动词时态(表现为泛时性很强);语态(表现为受事施事不分和受事的施事化);语气(表现为语法范畴的词汇手段);动词与主语的形式结构关系以及以动词形态模糊化为核心引起的句法结构的整体性模糊化。

以上所述种种模糊化问题,集中表现为汉语语法的隐含性。刘宓庆(2006)是这样解释的:

汉语语法的隐含性(covertness)是一个最基本的语言事实。这里所谓"隐含性",是指就整体而言汉语的词、句从形式上看不出它们的词性、语法功能(主语、宾语、谓语等等)和语法关系(主从关系、指代关系等等),似乎一切"尽在不言之中",隐而不表。对这个语言事实我们必须有很充分的认识,才能说基本上了解汉语的语法。大体而言,汉语很多语法上的问题都是从语法隐含性这个特征衍生出来的。英语的语法则是外显的(overt),即可以通过形式看出来。这样,形式就对语法有了表现力、约束力,我们称为形式的标定(formal indication)。

三、高语境与低语境

高语境文化与低语境文化最早由爱德华·霍尔(Edward Hall)1976年在《超越文化》一书中提出。根据霍尔的观点,在高语境文化中,人们在交际时,有较多的信息量或由社会文化环境和情景来传递,或内化于交际者的思维记忆深处,显性的语码所负载的信息量相对较少,人们对交际环境的种种微妙之处较为敏感。在低语境文化中,人们在交际时,大量的信息由显性的语码负载,隐性的环境传递出相对少量的信息。也就是说,在低语境文化中的人们,习惯借助言语的力量来交际。通常人们认为,东方文化属于高语境文化,西方文化属于低语境文化。所以,在东方文化中,以中国人为代表,人们交际中重"意会",而在西方人,尤其是英美人交际中,十分重视"言传"。

汉英两种语言与语境联系的紧密程度不同,语言在表达作者意图的作用上就有显著差异,从而对各自语言特点产生不同的影响。

我们知道,英语词语搭配尤其是动宾搭配不仅受语法关系的制约,同时受语义关系制约。所谓语义关系是指句子成分之间在语义上的相互关联。乔姆斯基(Chomsky)的 Colorless green ideas sleep furiously 一句就说明了句法的正确性并不保证语义的可行性。但是汉语动宾之间的搭配有时也可不遵守语义关系,因此形成不可思议的搭配,如吃食堂、救火等。

应该看到在使用语法结构(如主谓、动宾和偏正等结构)体现语义关系时,汉语更多地倾向于意合和语境。汉语是一种分析型语言,意思的表达大多是依靠短语、句子来表达的,而表达又倾向于简约。恰如吕叔湘(1984)说的"汉语是比较经济的,能用三个字表示的意思不用五个字,一句话能了事的时候不说两句","尤其是在表示动作和事物的关系上,几乎全赖'意合',不靠'言合'"。而意合就是通过语境来弥补语法形式上的简约。在交际中,人们往往是突出话语中比较关键的词语,把一些无关紧要的语义部分加以简约处理,让听者或读者根据双方的共识和语境的提示去领会。

叶蜚声等(1997)曾举了一个例子:

比方说"谢幕"这个词概括了剧场里一种常见的热烈场面,很难用一句话清楚而确切地表达出来。《现代汉语词典》对它的解释是:"演出闭幕后观众鼓掌时间,演员站在台前向观众敬礼,答谢观众的盛意。"这个定义里面,"演出、闭幕、观众、鼓掌、演员、台前、敬礼、答谢、盛意”九个词也各自概括了好多内容，需要做详细的解释。“谢幕”这个复合词舍去了许多细节，只抓住“谢”和“幕”两点，控制一片，概括地指整个场面。

这样组合的词语不合逻辑，破坏了正常的语义关系：怎么感谢幕布呢？但在语境作用下，并不影响理解。逐渐的这个词语就固定下来了，成为约定俗成。因此，这样的搭配归根结底是语言交流经济趋简的结果。“吃食堂”“救火”等都是“在食堂吃饭”“失火现场进行灭火和救护工作”的缩略表达，把动作和动作地点、原因等几个概念整合在一个空间里，浓缩在一个词里。蔡基刚(2008)是这样分析的：

动名结构是汉语中最基本的话语结构，在这个框架中代表动作的动词是主要的，动作所蕴涵和涉及的事件如实施者、对象、目的、工具、原因、结果、处所等都是在一个操母语者的知识范围内，因此出现任何一个语素与该动词搭配时，他们就能根据自己的体验和已知规律，自动处理配对，辨认出该语素是动词的施事、受事、目的、工具、原因、结果还是处所等，而无须依靠句法关系。因此当我们说考大学、考博士、考学生、考数学等，人们自然知道这里“考”的分别是目标、对象、原因等。当出现模棱两可，难以确定时，语境就发挥作用。如“考研究生”这个搭配隐含两个完全不同的意义：①to take a test to become a postgraduate；②to test a postgraduate student。但在主语确定的情况下(学校或学生)，理解只能是一个。显然，汉语一个动词之所以有这样广泛的搭配，其原因就是“考”激活了相关的动词知识图式，在这样的认知语境下，无论是编码还是解码就变得简单多了。

第三节　主体思维与客体思维

中国传统的“天人合一”讲的是人与万物之间的关系是和谐统一的关系，是一个有机的整体。在这个人与物的和谐关系中人起主导作用。中国古代先哲认为，研究天人关系时既要考虑天道对人的影响，也要以人为本位重视人在其中的地位与作用。孟子说：“万物皆备于我”(《孟子·离娄上》)，表明了在处理人和自然的关系中必须强调主体意识，以“人”为出发点。

西方哲学思想主张的是理性，希腊哲人普罗泰戈拉(Protagoras)曾说过，人为万物的尺度。就人与自然的关系来说，便是人用理性给自然打上烙印，人的理性为自然立法，其前提就是要强调人与自然的主客二分、二元对立、物我分明，这样人才能在对立面去观察、分析、认识事物。西方哲学的这一思想并非一定要强调客体，只是视情况而定，强调人的方面时就注重主体意识，强调物的方面时，就注重客体意识。

透视汉英语言表达的差异可以看出汉英民族主客体意识的影响：汉语注重主体性叙述，往往从人的角度出发来叙述客观事物、描述人及其行为或状态。英语兼顾主体性与客体性描述，倾向于客体性描述，表达客观事物如何作用于人的感知，让事物以客观的口气呈现出来。汉英语言的这一特点主要表现在如何使用主语和动词这两方面。

一、人称与物称

汉语里动作句的主语往往是人称主语，这里的"人称"不仅指人称代词，还指表示人的名词，或由人构成的组织、团体、地方、国家的名词。但在英语里动作句的主语可用表人的名词（人称）也可用表物的名词（物称），视不同的侧重点而定。例如：

Excitement deprived me of all power of utterance.

我兴奋得什么话也说不出来。

The thick carpet killed the sound of my footsteps.

我走在厚厚的地毯上，一点脚步声也没有。

It never occurred to me that she was so dishonest.

我从来也没有想到她这么不老实。

No city on American soil had known such destruction.

在美国国土上，没有一座城市曾经遭受过如此严重的破坏。

可见，在动作句中，英语用抽象概念，心理感觉、事物名称或时间地点充当主语的情况比汉语多，使用的场合也比汉语广。汉语的动作句主语只能是人称主语，因为在汉民族的意识中，只有人才能 see、hear、give、go、run、escape、know、find 等。汉语当然也有物称句，如"岁月不饶人""哪阵风把你吹来的""近年来北京目睹了巨大变化"等（习惯上常常称为"拟人"），但数量远远不及英语。

汉语中有时也会出现一些人们不大说的物称句，对于这些物称句，潘文国（1997）认为之所以说"不大说"，是因为这类句子实际上现在已有人说了，但我们可以感觉到这种句子欧化的味道很浓，不是地道的汉语。例如：

The Second World War brought him rapid battle promotion.

他在第二次世界大战中屡建奇功，晋升很快。

人们往往不大说“第二次世界大战使他在战场上迅速得到提升”。

二、主动与被动

英语中被动句用得相当广泛，特别是科技文体中大约有三分之一的句子用的是被动句，因为在科技文章中着重要讲的是客观规律和客观事实。有些事情究竟是由谁进行的、由谁造成的并不重要，所以可以说，英语被动句式是英语民族客体意识表现的非常重要的一个方面。而汉语多用主动句式，被动行为也多以主动形式出现，被动语态隐含，行为者则“尽在不言之中”。汉语多用主动式显然受到“主体意识”的影响。刘宓庆(2006)认为，在汉语思维定式中，行为是“人”这个主体进行或完成的，“事”或“物”不可能自己去进行或完成任何行为，再加上汉语言文字上并不具备这种给以“说明”的形态手段，因此表现为广泛的“受事施事化”：

衣服洗好了，放在衣柜里了。

花生米炒一炒，晚上好下酒。

英语里也有类似汉语这种“主动表被动”的情况，如“The cakes are baking. 蛋糕在烘。”但这仅限于少数几个动词 do、cook、bake、print 等的进行时。

周志培(2003)在对比汉英主动和被动情况时，讨论分析了汉英另外一类句子：

英语中以动词的被动式区分主体与客体不仅表现在作谓语时的被动句中，还表现在作宾语补足语时的主动句中。

(1)I have had my wallet stolen.

(2)I have had my left leg broken.

(3)I am going to have my hair dressed.

(4)I am going to dress my hair.

这四个句子在语法上讲都是主动句，但按实际意义来说，第(1)和第(2)句的主语是承受者，是客体，因为自己不会偷自己的钱包，意思是“我被偷了钱包”；自己也不可能弄断自己的腿，意思是“我被弄断了腿”。这个被动意义都是由作宾语补语的 stolen 和 broken 来显示的。第(3)句的主语也是客体，意思是“让别人来做我的头发”(我被做头发)。而第(4)句的主语就是主体了，意思是“我自己做自己的头发”，区别就在于有没有用及物动词的过去分词作宾语补足语。究竟是主体还是客体，在这类句子中英语是分得一清二楚的。可是到了汉语里，不管是主体还是客体，也就是不管是主动还是被动，一律用主动句的形式来表示，这就非常容易引起歧义。如“我去修车、我去照相、我去按摩、我去理发、我去理疗、我去看病、我去化验”，在这样一些句子中，“我”既可以做主体成为施事者，就是“我去给别人照相、按摩……”，也可能做客体成为动作承受者，即“我让人修我的车，我让人给我照相、按摩……”等，以至于有些动词本身都存在歧义，如“我去上课”，究竟是给别人讲课(主体)，还是去听别人讲课(客体)就搞不清楚。汉语的主体意识是这样的强烈，只要允许，主语位置上的名词不管是主体还是客体，都用主动句，只要能说下来就行，至于理解，有语境上下文的帮助，一般也不会出大错。

三、无主句与完整句

汉语中的无主句有两类，一类是无主语句，另外一类是省略主语句。汉语的无主语句有很多，刘宓庆(2006)分析过汉语几种典型的无主语句：

(1)有机会就要抓住，不能迟疑。

Grab off the opportunity, don't hesitate.

(2)搞得我心乱如麻。

It made me upset.

(3)只听到阵阵笑声从青竹丛中的熊猫馆传出来。

Laughter burst out from time to time from the Panda House set among green bamboos.

(1)句属于一种主体(说话者)发出的忠告、警告、劝告、命令、口号等等，一般具有不同的情态。这种句子是自足的。从表面上看来发出忠告的主体(说话者)虽然并没有出现，但却使客体(受话者)完全能意识到他的存在，因此那是一种隐性的主体意识。这类句子可以与英语的祈使句相对契合；只是它们的语用功能比英语祈使句宽。很多这类的汉语句子其实是陈述句。(2)句属于用“得”字的非主谓述补句，往往表示行为(或状态)造成的结果或程度，是一种主体意识描述。它虽然常由“得”引出一个主语(人称代词或名词)，但实际上表述的是说话者的感受或描述。(3)句与(2)句属于相似的类型，往往以“只听到”“只见(只看到)”“只觉得”“只感觉(只感到)”起句。从语言心理上说，“只见”“只觉得”“细看来”等反映了汉语的主体性思维定式，似乎一切都出自说话者(叙述者)的直感、体验和观察。

汉语中的省略主语句是非自足性的，主语被省略了，但一般可以填补完形。省略主语在语言心理上的原因主要是操汉语的人的主体感应。说话者的自我意识很强，认为谈自己一切不言自明(刘宓庆，2006)。这种传统，在汉语中源远流长，在古典诗词中看得最明显。现代汉语的主语省略句也比较多，特别是在自述型散文里。从语言心理上看，这也是主体意识的一种表现，认为谈自己的一切不言自明。例如：

(　)这样想着，(　)猛一抬头，不觉已是自己的门前，(　)轻轻地推门进去，什么声息也没有，妻已熟睡很久了。(朱自清《荷塘月色》)

Deep in my thoughts, I looked up, just to find myself at the door of my own house. Gently I pushed the door open and walked in. Not a sound inside, my wife had been asleep for quite a while. (朱纯深 译)

原文中，读者可以轻易推断，几个短句省略的主语一致，就是第一人称"我"。虽然一整段话都没有出现主语，全部省略了，但读者能强烈地感受到主体的存在。

何南林(2008)总结道：

汉语民族崇尚"万物与我为一"，这种主客观统一的认识论在心理语言上的反映，就是施事主体可以蕴含在行为事件之中，故而组词造句时，并不把主语看成必需的成分。与之相反，西方民族推崇"人为万物尺度"，强调主客对立，物我分明，反映在句型结构上，就是所有的句子(祈使句除外)必须主谓两分。即使没有明显的施事者，也要想方设法寻找一个虚拟的主语来"冒名顶替"。

第四节　形象思维与抽象思维

汉语的哲学背景是儒、道、佛的悟性。悟性有直觉性和形象性的特征，因而中国人自古以来就讲求"观物取象，立象尽意"，善于"设象喻理，取象比类"。这种思维方式的特点在于人们对事物的认识基本上表现为一种形象的运动，从直接感受和体验出发，运用形象和联想，根据事物的相似或相近进行一种类比的推理，在形象的转换中完成一个由未知到已知的过程(郑卓睿，2004)。

英语的哲学背景是亚里士多德开创的严密的形式逻辑，以及 16 至 18 世纪风行欧洲的理性主义。逻辑和理性的显著特点是抽象性。所以西方思维传统注重科学、理性，重视分析、实证，在论证、推演中认识事物，然后对其本质进行总结、归纳和抽象思维，挖掘其规律。

一、具体与抽象

汉语的形象思维决定了汉语具有具象表达的倾向，汉语用词倾向于具体，常常以实的形式表达虚的概念，以生动具体的形象表达抽象笼统的意义。许多汉字模拟自然现象和客观事物，如山、凹、凸；许多事物通过“观物取象”“立意于象”而得以命名，如矛盾、一针见血、水乳交融；不少外来词通过形象性的意译或模拟拼音加形象而得以命名，如 Coca-Cola 可口可乐、hula-hoop 呼啦圈。大量词语通过直觉领悟便可获知其意。汉语表达形象、意象、象征、联想、想象的词语相当丰富，这类词语可以化抽象为具体、化朦胧为清晰、化枯燥为形象。

在汉语的诗词中，具象词语更是得到广泛的运用，元代马致远的小令《天净沙·秋思》可以说是一个典型：“枯藤老树昏鸦，小桥流水人家，古道西风瘦马。夕阳西下，断肠人在天涯。”全诗全部是具象名词的并联，除了一个“在”字，全无其他结构词。借用具体的形象表达抽象的内容，具有简洁明了、逻辑清晰、意义明确、主题鲜明、形散神聚、节奏感强的特点，构成一幅羁旅天涯孤寂凄苦的画面。

刘宓庆(2006)认为，汉语善用具象的思维风格还表现在量词的丰富多样中。汉语倾向于将不论是具体的还是抽象的事物度量化、单位化。李商隐的诗句“一寸相思一寸灰”就是一个范例。

英语的抽象思维决定了英语具有抽象表达的倾向。英语用词倾向于抽象，常常以虚的形式表达实的内容，以抽象的词语表达具体的意义，常常借助抽象、笼统、概括的词语表达复杂、微妙、模糊的意义。现代英语有种名词化倾向，所谓名词化主要指用名词来表达原来属于动词(或形容词)所表达的概念，如用抽象名词来表达动作、行为、变化、状态、品质、情感等概念。高尔斯(Gowers，1987)认为，英语“不惜动词而过分依赖名词，最终会使作者远离各种现实，远离事件发生的时间、方式以及场合，从而又不知不觉习惯抽象、概括和笼统的表达方式了”，如：

Bureaucratization, which flourished amid the growing burdens of government and the greater complexity of society, was designed to smother policymakers in blankets of legalism, compromise and reappraisal and thereby prevent hasty decisions from being made. The centralization of government that led to Watergate has spread to economic institutions and beyond, making procrastination a worldwide way of life. (Michael Demarest: *The Fine Art of Putting Things Off*)

官僚作风是在政府负担日益增长、社会越来越复杂的情况下滋长，目的是以各种法律条款、协议让步或重新评估等名义缓解政策制定者的工作，从而防止草率的决定。导致了水门事件的政府集权现象蔓延到经济机构和其他行业，使得拖拉作风成为世界性的问题了。

上面例子用了许多抽象词语，如 bureaucratization、complexity、legalism、compromise、reappraisal、decisions、centralization、institutions、procrastination 等，有利于深奥而抽象概念的表达，但具体意义要借助于上下文来确定。

英语中之所以抽象表达手段广泛使用，也得益于有丰富的词义虚化手段如前后缀以及表达较虚泛意义的介词等功能词。

二、动态与静态

语言中如果倾向于多用动词，那么叙述呈动态；若语言中倾向于多用名词，那么叙述就呈静态。就汉语和英语对比来说，如果讨论语言运用中是动词优势还是名词优势，就必须先了解我国语言学界曾发生过的一场有关“动词优势”与“名词优势”的争论。

英语学者林同济(1980)认为“汉语特点是动词优势，英语特点可以说是关系词丰富”，他说：“展开一篇汉语作品，略与英语作品相较，我们马上可以发觉：前者的动词频率往往远超过后者。”他认为原因之一是由于“汉语的介词贫乏，完全没有分词。英语使用介词和分词之处，汉语经常都只用动词”。第二个原因是两种语言的造句法不同，“偏重动词着眼，运用大量的动词结集，根据时间顺序一一予以安排，甚至尽量省略关系词以达到动词集中、动词突出的效果——这就是汉语造句法的基本倾向。”

汉语学者郭绍虞(1978)认为西洋语法以动词为重点，汉语以名词为重点。他说：“我经常提出一个假设，就是认为西洋语法是重在动词，汉语语法则重在名词。”“汉语是以实词为中心的，而实词之中名词最实，可称体词。动词、形容词都是相词，而动词、形容词对名词而言，就都变成虚词。即就这两种虚词来讲，以动词与形容词相比，昔人还以形容词为实词，而以动词为虚词。这可见汉语的本质是不可能以动词为重点的。以动词为重点，则形态变化就成语法中的重要问题；不以动词为重点，所以汉语中可以没有形态变化，而名、动、形三种词就可在语法组织的顺序中发生词性的相互转化。”

潘文国(1997)认为“林和郭两位的理论都有道理，但其正确的层次不同。郭说反映了历史上和理论上的正确，林说却反映了现实上的正确，而且正如他说的，预示着两种语言发展的方向。”“从历史和理论的角度看，郭说无可非议。印欧语确实以动词为中心，这才造成了繁复的形态变化，决定了包括英语在内的印欧语都是形态语的基调；而汉语，不论从古人‘实、德、业’或“体、相、用’的说法，还是从‘虚、实’的辩证观念，确实是以名词为重点的，汉语没有形态也从反面证明了汉语不重动词。”最后他的结论是“英语在理论上以动词为中心，而实际上是名词占优势；汉语理论上以名词为重点，而实际上动词占有一定的优势”。

周志培(2003)通过一些统计资料也说明了汉语语法以名词为重点，运用频率动词占优势；英语语法以动词为重点，运用频率名词(+介词)占优势。

何南林(2008)认为：

英语中的动词极其重要，每个句子都必须要有一个定式动词，不但从性、数、格、时等方面与主语照应，同时又支配宾语、补语、状语等其他成分，由此牵丝扯藤、前呼后拥地搭建起繁复绵长的句子。然而，恰恰是因为以动词为核心，其数量自然也就不得不受到严格限制。反过来，汉语既不需要以主谓结构为主轴，动词亦无形态变化，这就给了动词极大的自由，无须顾忌与主语的搭配，同时又能灵活地充当主语、宾语等语法成分。

受具象思维影响，汉语喜欢用动词化表达法，常用、多用、连用、重复、重叠动词，采用“连动式”“兼语式”及其套叠，词语的意义生动活泼，丰富多彩，有利于表达动态的情感和形象性、直觉性的行为。例如：

我倒了一杯茶给他喝。(连动)

I offered him a cup of tea.

我们请她唱歌。(兼语)

We asked her to sing.

我去叫他们派一个会计到这儿来帮助你算账吧。(兼语式与连动式交错)

Let me go and ask them to send an accountant here to help you with your accounts.

汉语的动词(词组)无须改变形式就可以充当句子的各种成分：

犹豫不决就意味着失败。(动词词组作主语)

To hesitate means failure.

这将是交流经验的好机会。(动词词组作定语)

This will be a good opportunity to exchange experience.

他不停地来回走着,激动得说不出话来。(动词词组作状语、补语)

He kept on walking back and forth,being too excited to say a single word.

革命不是请客吃饭。(兼语式词组作表语)

Revolution is not a dinner party.

他们喜欢乘火车旅行。(连动式词组作宾语)

They enjoy traveling by train.

另外,汉语许多揭示语、问候语和文章标题,常用富于动态的动词,如果译成英语常常要转换为富于静态的名词。例如:

油漆未干!

Wet paint!

不准拍照!

No camera!

生日快乐!

Happy birthday!

受抽象思维的影响,英语语言的表达趋于冷静、客观。为了使语言表达显得冷静、客观,英语经常采用名词化手段,英语中丰富的词缀使有些动词和形容词很容易派生为名词,从而使名词化成为英语常见的现象,比如:

Scientific exploration, the search for knowledge has given man the practical results of being able to shield himself from the calamities of nature and the calamities imposed by other man.

科学的探索、知识的追求,使人类获得了避免天灾人祸的实力。

英语有很多由动词派生(如以-er 或-or 结尾)的名词既表示施事者,又保留原来动词的意义,英语常用这些含有行为和动作意义的普通名词代替动词,这类名词常常与前置形容词构成静态结构。例如:

He is a good eater and a good sleeper.

他能吃能睡。

The computer is a far more careful and industrious inspector than men.

计算机比人检查得更细心、更勤快。

由于英语多用名词，必然也要多用介词，因而产生了介词优势。介词优势与名词优势相结合，使英语的静态倾向更为显著（连淑能，2010）。英语介词具有丰富多样的词汇意义，特别是可以表达汉语中常用动词来表达的概念。例如：

by train

乘火车

against the proposal

反对这项提议

across the grass

横穿草地

He has someone behind him.

有人给他撑腰。

The car wound through the village and up a narrow valley, following a thaw-swollen stream.

小汽车迂回盘旋，穿过村庄，翻越峡谷，沿着一条因解冻而涨水的小溪行驶。

三、顺序与逆序

洪堡特（1836）在《论人类语言结构的差异及其对人类精神的影响》中曾指出："语言结构的规律与自然界的规律相似，语言通过其结构激发人的最高级、最合乎人性的力量投入活动，从而帮助了人深入认识自然界的形式特征。"洪堡特所说的语言结构的规律与自然界规律相似，实际上就是我们今天所谈论的"句法象似性"。对于"象似性"的内涵，目前还没有一个准确的定义。沈家煊（1993）认为，象似性是指语言结构映照人的经验结构或概念结构。语序里存在丰富的象似性。"象似语序"指的是语言成分的排列顺序映照其表达的语义内容或者事件发生的先后顺序，通俗地说，就是按照空间大小、时间先后、事理上的因果等逻辑顺序排列的语序。

汉语思维方式上的具象性反映在语序上，就是倾向于凭经验进行意合，语序的表达上总是遵循时间和事理发展的先后顺序，与事物发展的时间、逻辑事理顺序浑然一体。潘文国（1997）认为汉语是世界上逻辑性最强的语言。下面以潘文国的论述为主，综合诸家，对汉英句子语序做以介绍：

(1)时序先后律。时序先后律指按照事件发生的前后顺序来组织句子,也是对客观事实的描写,动作是事件展开的主线。流水句属于典型的时序先后律的句子。

她吃完了饭,换上新衣服、新手帕、绣花鞋、镶边裤。又擦了一次粉,加了几件首饰,然后叫于福给她备了驴,她骑上,于福给她赶上,往区上去。(赵树理《小二黑结婚》)

汉语句子分别围绕施事者,按照事件的事理和时序循序展开,直到完成叙述,整个句子由一个施事者一贯到底,句子中多个动词按时间的先后有条不紊地铺排,这构成了汉语中独特的"流水句"句式。

这样的时序安排在英语中也时有所见,英语中也可看到完全按照时间先后进行叙述的句子。但是"英语里可能隐伏着一条小范围的时间顺序原则,但是,它看起来常被更有力量的形态和句法限制所压倒,从而使得时间顺序的格式实际上显不出来。换句话说,就英语而言,临摹格式一般得靠抽象格式而存在。……汉语则相反,词和句子的各部分按临摹排列,很少或毋需抽象类的句法或形态标记"(谢信一,2004)。例如:

But before she went to join her husband in the Belgic capital, Mrs. Crawley made an expedition into England, leaving behind her little son upon the Continent, under the care of her French maid. (W. M. Thackeray, *Vanity Fair*)

原句中克劳莱太太的三个行为内在有着严格的时间先后顺序,即先"把自己幼小的孩子留在欧洲大陆交给法国的女佣看管",然后"到英国去做一番考察",最后"去比利时首都会见她的丈夫"。但原句出于句子结构平衡考虑,以 made 作为谓语动词,借助形态标记和形式词,如连词 before 以及 leaving 等非谓语动词,将这三个行为次序完全颠倒。

(2)空间大小律。这种规律反映了人类对外部世界观察一般遵循的顺序。对于汉民族来说,在涉及空间概念时,大致形成了由大到小、由远及近、由高到低、由整体到局部的逻辑顺序。例如:

那是力争上游的一种树,笔直的干,笔直的枝。它的干呢,通常是丈把高,像是加以人工似的,一丈以内,绝无旁枝;它所有的丫枝呢,一律向上,而且紧紧靠拢,也像是加以人工似的,成为一束,绝无横斜逸出;它的宽大的叶子也是片片向上,几乎没有斜生的,更不说倒垂了;它的皮,光滑而有银色的晕圈,微微泛出淡青色。(茅盾《白杨礼赞》)

对白杨的描写，先后出现的是"干""枝""丫枝""叶""皮"，显然体现了由大到小的顺序。

在空间分布的描写上，英语也有着类似的逻辑顺序。不过，由于英语句子重在借助丰富的形态手段确定句子的主干，并不强调其他一系列具有修饰限定关系的成分在排列时必须严格按照这样的规律，有时就会出现与汉语时空大小律截然相反的小大律，这在时间和地址的书写上尤为明显。一般来说，凡是动植物名称、物品名称等含有类属关系的概念，汉语一般都遵循由大到小的规律，而英语则遵循由小及大的顺序。

一个典型例子来自《德伯家的苔丝》中对布雷谷或布莱谷(Vale of Blakemore or Blackmoor)周边景致的部分描写：

Arable lands are few and limited; with but slight exceptions the prospect is a broad rich mass of grass and trees, mantling minor hills and dales within the major. Such is the Vale of Blackmoor. (Thomas Hardy, *Tess of the D'Urbervilles*)

原文中具体景物 grass, trees, minor hills and dales 以及 major (hills and dales)的安排体现了由小及大的顺序。

(3)事理因果律。因果规律是一个对事情发生先原因、后结果的总结性规律。广义上说，这一规律包含了原因、条件、假设、目的、转折、比较等多种情形。遵循事物发展的规律，在汉语和英语中都很普遍，但表达方式不尽相同，汉语一般遵循"先因后果"的顺序，以隐性的方式组织，尽在不言中，体现汉语的高度简约，是汉语重要的组句手段。如：

天色黑了，也不让茶让酒，我还到那边有点事去，你竟请回去。(曹雪芹《红楼梦》)

上例为原因-结果结构，结果在后面，语序相对稳定，逻辑关系呈意合方式，内含于句内。相对而言，英语含有类似因果关系的复句中，有些与汉语并无二致，而有些并不受这一逻辑规律的刚性约束，情况较为复杂。英语之所以弱化这些成分组合时暗含的因果类逻辑规律，原因还是在于英语的从句都有显性的连接词标记它们的语义，一旦确定了主句，那么无论从句的位置居于主句之前或之后，主从之间的语义关系都是一目了然的。例如：

But, my dear sister, though the event has proved you right, do not think me obstinate if I still assert that, considering what her behaviour was, my confidence was as natural as your suspicion. I do not at all comprehend her reason for wishing to be intimate with me, but if the same circumstances were to happen again, I am sure I should be deceived again. (Jane Austen, *Pride and Prejudice*)

在本例中,原文由 if 引导的条件状语从句后置,形成了先结果,后条件的格局。

(4)心理重轻律。一个客观事物的存在在不同民族的主观认知中有着轻重缓急的差异,这种差异的形成与不同民族的文化心理息息相关;而不同的客观事物并列出现时的次序安排,在不同民族的心理中也同样有着轻重的考量,具有不同的地位。汉民族长期以来形成了一套讲究尊卑有序的封建宗法制度,从尊卑的角度思考事物之间的轻重关系。这种民族的心理习惯也自然影响着民族语言的表达习惯,即语言表达方法有着相应的重轻有序的语序形式:重要的先说,不重要的后说;先想到的先说,后想到的后说;先发生的前置,后发生的后置;大的前置,小的后置。而英语则相反,重的、大的、严重的等一般放在后面,遵循"末端重量"(end weight)。例如:

救死扶伤,实行革命的人道主义。

Heal the wounded, rescue the dying, practice revolutionary humanitarianism.

"救死"与"扶伤",两相对比,前者无疑更为紧迫,比如战场或者车祸,医务人员一旦赶到,当然是先"救死"再"扶伤"。这里"救死扶伤"在英语反过来了,先"扶伤"后"救死":Heal the wounded, rescue the dying。

事实上,心理上的重轻律并非汉民族所独有,英语句子中不同成分的排列顺序有时也体现出这一规律。如:

... and that government of the people, by the people, for the people, shall not perish from the earth.

……要使这个民有、民治、民享的政府永世长存。

of the people, by the people, for the people 这样的编排顺序体现了林肯对这个政府性质、运作和职能的确切理解,三者间有着重轻的不同对待。

但是,汉语比英语更自由地服从心理上的重轻律,但英语没有汉语自由,因为英语更多情况要受到语法规则制约。

潘文国(1997)用汉语学界经常讨论的"这把刀我切肉用"这个句子来分析汉语话题——说明机制的性质。决定话题的是说话人的心理,同样一句话的内容,随着说话人在不同的语境里心目中重要部分的转移而选取不同的话题。例如：

强调工具:“用什么”	这把刀我用来切肉。
	这把刀我切肉用。
	我这把刀切肉用。
强调施动者:“谁”	我切肉用这把刀。
	我用这把刀切肉。
强调行为:“干什么”	切肉我用这把刀。

第三章　汉英语言的发展历史

吕叔湘曾说过对比语言学的目标既要指明事物的异同，还要追究它们何以有此异同。也就是说对比研究不仅在于阐明不同语言间的异同，更重要的是清楚地、科学地解释支配表层结构异同的内在因素。因此，我们不能忽略汉英两种语言的语言发展状况，包括历时的发展和共时的发展。

第一节　汉英语言的类型与谱系

近代学术界认为世界语言的分类，一般可以采取两种方法：结构分类法（又称形态分类法）和谱系分类法（又称发生学分类法）。这两种分类法的理论基础各不相同，根据这些方法划分的语言类别，总是既有出入又互有交叉。

一、结构分类法

语言结构类型，可根据语言的语法特征，从词法和句法两个不同的角度，划分出若干词法类型和句法类型。

（一）词法类型

从词法的角度给语言划分出的类型叫语言的词法类型，又叫形态类型。语言的词法类型一般分为四种：孤立语（词根语）、屈折语、粘着语、编插语。若按词法类型来看，汉语当属一种比较典型的孤立语，其特点是缺乏形态变化，语法意义主要靠词序和虚词来表示。印欧语系各语言一般都属于屈折语，其特点是通过各种屈折方式来表示语法意义。

词法分类也可以根据形态变化是否丰富把世界上的语言大致分为三类：综合

语、分析语、综合分析语。德语、俄语等语言的词有丰富的形态变化，属于综合语；汉语的主要特点是缺乏形态变化，词序和虚词是主要的语法手段，属于分析语；英语是介于综合语和分析语之间的一种语言，既有综合语的特点，有一定的形态变化，又有分析语的特点，词序和虚词的作用也比较大，属于综合分析语。

(二)句法类型

从句法的角度给语言分类叫语言的句法分类。语言的句法分类最常见的是根据句子的基本成分主语(S)、动词(V)、宾语(O)在简单陈述句中的位置来分类，一般分为 SVO 型语言、SOV 型语言和 VSO 型语言。按此角度，汉语、英语、法语、俄语等属于 SVO 型的语言。

二、谱系分类法

谱系分类法也叫发生学分类法，这是近代采用最广泛的一种分类法。它主要根据某一共同母语在分化过程中保留下来的共同特征(即语音、词汇、语法方面的共同成分)来划分语言。语系是有共同来源的诸语言的总称，语系之下可根据语言的亲疏程度再细分为语族、语支。越往下，其成员的亲属关系就越密切。

根据历史比较语言学的研究成果，一般认为世界上的语言按其亲属关系可以分为十几个或二十几个语系。

(一)汉藏语系

汉藏语系是仅次于印欧语系的第二大语系。按照我国学者的观点，汉藏语系分为四个语族，即汉语语族、藏缅语族、壮侗语族(或称侗台语族)和苗瑶语族共计约 250 种语言，汉藏语系的语言主要分布在亚洲各地，按照一般的说法，汉语属于汉藏语系的汉语语族。

由于汉藏语系语言还没有进行全面的历史比较，因而对其特点的认识主要是在现状方面。一般认为汉藏语系的语言大多属于孤立语，特点是：有声调；单音节词根占多数；有量词；以虚词和语序作为表达语法意义的主要手段。但汉藏语系的研究比印欧语系的研究困难大得多，因为“这些语言以单音节为主，缺乏形态变化，再加上多数没有标音的历史资料”(倪大白，1995)。对于上述这些特点，很多学者都有不同的看法。

(二)印欧语系

印欧语系是世界上最大的语系，包含了世界上许多重要的语言，如英语、西班牙语、法语、德语、俄语等等。这些语言是很多国家和组织的官方语言，在世界商业、科技、学术、通讯、国际会议中占有极其重要的地位。上述语言的使用者占全球总人口的一半以上。印欧语系的分布，从美洲经过欧洲，一直延伸到印度次大陆北部。英语属于印欧语系的日耳曼语族中的西日耳曼语支。

印欧系语言的研究，比其他语系的研究都更深入、更富成果。因此，学者们对印欧语系内部各语言间的亲属关系及亲疏程度了解得比较透彻，对这些语言的内部结构的认识也比较一致。一般认为，印欧语系各语言都是屈折语；广泛利用词缀和词干元音音变来表达语法意义；名词和大部分形容词有格、性和数的变化；动词有时态、语态和语体的变化，主语和动词在变化中互相呼应。

第二节　汉英语言及文字的发展

一、汉语历史及汉字形式的演变

（一）汉语简史

从汉语本身来说，我们现在说的汉语，是指以北京语音为标准音、以北方话为基础方言、以典范的白话文著作为语法规范的普通话。

一般认为夏朝和商朝的建立标志着华夏民族的开始形成，黄河中下游平原的中原地区是华夏先民的主要活动中心地区。夏朝是有文字记载的最早的朝代，夏朝的文化对后世有一定影响，但由于文献不足，其语言情况很难描述。商朝的史实比较可信，商朝的甲骨刻辞，应该是以口语为基础的书面语言。周朝已经有了所谓“雅言”，“雅言”类似“官话”。“雅言”的出现，说明了当时已经有了统一的部族共同语，这种共同语主要通行于黄河中下游一带。

汉语从开始形成时起，就存在着共同语和方言的对立。共同语是在比较强大的、占统治地位的部落的语言基础上形成的，而方言则是较弱小部落语言的残留。秦统一中国以前，占统治地位的共同语一直是以夏、商、周为代表的北方话；而方言中势力最大的是南方长江流域的楚方言。这些方言的不同，表现在语音、文字、词汇上，当然也可能表现在语法上。

公元前 221 年秦王朝建立以后，推行“书同文”政策，统一文字，这对语言的规范化起了很大的作用。尽管各地的人对同一个字还是说不同的音，但汉字统一了全国的书面语，实际上也就是统一了古汉语。由于汉字符号的表义性使汉字表示的语素意义长期稳定，从而使汉语记载下来的古代作品具有长期稳定的延续性。

潘文国(1997)认为，汉语在秦代以后经历了三次大的语言融合或者说影响：

第一次是公元前二世纪的时候，汉朝建立，楚人入主中原，从而使楚文化影响了中原文化，结果产生了赋等汉代特有的文体。这是中国历史上南方文化渗透到北方文化中去的唯一的一次。第二次是南北朝时期(公元4—6世纪)，北方少数民族(鲜卑、匈奴、羯、氐、羌)到中原建立政权，迫使汉人南下，从而发生了民族大迁移。中原人民迁到了长江流域南部以及长江中游地区，扩大了北方话的影响；而黄河流域的语言则受到了鲜卑等少数民族语言的影响。这就是所谓的"南染吴越，北杂夷虏"(北齐颜之推《颜氏家训·音辞》)。第三次是宋代南渡以后，辽、金、元、清先后入主中原，又一次发生了北方文化南进的情况。这后两次变迁都是由北往南，语言上是黄河流域的语言影响了长江流域，以及更南地区的语言，而黄河流域的语言又受到了更北方的少数民族语言的影响。汉语的北方是阿尔泰语系，南方是马来语系，这就使南北边缘地区不可能不受到这两种语系的影响；而由于几次大的变迁都是由北往南，因而阿尔泰语系对中国北方话的影响似乎更大，例如北京话中的轻声和儿化很可能是在阿尔泰语的影响下产生的。

这三次语言融合，第一次发生在汉语形成的时期，时间较早，现在已很难说清它对汉语发展的影响。第二次、第三次的影响则较大。

尽管口语共同语开始形成的确切年代不好确定，但在汉语的历史上，北方话在汉语的发展中一直处于优势的地位。在形成过程中，北京话有着特殊的地位。北京是五朝古都，由于历史、政治、文化等方面的原因，以北京语音为中心的北方话系统覆盖面广，发展也较快。明代以后学者们称之为"官话"的通用语，不仅仅指全国官府的通用语言，也用于泛指北方话系统中的各地方言。官话传播到全国各地以后，以北方话为基础方言的文学语言也日趋规范，18世纪以后的白话文学作品影响深远，到了20世纪，特别是五四运动以后提倡白话和国语，逐步使现代汉语的口语和书面语一致起来，加速了汉民族共同语的普及及其地位的确立。

1955年中国科学院召开了现代汉语规范化学术会议，正式确定现代汉语以北京语音为标准音，以北方话为基础方言，以典范的现代白话文为语法规范的发展方向。《中华人民共和国宪法》明文规定"国家推广全国通用的普通话"。这样汉民族共同语的地位通过法律形式得到了正式的确认。

根据上述汉语发展的脉络，我们可以把汉语的发展划分为四个时期：

(1)上古期：南北朝以前(4世纪以前)，纯粹是文言的时期；

(2)中古期：南北朝—宋(4—12世纪)，文言占优势，古白话开始形成的时期；

(3)近古期：金、元—清(13—19世纪)，文言占优势，白话文趋成熟的时期；

(4)现代期：五四运动(20世纪)以后，白话文取代文言文的时期。

潘文国(1997)从语言的三要素(语音、词汇、语法)概括了这几个时期的变化。

上古期：南北朝以前(4世纪以前)

语音：无轻唇音；无舌上音，有全浊音，有入声；单音节、声韵调相拼的格局已经形成。

词汇：形音义一体的字-词体系形成，复音词很少，借词主要来自西域；植物名以“胡”为代表。

语法：基本词序已经形成，宾语有几种前置现象，虚词已形成体系，名词可直接作状语。

代表著作：前期：《孟子》；后期：《论衡》。

中古期：南北朝—宋(4—12世纪)

语音：全浊音开始清化，语音系统简化，近代北方话语音系统开始形成。

词汇：单音词为主，双音词增多，词头、词尾渐多，借词主要来自佛教，植物名以“海”为代表。

语法：动补结构得到发展，被字句形成，处置式产生，一批新的语气词、助词(了、着、底)产生。

代表著作：前期(南方)《世说新语》；后期(北方)敦煌文学。

近古期：金、元—清(13—19世纪)

语音：入声消失，北方话开始在实际语言中占主导地位，儿化音产生。

词汇：产生了比较典范的白话文著作，使用大量接近北方口语的词汇；双音词大量增加，借词来自蒙语、满语，但主要来自西洋；植物名明代前以“番”为代表，清代以后以“洋”为代表。

语法：把字句复杂化，被字句动词后带补语，“的”“吗”“呢”等虚词产生。

代表著作：前期为宋话本、元曲，后期为《红楼梦》等白话长篇小说。

现代期：五四运动以后(20世纪)

语音：以北京音为代表的汉民族共同语形成。

词汇：双音词在数量上占了绝对优势，但在使用中单音词频度仍极高；世纪之交西洋名词大量涌入，其中相当数量通过日本转译；源于英语的“类词缀”大量产生。

语法：吸收了大量欧化句法（主语复杂化、并列谓语、定语加长等）；语法渐趋严密（主语用得较前增多等）；被字句不限于表不幸或不愉快的事。

代表著作：鲁迅、老舍、曹禺等的作品。

（二）汉字形式的演变

汉字的起源是世界上最早的，可以追溯到距今八千年以上。汉字作为汉语的记录符号也一脉相承，所以八千多年前的许多汉字我们今天还可以辨识。

一般来说，文字都是从图画发展来的。世界上几种古老文字，如苏美尔人的楔形文字、古埃及的圣书字等，都是从最简单的图画和花纹产生出来的。对于汉字，从其最早的形体甲骨文和商周金文来看，也是来源于原始图画和记号。当然从图画文字发展成文字体系，经过了漫长的发展过程。目前我们能够看到的成批的最古老的汉字是殷商时期的甲骨文，甲骨文是迄今为止最早的成熟的汉字系统。

汉字的形体简称字体，指汉字书写的体态形式。由于书写工具和承载材料不同等原因，汉字形体在结构和笔势上发生过不少变化。汉字从产生以来字体就在不断地由简到繁，又由繁到简地变化着。从殷商到现代，汉字形体发生了一系列的演变：

（1）甲骨文产生于商代，是中国最古老的文字。三千年前的殷商时代，在龟甲兽骨上刻的文字叫“甲骨文”，甲骨文是中国已发现的古代文字中时代最早、体系较为完整的文字。甲骨文是中国商代后期（公元前 14—公元前 11 世纪）王室用于占卜记事而刻（或写）在龟甲和兽骨上的文字。殷商灭亡周朝兴起之后，甲骨文还延续使用了一段时期。

（2）金文是通行于周代的文字。商周是青铜器的时代，青铜器的礼器以鼎为代表，乐器以钟为代表，“钟鼎”是青铜器的代名词。所谓青铜，就是铜和锡的合金。因为周以前把铜也叫金，所以铜器上的铭文就叫作“金文”；又因为这类铜器以钟鼎上的字数最多，所以又叫作“钟鼎文”。金文应用的年代，上自商代的早期，下至秦灭六国，约 1200 多年。

春秋战国时代，刻在石墩上的文字叫“石鼓文”（甲骨、金文、石鼓文，广义上称之为大篆，也叫籀文）。

（3）篆书是通行于秦的文字。至秦朝统一六国，统一天下，秦始皇丞相李斯对当时的文字进行收集整理，在秦国原来使用的大篆籀文的基础上，进行简化，取消其他六国的异体字，创制了统一的文字“小篆”，亦称为“秦篆”。这个时候的文字几乎已经完全没有象形文字的痕迹了。小篆一直在中国流行到西汉末年（约公元8年），才逐渐被隶书所取代。

（4）隶书是秦汉使用的一种字体。秦朝时期的小篆书写过于规范，书写起来速度很慢，于是民间就出现了许多简便字体。这种字体的特点是变小篆的圆为方，改小篆的曲为直，并分出了一些偏旁部首，被称为“秦隶”。到了汉朝，隶书十分盛行，这时期流行的这种隶书，被称为——“汉隶”。秦隶并没有完全摆脱小篆的结构特点，基本上是方形，而汉隶就完全发挥了毛笔的特点，出现了“蚕头燕尾”的波折之笔，书写起来轻松自如。

（5）楷书是魏晋以来通行到现在的常用字体。汉朝流行汉隶的同时，楷书也在萌芽阶段。楷书到魏晋南北朝时期已经很盛行，晋代的王羲之、王献之父子是楷书的真正创始人。楷书既吸取了篆书的圆转，也保留了隶书的平直，去掉了“蚕头燕尾”，使汉字的结构大体固定了下来。这种字体当时被称为“真书”，后人因为以这种字体作为学习书法的楷模，改称为“楷书”。唐朝时期，楷书尤为盛行，颜真卿、柳公权、欧阳询等书法家都是当时的佼佼者。隶书、楷书主要的书写工具是毛笔，甚为方便，随后还出现了行书、草书等变体。

二、英语的历史及文字形式的演变

（一）英语简史

英国位于不列颠群岛，全称“大不列颠与北爱尔兰联合王国”，由大不列颠岛全部、爱尔兰岛东北部及附近一些小岛组成。大不列颠岛包括三部分：北部是苏格兰，西部是威尔士，其余大部分是英格兰。英语为全国通用的国语，但爱尔兰、苏格兰及威尔士也有他们自己的语言。

英国的语言历史是从凯尔特人开始的。凯尔特人是已知的不列颠最早的居民，他们说的是一种凯尔特语，凯尔特语在印欧语系中属于单独一个语族，是今天的爱尔兰语、苏格兰语和威尔士语的祖先。

公元前55年，罗马帝国的恺撒大帝（Julius Caesar）进攻不列颠。

公元43年，罗马皇帝克劳狄乌斯（Claudius）率军征服了不列颠岛的中部和东南部，即今天被称为英格兰的部分，凯尔特人被赶到了不列颠的北部和西部山区，即今天的苏格兰和威尔士地区。这就是历史上的“罗马人征服”（Roman Conquest）。罗马人在不列颠统治了将近四百年，于公元410年撤出不列颠诸岛。罗马人征服期间，凯尔特人从拉丁语词汇中吸收了大约六百多个词语。

公元450年，来自北欧日德兰半岛（今丹麦及德国西北部）的三个日耳曼部落盎格鲁、撒克逊和朱特人乘船渡过北海，大举入侵，经过一个半世纪，彻底征服了不列颠诸岛，凯尔特人被赶到了更北、更西部的山区。这次征服历史上叫作日耳曼人征服（the Germanic Conquest）。盎格鲁、撒克逊和朱特三个部落语言比较接近，又使用同一种文字，随着社会的发展，逐渐形成了统一的民族——英吉利民族，他们的语言也融合成同一种语言——盎格鲁-撒克逊语（Anglo-Saxon），即古代英语。因此，一般把公元500年作为英语形成的开始。但是，由于这三个日耳曼部落来自欧洲大陆的不同地区，而且各自定居在不列颠岛的不同区域，古代英语显然是一种有明显方言差别的语言。英语学者大多认为，古代英语主要由四种方言构成，即诺森布里亚王国的诺森布里亚方言、默西亚王国的默西亚方言、西撒克逊王国的西撒克逊方言以及肯特地区的肯特方言。

公元597年，罗马教皇格列高里（Pope Gregory）派罗马圣安德鲁修道院的副院长圣奥古斯丁（St. Augustine）携40名传教士到不列颠宣扬基督教，然后在英国的坎特伯雷修建了英国历史上第一座大教堂。公元601年，奥古斯丁被教皇任命为第一任坎特伯雷大主教，并把基督教传播到整个英格兰。这一时期，大约有450个拉丁词进入古英语。

公元8世纪末，以丹麦人为主的斯堪的纳维亚人开始入侵（Scandinavian Invasion），到公元9世纪中叶，逐步占领了英格兰。斯堪的纳维亚人的入侵和占领给英国带来了北欧文化，他们所说的语言（包括挪威语、瑞典语、冰岛语以及丹麦语）给英语输送了不少后来属于英语基本词汇的单词。

公元7—8世纪时诺森布里亚在英格兰地区无论是政治上还是文化上都居领先地位。但公元9世纪时斯堪的纳维亚人的入侵，使诺森伯里亚和默西亚地位一落千丈，唯独西撒克逊历久不衰，公元10世纪时西撒克逊方言成了全国官方语言。

公元1066年英国国王爱德华（Edward）去世之后，诺曼底公爵威廉一世（William Ⅰ，英王爱德华的表弟）为争夺英国王位，率部入侵并占领英国，这就是英国历史上的“诺曼底人征服”（the Norman Conquest）。诺曼底人征服英国的结果是使法国人成了英国的统治者，诺曼法语成了英国的官方语言。法语属于拉丁语系的一种语言，因此这次征服对英语的影响是深刻的，其影响不仅表现在词汇上，而且表现在语法结构上。

从1337年到1453年，英法两国之间战争不断，这场“百年战争”（Hundred

Years' War)无形中提高了英语的地位(法语被看成"敌人的语言"),法语被视为官方语言的心理基础逐渐动摇了。1362 年,英王爱德华三世(Edward Ⅲ)在英国议会开幕典礼上首次使用英语致辞,标志着英语已重新成为英国的官方语言。

1348 年至 1350 年在英国爆发的鼠疫同样影响了英语发展的进程,在一定程度上改变了语言发展的方向。大瘟疫使英国三分之一的人口丧生,其中包括很多讲拉丁语的神职人员,而幸存下来的基本上是没受过拉丁语教育、母语是英语的平民百姓和乡下人。拉丁语师资力量的稀缺,是英语地位提高的因素之一。

1382 年,牛津大学神学教授约翰·威克里夫(John Wycliffe)将《圣经》从拉丁文翻译成英语,并公开主张用英语在教堂做礼拜。《圣经》的英译本体现了英国民族语言的特点,自成风格,对英语的规范化有很大的影响。

1350 年至 1400 年期间,英国出现了用英语进行创作的热潮,诞生了第一个使用英语进行文学创作的伟大诗人杰弗里·乔叟(Geoffrey Chaucer)。他的作品对标准英语的形成与推广起了重大作用。

英语标准音(Standard Pronunciation)于 14 世纪末开始形成,于 15 世纪普遍得到承认,其基础是中部方言,特别是伦敦方言。伦敦很早以前就是英国政治、经济和文化的中心,随着社会的发展和经济文化等方面的交往日益频繁,到 15 世纪末,英国人逐渐将伦敦方言作为标准英语。

15 世纪至 16 世纪欧洲的文艺复兴对英语产生了深厚的影响(英国开始较晚,但一直延续到 17 世纪)。文艺复兴时期,人文主义者热衷于研究古代希腊、罗马文化,大量的拉丁语和希腊语词汇进入英语。在这一时期也是英语语音急剧变化的时代。在长元音和双元音的发音方面,发生了英语史上著名的"元音大变动"(The Great Vowel Shift)。语言学家一般认为,"元音大变动"始于 1500 年,直到 18 世纪中叶才基本结束。元音变化的特点是:所有长元音的发音舌位都比以前有所抬高(图 2)。

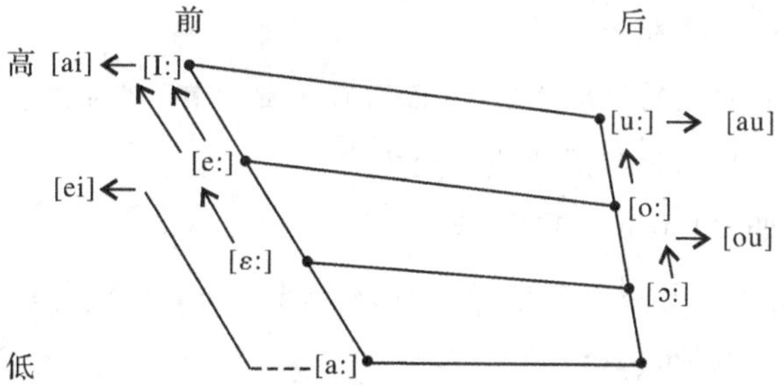

图 2 元音大变动

18 世纪工业革命之后，英国逐渐成了世界上的头号强国，英语逐渐发展为一种国际性语言。与此同时，在一些主要殖民地国家，由于历史、地理、社会发展等方面的原因，出现了一些有别于标准英语的、具有区域性质的英语，这类英语即是英语的区域性变体(Regional Varieties)。

20 世纪以来，英美的科学文化有了很大的发展，各式各样的宣传媒介越来越普及，又发生了两次世界大战，人们之间的交往越来越多，英语的词汇也越来越丰富，词汇量成倍地增加。英语是英国，美国，澳大利亚，新西兰，加拿大等国的官方语言，是在国际上使用最广泛的语言，在国际交往中起着重要的作用。

根据以上情况，英语史家一般把英语的历史分为以下几个时期：

(1)450 年—1150 年，古英语时期(Old English)；

(2)1150 年—1500 年，中古英语时期(Middle English)；

(3)1500 年以后，现代英语时期(Modern English)；

①1500 年—1700 年，早期现代英语(Early Modern English)；

②1700 年以后，后期现代英语(Later Modern English)；

潘文国(1997)从语言的三要素(语音、词汇、语法)概括了这几个时期的变化：

古英语时期：450 年—1150 年

语音：在拉丁化以后，仍保留三个古鲁纳(Runa)字母，元、辅音字母组合均一一读出，有[y][x]等音及一些今天不常见的字母组合，语音系统类似今德语，诗歌主要用头韵。

词汇：以盎格鲁-撒克逊语为主，加上古诺尔斯语借词构成基本词汇，有少量拉丁语借词，主要是宗教上的。

语法：具有丰富形态的综合性语言。名、代、冠、形、动、副等均有极其复杂的变位系统，词序相当灵活。

代表著作：《贝奥武甫》(8 世纪，用诺森布里亚方言)；《盎格鲁-撒克逊编年史》(891—1154，用西撒克逊方言)。

中古英语时期：1150 年—1500 年

语音：三个鲁纳字母被拉丁字母代替；[y]音消失，并入[i]；词尾仍然读出；中古时期开始用脚韵。

词汇：法语和拉丁语词汇大量涌入，英语保留核心词汇，如冠、代、介词及一些表示最基本概念的词；法语涌入分两个阶段：(1)1066 年—1250 年，诺曼法语词约 1000 个，主要是对贵族用语；(2)1250 年—1500 年，巴黎法语词约 10000 个，主要是上层建筑用语；14—15 世纪拉丁语再次大量进入，涉及宗教外部门，常通过法语。中古时期英语开始形成向外借词传统。

语法：屈折形式逐步消失；词序逐渐趋于固定；介词等功能词大量地使用，助动词也增加了用途；到中古英语后期，英语句子结构已与今日接近，综合性语言逐渐演变成分析性语言。在引进法语词汇的同时，法语的词缀也大量进入，并作为创造新词的材料。

代表著作：乔叟(1340—1400)：《坎特伯雷故事集》；威克里夫：《圣经》英译(1382)；朗格兰(1332—1400)：《农夫皮尔斯》；马诺雷(1405—1471)：《亚瑟王之死》。

早期现代英语：1500 年—1700 年

语音：16—18 世纪出现了英语史上有名的"元音大变动"(the Great Vowel Shift)，其特点是所有长元音的舌位比以前抬高一级，而原先最高的[i]和[u]则演变代为双元音[ai]和[au]。[x]语音消失，[r]不再发卷舌颤音。

词汇：文艺复兴时代，大量拉丁语和希腊语单词进入英语；同时英语从几十种语言借用语汇，从而极大地丰富了英语的同义词。

语法：拉丁语和希腊语词缀成为英语常用词缀；文艺复兴以后，词类活用大大增加，逐渐成为一种重要构词法；屈折形式进一步消失；词序进一步固定，先动后宾和单词作定语的先定后名词序都得到确立。

代表著作：培根、莎士比亚、密尔顿的作品；班扬(1628—1688)的《天路历程》。

后期现代英语：1700 年至现在

语音：18 世纪中叶[aː]音重新出现，并出现了一个新的长元音[əː]；以伦敦东南部发音为基础的正宗英式口语(Received Pronunciation，RP)从 18 世纪中叶开始受欢迎，到 19 世纪末确立；20 世纪以来美音的影响越来越大。

词汇：18 世纪随着斯图亚特王朝复辟，法语又一次大规模渗入英语；随着殖民地开拓和国际贸易发展，英语拓宽了吸收外来词的语言范围，如印第安语等。19 世纪以来俚语和时髦语开始广为流行。

语法：18 世纪动词进行时态形式得到广泛使用；各种构词法日趋成熟；当代发展趋势：①修饰语日趋简便，名词、短语、短句均可作前置修饰语；②省略增多，冠词，介词、连词、关系代词及作表语的不定式前的 to 等。

代表著作：18 世纪：笛福、斯威夫特、富兰克林；19 世纪：勃朗特姐妹、狄更斯、爱默生、欧文；20 世纪经典作家。

(二)英语文字形式的演变

1. 英语字母的起源与演变

一千多年前，日耳曼诸部族居住在欧洲北海和波罗的海沿岸地区。公元 5 世纪，日耳曼三个最强悍的部族盎格鲁人、撒克逊人和朱特人越海侵入不列颠群岛，这三个日耳曼部落虽然有各自的方言，但有许多共同之处，因此三个部落在语言方面基本上是相通的。他们都使用一种用鲁纳(Runa)字母书写的文字。这种文字是古代日耳曼各民族通用的文字。鲁纳字母源于埃特鲁斯坎(Etruscan)字母(埃特鲁斯坎字母也是拉丁字母的先驱)，主要由直线组成，应用于书写日耳曼语，便于刻在木头或石块上。随着社会的发展，盎格鲁人、撒克逊人和朱特人逐渐形成统一的英吉利民族。他们各自使用的方言也逐渐融合，出现了一种新的语言——盎格鲁-撒克逊语(Anglo-Saxon)，使用盎格鲁鲁纳字母。

到 7 世纪，罗马教皇派意大利僧侣到英国传播基督教，并带入建筑、法律、哲学等知识，基督教是用拉丁语传教的，于是拉丁字母也就随之带入英国。英国人便结合自己的语言情况，在二十余个拉丁字母的基础上，增改若干符号，创造了自己的文字。

2. 英语拼写法的演变

古英语时期英语字母与读音之间比现代英语具有更多的一致性，因此拼写方面古英语与现代英语有很大的差异。自古代英语以来辅音的变化不明显，元音变化却很大，因此英语的字母拼写也发生了很大变化。翻开古英语文献，我们就会发现古英语使用了一些现代英语不复使用的字母，如 æ、ð、þ 等，书写的字体也与现代的字母不一样。

中古英语时期，英语拼写形式的变化主要受法语和拉丁语的影响，比如，古英语中 ð、þ 两个字母，在中古英语时期逐渐为拉丁化的 th 所代替。13 世纪开始，字母 a 代替了古英语字母 æ，字母组合 ou 代替了古英语字母 ū，hw 改变为 wh，cw 被 qu 取代，sc 被 sh 或 sch 代替。中古英语时期，英语还接受了法语字母 j，读作类似今天英语的[dʒ](秦秀白，1983)。

中古英语后期，人们仍习惯于按其发音拼写单词。由于方言的存在，直到16世纪初，英语的拼写仍异常混乱，没有一套全民共同遵循的规则，如guest（客人）一词在当时有gest、geste、gueste、ghest、gheste等拼法（侯维瑞，1992）。1476年，活版印刷术传入英国，人们认识到有必要统一英语的拼写体系，于是很多学者都提出各自的拼写体系，一时众说纷纭，莫衷一是，英语的拼写更为混乱。直到17世纪中叶，英语拼写才渐趋统一，这要归功于两位英国学者，一位是爱德华·菲利普斯（Edward Phillips），另一位便是大名鼎鼎的塞缪尔·约翰逊（Samuel Johnson）。1658年，菲利普斯出版了一本名为《英语词汇的新世界》（*The New World of English Words*）的书，成为当时公认的英语拼写指南。约翰逊在1755年编辑出版了《英语词典》（*A Dictionary of the English Language*），这在英语发展史上是划时代的事件。这本词典是英国历史上第一部用英语注释的、收词广泛的、具有权威性的英语大词典，对英语的规范化（包括对单词拼法的固定化）起了重大作用，约翰逊因此而被誉为“使祖国语言稳定下来的人”。

三、汉英语言发展的特点

潘文国（1997）在比较汉英语各自发展的历史之后，总结了汉英语具有鲜明对照的不同特点：

（一）汉语的独立性和英语的开放性

从汉语的发展历程可以看出，汉语几乎一直是在独立地发展，异族语言（包括梵文、通古斯语、突厥语等）的影响只体现在语音和一部分词汇上。少数民族入主中原的结果，经常是在文化上反而被同化，在这个过程中汉语吸取了一些外来语，但并未受到冲击。近现代国际间交往日益频繁，汉语中的外来词汇激增，同时也产生了一些“欧化”现象。

但英语在其发展历史上几乎没有断绝过与其他语言的接触，不仅有本民族所属的日耳曼语族的语言成分，还有相隔较远的凯尔特语族和罗曼语族（即拉丁语族）的语言成分。历史上多次被入侵或被征服，英语总是处在语言冲突的焦点上，其间，英语吸收了大量的来自丹麦语、法语、希腊语、拉丁语的外来语词汇，甚至把这些语言的词根、词缀也借了过来，作为自己的构词材料。18世纪以后，英国逐渐成了世界上的头号强国，英语就不再像以前那样系统地吸收词汇，而是分散零碎，常常带有一些猎奇性地从其他语言中借词。相反，英语的词汇却大量地输出到世界各个语言中去。美国取代英国成了世界霸主之后，加剧了这一趋势。近几十年以来，由于网络媒体的迅速发展和普及，这一倾向从另一方面加速了英语自身的发展。

汉语的发展历史可以以鸦片战争为界，在此之前是主体独立地发展乃至经常向外"输出"，而在此之后，汉语则在保持自身独立性的同时，大规模吸收了外来词语，结构也呈现出"欧化"趋势。英语的历史可以以工业革命为界，在此之前是"输入"为主的阶段，英语从各种语言中借词，汲取营养，以充实和丰富自己，而在此之后则形成了自己的主体地位，同时仍保持向外开放的特点。

但是"不管是独立性的汉语也好，开放性的英语也好，两者都有极强的主体性。汉语在历史上的同化能力极强，近代以来在语言交往中处于较被动的局面，甚至忍受着一波又一波的'全盘西化'的压力，但汉语没有也不会被同化。英语不像汉语那样有强大的同化力，但却有顽强的生命力，即使在长达几百年的强大的异文化异语言统治下，也没有轻易地被同化，而是在发展过程中形成了以其固有因素为基架的、极富吸收能力的语言"（潘文国，1997）。

（二）汉语的稳定性和英语的剧变性

汉语是世界上现存的历史最悠久的语言，又是历史变化最稳定的语言。几千年来汉语的书面语变化很小（因为汉语自古就缺乏严格标音的历史资料，语音上的变化是大还是小，还有待于进一步研究）。汉字形体在唐代楷书之后就基本稳定了，汉语的基本词汇沿用至今，核心词汇几千年没有变化，语法上古今汉语语序的最大变化表现在宾语的位置上，其他变化极其有限。至于文言与白话之间，其差别也只是换了一套虚词，增加了一些句式而已（潘文国，1997），只是近现代欧化现象给汉语带来了一些变化。所以可以说，今天一个有一定文化水平的中国人，只要稍加训练，就可以毫不费力地读懂两三千年前的作品。

英语的情况与汉语相比完全不一样。在其发展演变的过程中，经历了几次大起大落，所以英语的变化在语音、词汇、语法上都很明显，以至古英语、中古英语、现代英语成了差别非常明显的三个阶段，彼此之间很难沟通。"英语是拼音文字，语音上的变化在文字上能明显地反映出来，古英语和中古英语在拼法上的变化是一种表现，从中古英语到现代英语的拼写和读音不一致是另一种表现；英语词汇的变化是通过不断吸收外语词汇来实现的，因而表现出特别强的时代性和层次性；语法上则从古英语的综合性变成现代英语的分析性，可说是起了质的变化"（潘文国，

1997)。因而一个现代人要读懂古英语乃至中古英语的作品,并不比学一门外语来得容易。

需要说明的是,语言是社会成员共同的交际工具,是约定俗成的结果。就语言整体而言,不可能也没必要在突然之间变得面目全非,交际要求语言保持稳定的状态,不允许它一下子发生大的变化。但是另一方面,随着社会的发展,日益增长的交际需要又不断地促使语言发生变化,把任何一种现代的语言和它的古代的状况加以比较,都可以看到明显的差异。我们说汉语的稳定性,不是说没有变化,而是从历时角度来看,汉字形体、汉语基本词汇和基本语法结构表现出超强的稳定性。我们说英语的剧变性,也是从断代的角度去看的:把古英语、中古英语、现代英语加以对照,任何人都能感到其间发生了急剧的变化。但是如果从某一时期、某一成分的变化来看,这种变化是渐变,而不是突变。

(三)汉英文字形式对汉英语言的影响

1.语言与文字的关系

关于文字和语言的关系,索绪尔这样说过:"语言和文字是两种不同的符号系统,文字存在的唯一理由就在于表现语言。"自此以后这一提法已被普遍接受,我们经常看到的提法是:语言是现实的符号,而文字是记录语言的符号,所以文字是"符号的符号"。但是国内也有学者(张朋朋,2004;潘文国,2009)认为,这种表述并不全面,或者说只具有相对的真理性。

文字是记载语言的,所有的语言莫不如此,这一点索绪尔并没有说错。问题在于文字记载语言不止一种方式,由于语言有音、义两个方面,因而"表现"语言可以有表现语言的"音"和表现语言的"义"两种方式,从而造成两种不同性质的文字,即表音文字和表意文字。英语是表音体系的文字,汉语是表意体系的文字,英语和汉语这两种不同性质的文字记录思想(概念)的途径也就不相同。

英语是表音文字,主要是一种听觉文字。印欧民族惯于立足于时间来观察、认知现实,偏重于听觉的认知途径。因此英语拼音文字记录思想走的是间接道路:从意义到语音再到文字(语音记录意义,文字记录语音),中间有一个语音的中介,因此语音是第一性的,文字是第二性的。在这种体系里,文字创造出来就是为了记录语言的语音、表现语言的,文字只能是"符号的符号"。

汉语是表意文字,主要是一种视觉文字。汉民族常立足于空间来观察、认知现实，偏重于视觉的认知途径。因此汉字记录思想走的是直径，以形表义，从意义直接到文字（文字记录意义），在这种文字体系里，象形字、指事字、会意字跟读音没有关系，形声字里尽管有着读音的成分，但形声字的本质与其说是记录读音，还不如说是利用偏旁的意义来对读音进行分化。只有假借字可以说是记音的，但假借字既无章法可循，又不能自成系统，实际上是一盘散沙，它既不能单独用来表现汉语，也没有发展成表音文字的可能，只能作为整体不表音的汉字体系的补充，起少许辅助作用。因此，汉字算不上是语音的符号。

2.汉英不同文字体系对各自语言发展的影响

汉英语都是有悠久历史的、成熟的语言。在长期的发展过程中，两者形成了不同的文字体系，而它们采取的文字形式又反过来对语言发展产生影响。

首先，不同类型的文字体系对书面语发展有重大影响。在汉语表意汉字体系中，汉字字形与读音没有直接对应关系，并不需要随口语、听觉的变化而变化。汉字可以摆脱语音的羁绊，虽然一个字读音自古至今可能发生了很大变化，但字形比较稳定，字义变化也不大。而英语的情形不同，在英语拼音文字体系里，文字依附于语言，视觉依附于听觉，语音改变，拼写随之改变。所以说，英语历史变化比较大，现代人已经难以读懂三百多年前的莎士比亚。但汉语几乎说得上是历久不变，现代人读前人的著作毫无问题，无论是四百年前的《西游记》，一千年多年前的唐诗，甚至是两千年前的《史记》，读起来仍然清晰可辨。

其次，不同类型的文字体系对语言研究有重大影响。英语文字和语言的关系是视觉依附听觉，文字的写法会随着语言的变化而变化；而汉字和汉语关系不同，文字和语言没有强制的依赖关系，文字可以脱离语言的变化。这种差异带来的结果就是“英语研究以语言为中心，而汉语是以文字为中心”（姚小平，2006）。换言之，就是印欧语“重语轻文”，而汉语则是“重文轻语”。

所以西方语言研究形成的传统就是要竭力摆脱文字的干扰，排斥语义研究，将语言学的研究对象局限于口语，最后形成了语音中心主义。汉语研究传统是以汉字研究为中心，注重书面形式的研究。汉语传统的“小学”研究的核心就是三位一体的字：文字学研究字形，音韵学研究字音，训诂学研究字义。许国璋（1995）说：“从语言的书写形式出发，去研究语言，这是汉语语言学一开始就有的特点。”由此得出，汉语研究传统是以汉字研究为中心，注重书面形式的研究。

第三节 汉英语言的接触及影响

自17世纪至今，尤其是在19世纪至今的200年间，中西文化交流不断，其中相互影响与融合是不难理解的，在“东西会通”的文化交流中，语言始终是不可缺少的媒介。跨文化的接触与交流难免不首先表现为跨语言的接触与交流，然而语言的接触与交流又难免不发生相互的影响与融合。本节主要讨论的是汉英语言的接触与相互影响。

一、汉语对英语的影响

在语言接触的过程中，影响渗透从来就是相互的。汉语会受英语的影响，在词汇、语法方面产生变异，反过来英语也受汉语的影响。当然这种影响与法语，德语，拉丁语对英语的影响比较起来是很小的，但毕竟还是有的。

(一)汉语对英语词汇的影响

在词汇方面，有好多源出汉语的英语词已成为英语词汇的一部分，被列入英语词典，少数已进入了基本词汇。

1. 音译借词

silk(丝)、tea(茶)、ginseng(人参)、hang(行)、khang(炕)、shwangpan(算盘)、kaoliang(高粱)、chin-chin(请，请)、kotow(叩头)、tupan(督办)、yamen(衙门)、sampan(舢板)、litchi(荔枝)、coolie(苦力)、kungfu(功夫)、wushu(武术)。

音译借词有些后来被意译词所代替，如 shwangpan－abacus(算盘)、wushu－martial arts(武术)等。

2. 意译借词

lose face(丢脸)、paper tiger(纸老虎)、special economic zone(经济特区)、socialist ethic(社会主义精神文明)、spring rolls(春卷)、dragon-boat festival(龙舟节)、Chinese herbal medicine(中草药)等。

(二)汉语对英语句法的影响

关于英语语法方面，看不出十分明显的变化是由于受汉语影响的。但周志培

(1985)在《英汉语的相互影响——汉语的英语化与英语的汉语化》一文中谈到过现代英语句法结构上存在着一种"移向前位"的倾向,结构上"移向前位"的倾向充分体现在复合形容词的构成及其与中心名词的搭配上。如:

the ahead-of-schedule general election

提前举行的大选

the still-to-be-made announcement

有待宣布的声明

There was an I-told-you-so air on his face.

他脸上显示一种"我不是跟你这样说过吗"的神情。

They face a damned-if-they-do, damned-if-they-don't choice.

他们面临着干也不好,不干也不好的尴尬局面。

对于这种变化,陆国强(1983)认为,这是汉语中小句作前置定语在英语中的反映,也就是说英语在语法方面受到了汉语的影响而产生了变化。

魏志成(2005)认为句法方面,英语也受过汉语的影响。这种情况主要出现在20世纪初汉诗英译以后:

以Ezra Pound为代表的英美意象派诗人通过模仿英译的唐诗句法就为英语现代诗歌语言输送不少有别于传统英语的表达方式,请看一例。李白《送友人》中的名句"浮云游子意,落日故人情",H. Giles译成:Your heart was full of thought;/For me, —my sun has set indeed;而Pound却译成:Mind like a floating wide cloud,/Sun-set like the parting of an old acquaintances ... 从传统的规范英语角度来讲,Giles的翻译语言显然要更符合英语诗歌语言的要求些,即符合传统英语句法的完整性、形合性;而Pound的翻译语言却是在有意模仿汉语原诗句法,省去了传统规范英语中必须交代清楚的主语、谓语动词及动词时态、代词、冠词、连接词等,旨在尽可能地突出原文意象,使其翻译语言通过压缩句法逻辑——而不是否定正常的句法逻辑——最大限度地保留汉语诗歌意义的弹性,即语言上保留了汉语的意合性。

这些翻译文学及翻译语言极大地影响了现代英诗的语言表现力及审美观。很显然,这些通过翻译语言而模仿汉诗句法的现代英语诗歌语言已变得有点像意合的中文了。

（三）英语变体——中国英语

卡奇鲁（Kachru，1992）以“历史、社会语言和文化特征”提出了一个“三大同轴圈”理论，即把全世界的英语变体以同心圆的方式分为三大类：内圈包括英国英语、美国英语、加拿大英语、澳大利亚英语和新西兰英语；外圈包括新加坡英语、印度英语、菲律宾英语、南非英语以及其他30多个国家的英语变体；发展圈包括德国英语、中国英语、日本英语、韩国英语等。外圈和发展圈中各种带有地域、文化色彩的“英语”不断发展，在对外交际中发挥着越来越重要的作用。

我国对中国英语变体的关注，最早可追溯到20世纪60年代，当时“中国英语”和“中式英语”尚未明确定义，相应的中国英语变体被认为是错误并被纠错或纠正。中国英语的概念正式确立于20世纪80年代，葛传槼（1980）提出将China English和Chinese English（Chinglish）加以区分，说明用China English这一术语可以用来表示具有中国特色事物的英语。之后，不少学者提出了自己的见解。

汪榕培（1991）认为“中国英语”是客观存在的，是“中国人在中国本土使用的、以标准英语为核心、具有中国特点的英语”。李文中（1993）将“中国英语”定义为“以规范英语为核心，表达中国社会文化诸领域特有事物，不受母语干扰，通过音译、译借及语义再生诸手段进入英语交际，具有中国特色的词汇、句式和语篇”。但是，谢之君（1995）认为“中国英语”也会受到汉语的干扰，从一种新的角度提出“中国英语是中国人在跨文化语言交际中使用的干扰性英语变体，这种干扰表现在语言各个层面上，有语言本身的，也有思维和文化的；中国英语以规范英语为基础，能够进入英语交际，其使用频度和交际效果与使用者的英语水平有关”。另外也有一些学者（陈文存，1999；邱立中，2002）持保留、质疑甚至反对的意见。

英语的国际化必然引起英语的本土化，因为各民族有着自己与众不同的历史、文化、政治、环境和心理等背景。作为交际工具的英语在不断国际化的过程中必然会打上各民族自己的烙印。国内学者对于“中国英语”的界定、本质及其判断标准等尚存在不尽相同的看法，但中国英语变体是客观存在的，这是不争的事实。下面，我们结合国内学者的观点从词汇、句法、语篇三个层面对中国英语的特征做一综述。

1. 词汇层面

"中国英语"词汇层面的特征最为明显，一般来说，"中国英语"词汇除了前文已谈到的像 kotow 叩头这样一类，已进入正式出版的英语词典，并在讲英语国家得到广泛使用的汉语借词外，还有一些未被或未来得及被英语辞典收录，而在中国本土及对外宣传资料和旅游外事活动中实际应用的，表达中国民族文化所特有事物的借词与译借（李文忠，1993）。例如，麻婆豆腐 Bean Sauce Tofu、中国结Chinese knot、清明节 Tomb Sweeping Day、农民工 migrant workers、古装戏 costume drama、扶贫 poverty alleviation 等。

此外，中国英语词汇还包括一些原有的英语词汇，这些原有的英语词汇在中国文化环境中产生了新的含义。在中国英语中，这种新的含义包括词义的扩大和缩小、褒贬色彩的转换以及语意特指。如李文中（1993）认为下列词反映出这种褒贬色彩的差异：

词义	中国英语	英语原词
ambitious	贬义	褒义或中性
equalitarian	贬义	褒义或中性
propaganda	褒义或中性	贬义
peasant	褒义或中性	贬义

中国英语中还有一些词使用英语原词，但表达的却是中国特有的事物，如 rectification整风、planned commodity economy 计划经济、enterprise contracted production system 企业承包经营责任制、vegetable basket project 菜篮子工程，等等。

2. 句法层面

贾德霖（1990）曾从英汉两个民族在思维序列上的差异出发，探讨了中国英语的语序特色，并论证了它的可接受性：

I went out for a walk **after I had my dinner.**

After I had my dinner I went out for a walk.

两个句子，都是标准的英语，然而中国人说第二句比较顺心，说上一句稍感别扭。第二句中国人说起来较顺，因为汉语序列组合只习惯于表示行为的时间标志置于序列之首。

There is no use **crying over spilt milk.**

Crying over spilt milk is no use.

英语习惯于把最重要的事物放在句首先说出，然后再把各种标志一条条补述，形成一条头短尾长的线性链。而汉语是先把外围的环境与衬托一一交代周到，最后点出话语的信息中心。

I shall explain to you the detail of the whole plan **discussed yesterday afternoon.**

The plan was **discussed yesterday afternoon**, and I shall explain to you the detail of it.

在一个现实画面的认识与叙述中，英语与中文的逻辑顺序走向不同。英语是由近及远，先拉开序幕而后按时间逆推，回忆式地一一补叙。汉语是按时间先后排序，先发生的先说，后发生的后说，有条不紊交代顺序。

What time is **it** now?

What's the time now?

中国人说第二句多一些，因为英语中有无人称代词主语句，汉语中没有这种代词，而与其让那不知道、不明白、说不清的主体虚位，不如干脆不提。

I **don't** think she will agree.

I think she **will not** agree.

在否定词的序位上，英语民族和汉民族思维习惯上也有差异，否定词的指向与其序位不一致。葛传椝(2012)在其编著的《英语惯用法词典》think 条中也说道："I don't think (that) it's going to rain today 比 I think (that) it's not going to rain today 普通。"可见，不普通但不一定是错误的。中国人乐意这样说，因这样的表达与其思维习惯吻合。

以上这类句子，可以算是汉语思维的标本，然而不能说是蹩脚英语，而是完全可以接受的中国英语。

李文中(1993)认为所谓中国英语的句式是指那些用英语词汇表达中国政治、经济，以及社会文化所特有的体制、名称和提法的固定句式。李文中列举了一系列的句式：

在对外宣传和交际中，由于汉语句式经常采用缩略形式，以达到简明扼要的目的，反映在中国英语中，形成了不少独具特色的短句式，如 to replace old cadres with new ones(新老交替)，the higher authorities have policies and the localities have their counter-measures(上有政策，下有对策)，safety first and prevention first(安全第一,预防为主),outstanding deeds and the advanced persons(先进事迹,先进人物)等。这些句式都属于规范英语,但具有显著的中国特色,得到广泛的使用和传播。

3. 语篇层面

"中国英语"语篇层面的研究是中国英语研究最为薄弱的一个方面。就学者们的研究来说,"中国英语"语篇层面的特征主要指的是在对外介绍中国文学作品及英语写作中独特的篇章结构。李文中(1993)认为:

就篇章和文体而言,汉语的陈述和描写与英语相比更尚华丽,而英语写作崇尚平实。另外,汉语写作中多用套语和成语,而在英语中这被认为是"陈词滥调"(cliches or trite expressions);汉语论说文喜用委婉含蓄的句式陈述论点,而英语则喜欢直截了当,经常使用诸如 we must, we should not, it is wrong to, it is absurd, it can not be denied 等句式,而这些句式在汉语中被认为是"粗鲁的"(abrupt)和"武断的"(arbitrary)。但在中国的英语写作和宣传资料中,汉语写作特点和篇章结构几乎难以避免,尤其是在英译的政论文章中。

姜亚军等引用一些学者(Guo Ke et al. ,2001,转引自姜亚军 等,2003)的研究说明"中国英语"语篇的特点:

Guo Ke & Zhao Hong 对 *China Daily* 从 1981 年创刊到 1999 年的新闻文体进行了研究,统计结果显示:

尽管上海外国语大学的 Fulbright 教授 Robert Dardenne 认为英语国家的报纸很多时候并不遵循倒金字塔结构(inverted pyramid style),但是我们发现 *China Daily* 对这种极其传统而有效的结构的使用率在所分析的 22 篇报道中高达 62.9%。当然,由于受中文新闻写作习惯的影响,金字塔结构以及倒金字塔结构和金字塔结构的混合结构也分别占到 22.9%和 14.2%。

同时,两位研究者发现,使用倒金字塔结构的新闻报道,英美报纸的习惯是开头要使用 summary lead,然而,"令我们吃惊的是,*China Daily* 却经常使用 quotation lead 和 main-fact lead"。

由此看来,权威的 *China Daily* 才真正体现了"中国英语"在书面语篇上的特点。

上面列举的中国英语在词汇、句法、语篇三个层面特征的例子,其中有多少属于"中国英语"的范畴呢?国内学者都还有不同的观点,所以这些特点是不是全都归于中国英语似乎大有可商榷之处。

二、英语对汉语的影响

语言接触具有双向性，但英汉语言接触中的相互影响并不平衡，英语对汉语的影响远远大于汉语对英语的影响。

(一)英语对汉语词汇的影响

1. 外来词

英语对汉语词汇的影响主要体现在外来词上。关于汉语中外来词的分类，语言学界一直存在着不同的观点。这里从音、义、形三大角度，将外来词分为音译、意译和词形借词三种形式。

1)音译词

音译词包括纯音译、谐音加表意、音译加义标，例如：totem 图腾、clone 克隆；hacker 黑客、safeguard 舒肤佳；bowling 保龄球、ballet 芭蕾舞等。

因为汉语在吸收外来成分时表现出很强的改造力，音译词往往在不久后会被意译词所取代，从而失去了作为外来词的资格，如“迷你裙”变成了“超短裙”，“呼啦圈”被“健身圈”所取代。

2)意译词

对于来自英语的意译词，我们很难看出英语原词的痕迹。不少意译词虽然保留了原词的整体意义，却是按照汉语的语素和组合规则来进行语义合成的。例如：soft landing 软着陆、supermarket 超级市场等。

3)词形借词

在借入词语读音的同时还把词的书写形式一起借入。这是最彻底的一种借入方式，主要有两类，一类是字母和汉字一起使用，即字母加上汉字表示的语素或音节，如：IC 卡、AA 制、SOS 儿童村等。另一类是直接借英语原词形，即保持原词语词义、词形不变或基本不变的一种外来词语，尤以原形缩略语居多。如：ICU 重症监护室、CEO 首席执行官、WTO 世贸组织等。

2. 汉语的词缀化现象

一般认为汉语属于孤立语，没有词缀或词缀很少，但是受英语影响，汉语出现大量吸收英语词缀的倾向，新的词缀或类词缀在汉语中不断涌现。刘英凯(2000)认为主要表现在以下两个方面。

1)音译词作为汉语词缀

有的外来词本来是纯粹的音译词,不含任何意义,但在长期使用过程中,音译词中的某个音译字逐渐取得了独立性,不表意的成分被赋予了一定的意义,就被人用作词缀构造新词,如:由“巴士”(bus)产生“巴”——大巴、中巴,由“酒吧”(bar)产生“吧”——网吧、氧吧等,由“的士”(taxi)产生“的”——的哥、的姐等。

2)意译词或词缀作为汉语词缀

汉语前缀“非”“反”“不”“超”“多”“准”“泛”“亲”“半”等,它们分别源于英语前缀 non-/ir-/in-/un-、anti-/counter-/re-/ab-、il-/un-/dis-/im-/dis-/ir-、super-/ultra-/extra-/over-、poly-/multi-、quasi-、pan-、pro-、semi-/hemi-/demi-等。

当然也有学者(吴东英,2001)认为不能把现代汉语的词缀化趋势简单地归结于外来词的带动。词缀化是现代汉语本身发展的自然趋势,词缀法在现代汉语中是具有较强生命力的构词类型,而英语借词仅仅为现代汉语提供了一些新的词缀。

(二)英语对汉语句法的影响

王力曾探讨过西方语言(主要是英语)对现代汉语的语法及语体的影响。时隔半个多世纪,王力当年阐述的现代汉语中的欧化现象,有些已成为现代汉语不可分割的一部分了。当然也还有些欧化语言成分至今仍未稳固下来。我们基于学者们的研究,认为英语对汉语句法的影响主要体现在以下几个方面。

1.定语容量

汉语的名词修饰语,也即定语,一般比较简短,因为汉语中的定语要放在被修饰的名词之前,而英语中的定语可以前置也可以后置,特别是定语从句一定后置。在翻译这种句子时,如仍要译成修饰语,势必要把英语中的后置定语都搬到前面来。如:

Andrew, on the surface, a stoutish, easy-going elderly man, with kindly patient manners, and an engaging simplicity of character. (Bernard Shaw)

有人翻译为:“从外表来看,安德鲁是一位举止慈祥而又有涵养,性格平易近人,矮胖而又悠闲的老年人。”对于这种很长的名词修饰语,中国人从语感上是排斥的,因为读起来很是吃力。周志培(1985)认为,由于英语的翻译,文艺作品、新闻报道大量涌来,这样的长修饰语比比皆是,逐渐地也就能容忍了。

何烨(2004)通过语料数据统计和分析认为,在现代报刊中,长定语前置变得非常普遍，换言之，也就是定语的容量增大了。这种变化引起的直接反应就是句子的延长。例如：

(1)这种友谊是真正的无产阶级国际主义的最伟大的友谊。

(2)《一声叹息》的一剧之本出自眼下正因随笔集《无知者无畏》而在图书市场上呼风唤雨红得发紫的王朔。

(3)记者在元旦期间联系了正处在高速工作状态中的“紫禁城”的决策人物现任北京市文化局局长。

2.“定语＋人称代词”结构

很多学者(周志培，1985；魏志成，2005)认为现代汉语人称代词前出现前置定语的现象是英语影响的结果，这种用法最早出现在中国作家的作品中。如：

还穿棉袄的他，觉得浑身燥热起来了。(茅盾)

日子回到当年，他又是年轻的他了。(杨朔)

现在在报刊中大量出现这一结构：

作为老师的我，还得承认：很多范围都是我所不曾涉猎的。

我开始发疯似地写诗，每天一首，悄悄献给我梦中的她。

魏志成(2005)认为，从语法上看，人称代词在被名词化，作主语、宾语及主补的人称代词都可以被定语修饰，这是一种新的语法现象。这种结构最早可能始于陈独秀的《一九一六年》：“从现在青年之我，扑杀过去青年之我；促今日青年之我，禅让明日青年之我。”“不仅以今日青春之我，追杀今日白首之我，并宜以今日青春之我，豫杀来日白首之我。”一篇短文中接二连三地使用这种汉语传统中从未使用的新式句法，以表达其思想的新颖。

3.判断句式的增加

据王力(1985)考证，先秦汉语里没有出现以“是”字作判断动词、与英语 SVC 相当的判断句；东汉以后，随着佛经翻译中大量“是”字句的使用，“是”字句逐渐普及，但“是”字句的使用频率不断提高，使用范围也不断扩大，是受到以英语为主的翻译语言的影响。在现代汉语里，形容词可以直接用作谓语，如“天气真好”，也可以采用判断句式“是……的”来描述该形容词，如“前途是光明的”。

但是，一大批现代文学家还曾创造了一种与西文形式相当的判断句，即把“花是红的”句式进一步发展为“花是红”之类。例如：

一丝发抖的声音，在空气中愈颤愈细，细到没有，周围便都是死一般静。（鲁迅《药》）

英国的天时与气候是走极端的，冬天是荒谬的坏。（徐志摩《我所知道的康桥》）

尽管像郭沫若、茅盾、林语堂等现代文学家在其作品中都使用过这种句式，但是现在看来这种句式仍然具有“异国情调”，因为还很不常见（魏志成，2005）。“花是红”这种句式在汉语里通常是表示强调之意，而非作联系动词用，比如：

东西是好，但不能多吃。

画是美，但挂在这个地方不合适。

4.“被”字句的使用

传统汉语里，被动式句型比主动式句型的用途狭隘得多，然而它所表达的特殊意义又是主动式不能代替的，因此被动句作为一种特殊的句式而成为语言学家关注的重点。王力（1985）曾指出：“被动式所叙述，若对主语而言，仅限于表达不如意或不企望的事，比如说：受祸，受欺骗，受损害，或引起不利的结果等等。”五四运动以来，翻译作品越来越多，汉语受其影响，被动句的使用范围已不受约束，从文学作品到媒体报刊，再到日常生活用语，“被”字句的使用都发生了明显的变化，汉语里表中性意义和积极意义的“被”字句数量显著增加：

河水被晚霞照得有些微红。（老舍《骆驼祥子》）

金桂被村里选成劳动英雄……李成又被上级提拔到区上工作。（赵树理《传家宝》）

（三）汉英语码转换

20世纪20年代末至30年代，在上海知识分子阶层，语码转换的语言现象很流行。钱钟书、傅雷、鲁迅及郭沫若的文学作品中都有使用英文词汇的现象。钱钟书《围城》中，有一段汉英夹杂使用的典型例子：

鸿渐寒暄已毕，瞧玻璃橱里都是碗、瓶、碟子，便说：“张先生喜欢收藏瓷器？”

“Sure! Have a look see!”张先生打开橱门，请鸿渐赏鉴。鸿渐拿了几件，看都是“成化”“宣德”“康熙”，也不识真假，只好说：“这东西很值钱罢？”

“Sure！值不少钱呢，plenty of dough。并且这东西不比书画。买书画买了假的，一文不值，只等于 waste paper。瓷器假的，至少还可以盛饭。我有时请外国 friends 吃饭，就用那个康熙窑“油底蓝五彩”大盘做 salad dish，他们觉得古色古香，菜的味道也有点 oldtime。”

20 世纪 80 年代中国实行改革开放以来，英语教学纳入义务教育中，人们的英语水平普遍提高。同时，社会发展、科技进步、信息互通，中英夹杂语言现象在日常交流、书籍报刊中又慢慢出现。近些年，随着科学技术的迅猛发展，国家和地区之间的交流日益频繁，在双语或多语环境中成长起来的人不断增多，作为语言接触现象之一的语码转换有着越来越多的使用群体和愈演愈烈的发展趋势。这里仅对汉英语码转换现象做简单介绍，不深入探讨。

所谓语码(code)，指的是用于交际的任意符号系统，它可以是一种语言，也可以是一种方言、语体或语域(Wardhaugh，1998)。对于语码转换的定义往往会因研究者们研究目的和研究方法的不同而存在差异，主要争议是语码转换(code-switching)和语码混用(code-mixing)的区别。有学者(Auer，1998)认为语码转换和语码混用在结构方面存在差异，语码转换是指句间的转换，语码混用是指句内的转换。但也有学者认为语码转换与语码混用没有什么区别或对于二者之间是否存在区别不置可否(何自然 等，2001)。本节讨论的语码转换一律采取广义的定义，对语码转换和语码混用不做区分。

按照麦尔-斯科顿(Myer-Scotton，1993)的观点，在含有语码转换的话段或语篇中，一种语码是基础语(matrix language)，另一种(或更多种)语码是嵌入语(embedded language)。这里我们分析的是以汉语语码为主，其中混合着英语字母、单词、短语、短句、完整的句子等这种语码转换现象。英语语码常以如下 3 类形式出现在汉语话段或语篇中。

第一类，英语单词(包括字母词)混用，这是汉英语码转换的一个重要大类。几乎任何词性的英语单词都有可能出现在汉语句子中。例如：

周末我得参加一个 party。

对不起，你被 fire 了。

PC 在占据了科技产品王座 25 年后退居二线，平板电脑智能手机则来到舞台中央。

第二类，英语词缀混用。这种类型的汉英语码转换对汉语使用者来说并不陌生。最常见的一种就是“x＋ing”的格式。如：

现在正在吃饭 ing。

在英语中经常表示形容词比较级的“-er”在网络生活中经常使用，如“牛年最牛 er"等;此外,前缀"ex-"也频繁用于网络自媒体中,如"ex 男朋友"(前男友),"ex 女朋友"(前女友)等。

第三类,英语词组、句子混用。如:

我们发现,这件事情不 make sense,所以必须终止。

我是痞子,我怕谁! Do you understand?

自从 20 世纪 70 年代以来,语码转换得到多个学科的重视。在语言学研究领域,学者们主要从句法学、社会语言学、心理语言学和语用学等视角进行研究。句法学研究语码转换的句法分布及限制规则;社会语言学主要探索语码转换的社会功能及背后的社会动因;心理语言学关注语码转换的生成和理解过程;语用学综合了社会、心理、文化等各种因素,重点解释各种因素在语码转换中所起的作用。

汉英语码转换的句法结构研究主要是从句法学视角探讨汉英两种语言在句内发生转换时是否受汉英语言规则的制约,但目前大多是对国外语码转换结构研究理论的解释与验证(郭林花,2006;刘永厚,2008;李经纬 等,2004)。语码转换的语法或结构的研究对我们全面了解语码转换的发生是非常必要的。但是仅仅依靠语法研究远远不能囊括语码转换的复杂现象,因为这种方法不能包括语码转换的社会、文化、认知等因素,因而也就不能提供一个完整全面的阐释(何自然 等,2001)。

从社会语言学的角度分析,汉英语码转换一般有以下特点:第一是简约时尚。当今社会,英语已是时尚的代名词,许多人愿意在汉语中夹杂英语,以显示其时尚,独具个性。第二是强调功能。在交际中汉英语码转换是为了突出强调某些重要的信息,引起别人的注意。第三是阐释功能。用汉语传递信息时,有时会用英语再重复一遍,避免不必要的误解。第四是引用功能。在谈论与英语有关的话题时,应用原汁原文的英语原文,听起来清晰、流畅,有助于讨论。第五是委婉幽默功能。当谈及禁忌相关话题时,在关键词上将汉语转换成英语,能达到委婉、缓冲语气的功能。

从心理语言学的角度分析,汉英语码转换一般有以下特点:第一是礼貌心理。当交际中直接表达有可能伤害对方时,使用英语间接含蓄地表达,起到模糊语义的作用,可适当缓冲交际中的尴尬。第二是从众心理。从众是大众群体普遍存在的一种心理现象。英语是一种在世界范围内通用的交际工具,大家对英语的关注,使人们将说英语视为时尚品味的象征,所以大家彼此影响追随。第三是应和心理。交际中说话人发起汉英语码转换,受话人使用汉英语码转换给予应和,这种即时即景的应和往往潜含着应和者的一种心理机制，即认同与竞争。

对汉英语码转换的语用学研究基本上从三方面阐述：顺应理论、言语行为理论、语用功能。这里我们重点从顺应性理论角度看汉英语码转换的特点。

顺应理论是1999年维索尔伦（Verschueren）在《语用学新释》（*Understanding Pragmatics*）中进行系统论述的。他认为，语言是人类与生存条件之间若干顺应性的一种，语言的变化和发展的过程是不断顺应社会变化发展的过程。在这个理论基础上，于国栋（2000）提出语码转换的目的有三点：一是顺应语言现实；二是顺应社会规约；三是顺应心理动机。

第一是对语言现实的顺应。汉语和英语分属于两种不同的语言文化体系，在言语活动中不可避免地会出现"语言空缺"现象，面对这种情况，适时地顺应语言文化，采用转换策略，可以达到更好的交际效果。第二是对社会规约的顺应。语言使用者必须遵循汉语言文化背景下的社会交际规约，在谈话中涉及不雅、粗俗的话题时，人们本能的会排斥，而插入英语语码可以消除尴尬。第三是对心理动机的顺应。在具体的语境里，为构建身份地位或是针对特殊的交际群体，交际者会主动采取语码转换，因此转换语码顺应了心理动机。对于汉英语码转换的研究，语用学还可从言语行为、语用功能等角度进行分析，在此就不赘述了。

汉英语码转换现象已普遍的存在于我们的生活当中，不少人对于这种现象是乐于接受和使用的。但也有很多学者认为汉英语码转换是对本民族语言不自信的一种表现，会破坏语言本身的纯洁性，对民族语言构成巨大的威胁。

如今，国际化、全球化程度越来越高，人与人的交往越来越频繁，网络也使人们的联系越来越紧密。受语言内外生态环境的影响，生活中有不少表达的确离不开字母词或英语词。《现代汉语词典》从第六版开始就收录了常用的西文缩略词，共计两百多个，充分说明英语语码已进入我们的日常生活和工作中，并被人们所接受。

当然，汉英语码转换在丰富汉语词汇，体现汉语包容性、开放性，使汉语充满活力方面有着积极影响；但另一方面汉英语码转换在汉语语言的规范性、民族性和特色上起到一定的消极作用，我们也不能忽视，随着汉英语码转换越来越普遍，网络语境中不规范的汉英语码混用也逐渐增多，如何进行规范是我们需要思考的问题。

第四章　汉英语音对比

语音是语言的基本物质外壳和表达手段。要充分了解语言的本质，首先要了解语言的语音特点。同样，要充分了解语言之间的异同，也必须对不同语言的语音特点进行比较。

第一节　音素与音位

语音的研究和分析通常是从语音的生理属性、物理属性和功能属性三方面着手进行的。语音的生理属性和物理属性，属于语音学研究的对象；语音的功能属性指各语音特征及不同语音要素在语言交际中的表达功能，属于音系学研究的对象。语音学研究和音系学研究是相辅相成的，语音表达功能的研究不能不联系语音的生理、物理属性，而对语音生理、物理属性的研究又不可避免地要考虑语音的表达功能。

一、语音学的研究对象

（一）语音的生理属性

从生理上来看，语音的发音是发音器官和肌肉的一连串运动的结果，因而我们可以通过描述人体发音器官在发音过程中的状态来确定语音的发音特征，这些发音特征便是语音的生理特征。

例如，我们首先可以根据发音时声带是否振动、口腔的某一部位是否受阻（包括形成缝隙）而大致区分出元音、浊辅音和清辅音这三类语音。声带振动、口腔不受阻的是元音；声带振动、口腔受阻的是浊辅音；声带不振动、口腔受阻的是清辅音

（当然，这些指的是在正常说话状况下的发音情况，而不包括如耳语等非正常说话状况下的情况）。然后，我们可以根据开口的大小、舌位的前后高低等发音器官的变化来区分各种元音，根据口腔受阻的位置和受阻的形式等变化来区分各种辅音。

（二）语音的物理属性

语音是语言的物质外壳，它具有多方面的属性。语音像自然界其他声音一样，产生于物体的振动，通过周围的空气或其他介质传播，因此，语音具有一切声音所共有的物理属性：音质（色）、音高、音强和音长，即语音四要素。音质由振动物体的材质（发音体）、形状（共鸣器）及发声/发音方法三方面决定的，这三个方面，只要有一个不同，就会产生不同音质的音。音高、音强和音长合称非音质形式，音高在语音中的主要作用是构成声调和语调，音强在语音中的主要作用是构成重音和轻音，音长在许多语言和方言中具有区别意义的作用。非音质特征是依附于音质特征表现的，人们每次发音除了具有特定的音质之外，还具有一定的音高、音强和音长。

当然，语音学还研究语音的听觉感知，不过人的听觉机制十分复杂，不同的声音对人的听觉器官产生的印象还很难记录下来，目前这方面的研究还不是很充分。

（三）语音学的最小单位

语音学的最小单位叫音素，音素是人类语言从音质角度切分的最小的线性语音单位。

我们在语言交际中所说的话，在空间里表现为一串串的音流，凭着听感，可以把它切分成一个个最小的片段。如 yǔyánxuégàilùn（语言学概论）可以切分成 yǔ-yán-xué-gài-lùn 这样几个最小的片段，这些最小的片段就是音节。音节是一般人自然感觉到的自己语言里最小的语音片段。例如：shè huì、so-ci-e-ty。

但音节还不是线性音流的最小单位，这可以用比较的方法来分析：

dɑ-du 开头的音都是 d，后面的音不同，可以切分为 d、ɑ、u；

du-hu 后面的音都是 u，开头的音不同，可以切分为 d、h、u。

无论是发音还是听音，ɑ、u、d、h 都不能再切分为更小的单元。

同样，yǔ-yán-xué-gài-lùn 几个音节可切分成更小的单元：y-u-y-ɑ-n-x-u-e-g-ɑ-i-l-u-n。从音流在时间维向上的线性切分来看，无论发音还是听音，这些单元都不能继续切分了，它们就是语音最小的线性单位。以语音的物质属性和人类语音共性为研究对象的语音学，把它们叫“音素”。音素一般用方括号[]标示。

这里，音素是从语音的物质属性出发定义的，是针对所有人类语言的，是依据音质区别而得出的，音质不同就会形成不同的音素。

二、音系学的研究对象

(一)语音的功能属性

音系学也是以语音作为其研究的对象，但是音系学主要关心的是语言如何选用具有不同语音物质特征的音素来组成一个可以辨义的功能系统的。音系学旧称音位学，20 世纪 30 至 50 年代，结构主义语言学对语音系统的研究集中在对音位的研究上，所以叫音位学。后来语言学界对语音系统的研究重心转向了其他方面，就不再使用音位学这一术语了。

音系学还研究音位的组合方式，即音节结构。音节作为一种语音单位在音系学中具有重要意义，音位及音位变体的相关分布和特征都要放在音节中加以研究和说明。

(二)音系学的最小单位

在音系学中，音位是一个具体语言(或方言)中能区别语素或词的语音形式的最小线性语音单位，是依据语音的功能属性划分出来的语音类别。音位一般用斜线//标示(在本章对比汉英音位系统时，音素音位标记不做区分，统一采用方括号[ ])。某一语言的语音所采用的一套数量有限的音位构成了这个语言的音位系统，因而音位与音位系统总是就某一具体语言而言的。

人类能够发出的音素的数量是很多的，但特定的语言或方言选择使用的音素却是有限的。可见，音位是在各自语言或方言中对若干个有细微差别(但没有区别语素或词的语音形式的作用)的音素归纳而成的音类。音位数量少，而音素数量多，音位与音素是集体和成员的关系，一个音位可能包括几个不同的音素。

要把特定语言里数目繁多的音素归纳为数目有限的一套音位系统，一般应遵循三条基本原则：对立、互补、语音相似。

1. 对立

两个音素可以在相同的语音环境里出现，如果替换后产生语音形式差别，那么它们就是对立的。有对立关系的音素都是独立的音位。例如：

[p]和[p^h]：不送气[p]和送气[p^h]是汉语的两个音素，在汉语拼音方案中设立

两个字母表示，即 b 和 p。在汉语里 b[p]和 p[pʰ]有区别词的语音形式的作用，如：标[piau]和飘[pʰiau]。

“标[piau]”和“飘[pʰiau]”在语音形式上的不同是由于“标[piau]”中的[p]是不送气的，“飘[pʰiau]”中[pʰ]是送气的，汉语母语者可以听出[piau]和[pʰiau]是两个不同的词。因为在汉语中，[p]和[pʰ]这两个音素有区别词的语音形式的作用，是一种对立关系(互相替换)。母语者对处于对立关系的音的区别十分敏感，认为它们是完全不同的两个语音单位。

2. 互补

两个或几个音素不能在相同的语音位置上出现(即互相排斥)，它们各有自己出现的语音环境，这样的音素之间的关系就是互补的。互补的语音形式不能起区别词的语音形式的作用，因为它们在相同的语音环境中互相排斥。具有互补关系的音素，往往归并为同一个音位。例如：

[p]和[pʰ]：不送气[p]和送气[pʰ]也是英语的两个音素，英语中却只为它们设立一个字母 p 表示，因为在英语中[p]和[pʰ]没有区别词的语音形式的作用。如：sport[spɔːt]和 port[pʰɔːt]。

sport 的 p 读[p]，port 的 p 读[pʰ]，如果把 sport 的 p 发成送气的[pʰ]，别人只会觉得你发音不地道，却知道你说什么，不会引起混淆。这是因为在英语里，[p]只出现在[s]的后面，而[pʰ]出现在词的开头或其他位置上，也就是说[p]出现的位置不会出现[pʰ]，[pʰ]出现的位置不会出现[p]，它们出现的环境相互补充，是一种互补关系(互相排斥)。由于这两个相互关联的音素永远不会出现在同一语音分布环境中而形成对立，因而这两个音都是/p/的音位变体，而不是两个独立的音位。母语者对处于互补关系的音素的区别往往很漠然，虽经别人点破能够意识到，但仍然认为它们可算作一个语音单位，至少它们的差别并不重要。

需要强调的是，各种语言的音位是不同的。首先，不同的语言虽然有某些相同的音素，但这些音素区别意义的作用不一样，因此音位划分也就不相同，如汉语和英语都有不送气和送气的[p]和[pʰ]，在汉语中[p]和[pʰ]是对立关系，是两个音位，但英语里没有送气和不送气的对立，[pʰ]不单独构成一个音位，只和[p]构成一个音位；其次，不同的语言有不同的音素，从而使它们具有不同的音位，如清音[p]和浊音[b]在英语中形成对立，是两个不同的音位，汉语普通话没有清浊对立，即没有[b]音素，所以也就没有/b/音位。

3.语音相似

处于互补关系的两个或几个音素，其语音也必须相似，这样才能归为同一个音位。两个音素即使处于互补关系，如果其语音相差太大，人们不会认为它们属于同一个音位。比如：

汉语普通话里的大多数辅音如[p]只出现在音节开头，而[ŋ]只出现在音节的末尾，出现的环境是互补的。但[p]与[ŋ]在语音上差别很大，因此不能把它们归入一个音位，必须分别单独设立音位。

这就说明了在确定音位的时候，互补的原则一定要结合语音的相似特征来运用，不然就可能会把毫不相干的音归并为一个音位。

音位可以分为音质音位和非音质音位两大类。一般把从音素的音质角度分析归并出来的音位叫音质音位，因为它占有一个时段，所以也叫音段音位，每一种语言的音段音位都是由数量有限的元音音位和辅音音位构成，代表了该语言中出现的全部元音和辅音。除了音质以外，音高、音强、音长这些非音质形式构成的音位叫非音质音位。这些非音质音位总是附着在语流中的某一音段（包括音节、音素等）上面，不易作为音段来处理，所以也称为超音段音位。在语言中，超音段音位同样具有区别意义的功能，比如英语中的音长和重音，汉语中的声调，等等。

第二节　汉英音位系统对比

在对汉英两个语音系统进行对比的时候，既要坚持以语音学理论为指导，又要考虑到汉语语音研究的传统方法。

语音学把人类的语音分为元音和辅音两大类。元音指的是气流振动声带，流经口腔或鼻腔不受阻碍而形成的音，各种不同的元音音色是由舌位的高低、前后以及双唇的圆、展、撮不同形状所造成的；辅音则是气流在口腔或鼻腔受阻而形成的音，不同的辅音音色是发音部位（即气流受阻的部位）或发音方法（即除阻方式）的不同所造成。

中国传统的研究语音的术语是韵母和声母。古代研究汉语音韵学的学者把每个字音分成两个部分。字音的前一部分叫“声”，后一部分叫“韵”。声母和韵母是近代注音字母产生以后习用的名称。在汉语中，一般一个音节分成声母和韵母两部分，声母主要由辅音充当，如果字音的开头没有辅音，就称为零声母；而且汉语里的辅音并不都可作声母，可见汉语的声母和辅音不是一回事。韵母是指音节中声母后面的部分，韵母包括元音及其后的辅音，可见韵母并不等于元音。

一、汉语的声母与英语的辅音

英语有 24 个辅音。汉语 22 个声母中有 21 个是辅音，1 个是零声母。可以说，汉语的声母都是辅音。但是汉语中的辅音并不都是声母，因为汉语的辅音虽是 22 个，其中 20 个只能作声母，一个既能作声母，也能作韵尾（n[n]），一个只能作韵母的韵尾（ng[ŋ]）。

鉴于汉语声母都是辅音，为了更清楚、直观地表现汉语的声母与英语的辅音的异同，我们首先对比汉英辅音系统。

（一）汉英辅音系统对比分析

我们从发音部位和发音方法两方面分别列出汉英语中所有的辅音（见表 1、表 2）：

表 1　汉语辅音表

发音方法		发音部位										
		双唇	唇齿	舌尖齿间	舌尖龈前	舌尖硬腭（卷舌）	舌叶龈后	舌面前龈一腭	舌面中硬腭	舌面后软腭	小舌	声门（喉音）
塞	清（送气）	p[p^h]			t[t^h]					k[k^h]		
	清（不送气）	b[p]			d[t]					g[k]		
擦	清		f[f]		s[s]	sh[ʂ]		x[ɕ]		h[x]		
	浊					r[ʐ]*						
塞擦	清（送气）				c[ts^h]	ch[$tʂ^h$]		q[$tɕ^h$]				
	清（不送气）				z[ts]	zh[tʂ]		j[tɕ]				
鼻	浊	m[m]			n[n]					ng[ŋ]		
颤	浊											
闪/搭	浊											
边音	浊				l[l]							
近音和半元音	浊					r[ɻ]*						

* r 通常标音是[ʐ]，有语言学家认为 r 的摩擦很小，应为卷舌近音[ɻ]。

表 2 英语辅音表

发音方法		发音部位										
		双唇	唇齿	舌尖齿间	舌尖龈前	舌尖硬腭（卷舌）	舌叶龈后	舌面前龈—腭	舌面中硬腭	舌面后软腭	小舌	声门（喉音）
塞	清	[p^h] [p]			[t^h] [t]					[k^h] [k]		
	浊	[b]			[d]					[g]		
擦	清		[f]	[θ]	[s]		[ʃ]					[h]
	浊		[v]	[ð]	[z]		[ʒ]					
塞擦	清						[$tʃ^h$] [tʃ]					
	浊						[dʒ]					
鼻	浊	[m]			[n]					[ŋ]		
颤	浊											
闪/搭	浊											
边音	浊				[l]							
近音和半元音	浊				[ɹ]*				[j]	[w]		

* 为印刷方便，英语近音[ɹ]常被表示为[r]，但实际上在国际音标中它们代表完全不同的发音。

从以上两个表格可以看出，汉语和英语的辅音系统有以下基本区别：

(1)从发音方法来看，汉语清辅音占大多数。汉语中塞音和塞擦音都是清音，擦音中只有 r[ʐ]一个浊音。成对清音以送气与不送气为区别性特征。而英语中浊音多于清音，英语塞音、塞擦音、擦音都呈清浊对立(声门[h]除外)。

汉语普通话 r 通常被认为是卷舌浊擦音[ʑ]。但有语言学家认为 r 的摩擦很小，应为卷舌近音[ɻ](叶蜚声 等，2010)。这里仍按大多数教材通用的分类讨论，将 r 标为浊擦音[ʐ]。

(2)从发音部位来看，汉英共有的发音部位是双唇、唇齿、舌尖龈前、舌面后软腭。汉语有英语无的发音部位是舌尖硬腭(卷舌)和舌面前龈-腭，英语有汉语无的发音部位是舌尖齿间、舌叶龈后、舌面中硬腭和喉音。

汉语中发音部位在硬腭部位的音丰富(舌尖硬腭、舌面前龈-腭)，共有 7 个，占汉语辅音总数的近三分之一，其中 sh[ʂ]、zh[tʂ]、j[tɕ]、x[ɕ]在汉语辅音中使用频率最高，而且舌尖硬腭（卷舌）zh[tʂ]、ch[$tʂ^{h}$]、sh[ʂ]、r[ʐ]又是很多语言中没有的。英语中发音部位在齿龈部位的音很多（舌尖龈前、舌叶龈后），共有 11 个，如果加上复辅音[tr][dr][ts][dz]的话就更多了。这类辅音的使用率比其他辅音音位的使用率都要高。

（二）汉英辅音特点的综合分析

下面，我们从发音部位和发音方法两方面对汉英辅音做一综合对比分析。

1. 汉英共有

汉英发音部位和发音方法基本重合的辅音有 12 个。

3 对塞音：汉语 p[p^{h}]b[p]、t[t^{h}]d[t]、k[k^{h}]g[k]，英语[p]([p^{h}][p])[b]、[t]([t^{h}][t])[d]、[k]([k^{h}][k])[g]；

2 个擦音：汉语 f[f]、s[s]，英语[f]、[s]；

1 个边音：汉语 l[l]，英语[l]；

3 个鼻音：汉语 m[m]、n[n]、ng[ŋ]，英语[m][n][ŋ]。

（1）汉语 3 对塞音都是清音，以送气与不送气为特征相互对立，起区别词的语音形式（意义）的作用。如：

bùzi[$puts^{51}$]（步子）　　pùzi[$p^{h}uts^{51}$]（铺子）

dūn[tun^{55}]xia（蹲下）　　tūn[$t^{h}un^{55}$]xia（吞下）

英语三对塞音清浊对立，清浊有区别词的语音形式（意义）的作用。如：

pill[$p^{h}il$]—bill[bil]　　fine[fain]—vine[vain]

英语的清塞音也有送气与不送气的区别，如[p^{h}][p]、[t^{h}][t]、[k^{h}][k]，不过这种区别不影响意义。

（2）英语的边音[l]有两个变体，清晰的[l]和模糊的[ɫ]。清晰的边音出现在元音和半元音[j]之前，例如 life、alone、billion 等；模糊的边音则出现在元音之后、除[j]外的所有辅音之前或音节尾部，例如：bell、melt、tail 等。

英语学习者发清晰[l]没有什么困难，但容易忽略或读错模糊[ɫ]，因为这个音在汉语普通话中不存在。有人会把这个音省略掉或把它读成汉语“儿”，变成卷舌音。如把 well 读成 wear，bill 读成 beer。实际上，清晰的[l]和模糊的[ɫ]在发音时的主要区别在于前舌和后舌的运用，发清晰的[l]时要使前舌朝硬腭方向抬起，而在发模糊的[ɫ]时要使后舌朝软腭方向抬起，即舌后部呈隆起状，舌尖则抵住上齿龈根部，这样，就形成了舌面的凹形。

(3)2 个擦音和 3 个鼻音的发音汉英大致相同。但汉语 s[s]发音时舌尖向前平伸,接近上齿背,无对应浊音。英语[s]比汉语 s[s]舌位稍靠后些,发音时舌尖贴近上齿龈,有对应浊音[z]。汉语 f[f]无对应浊音,英语[f]有对应浊音[v]。

2. 英有汉无

英语辅音[v]、[z]、[θ]、[ð]、[ʃ]、[ʒ]、[tʃ]、[dʒ]、[j]、[w]、[ɹ](常表现为[r],下同)、[h]是汉语没有的。

(1)对于[v],中国学生倾向于用[w]来代替,比如把 vest[vest](背心)误发成 west[west](西边)。

(2)英语[z]经常与汉语 z[ts]混淆,如 zoo[zuː]误发成了"租",英语[z]为舌尖龈前浊擦音,而汉语 z[ts]为舌尖龈前清塞擦音,发音方法不相同。

(3)英语舌尖齿间擦音[θ]、[ð]发音时应将舌尖置于上下齿之间,舌的两侧靠近上排两边牙齿,让气流从舌尖与上齿间的窄缝中挤出,形成摩擦。中国学生倾向于用汉语舌尖龈前擦音 s[s]代替英语[θ],用汉语舌尖龈前塞擦音 z[ts]代替[ð],比如读 thing[θiŋ]、thought[θɔːt]、this[ðis]、that[ðæt]、these[ðiːz]、those[ðəuz]时,容易误读。

(4)英语舌叶龈后擦音[ʃ]、[ʒ]发音时舌面抬起,气流从舌面与硬腭、齿龈之间挤擦出来,双唇稍圆并略微突出。中国学生常用汉语的 sh[ʂ]或 x[ɕ]代替英语的[ʃ],用汉语的 r[ʐ]代替[ʒ]。如常把 show[ʃəu]误发成"受"或"秀",把 she[ʃi]误发成"戏"。从发音部位上看,汉语 sh[ʂ]、r[ʐ]、的发音部位比英语[ʃ]、[ʒ]稍后一些,舌头活动的情况也跟[ʃ]、[ʒ]有区别。汉语的 x[ɕ]与[ʃ]的发音有点相似,但是发音部位不同。x[ɕ]是舌面前龈-腭音,发音时舌面前部接近硬腭前部,成阻部位比[ʃ]稍靠前,舌与硬腭接近的面比[ʃ]小很多,而且双唇平展,不突出。

(5)英语舌叶龈后塞擦音[tʃ]、[dʒ]发音时舌头前半部拱起,但中国学生常用汉语舌尖硬腭(卷舌)ch[tʂʰ]、zh[tʂ]替代[tʃ]、[dʒ],如把 chew[tʃuː]误发成"处",把 jew[dʒuː]误发成"住"。其实汉语 ch[tʂʰ]、zh[tʂ]、为卷舌音,成阻部位稍靠后一点,气流受阻面窄一些,音质也硬些。

(6)英语半元音[j]、[w],是两个接近元音性质的辅音。气流通过时摩擦成分非常轻微,甚至可以没有摩擦,在实际的拼读中它们后面必须跟有元音。这两个音是英语中独立的辅音音位,它们的存在与否能区别意义。例如,year[jiə](年)和 ear[iə](耳朵);wear[weə](穿)和 air[eə](空气)。

汉语中的[j]、[w]、[ɥ]，是高元音 i[i]、u[u]、ü[y]出现在音节首的变体（也有人叫作半元音），当它们出现在零声母音节作韵头时，舌尖或舌后部在发 i、u、ü 的基础上再往上抬高一点，造成同部位的轻微摩擦，就发出了[j][w][ɥ]。虽然实际上起的是辅音作用，防止词首元音与前面音节末的辅音连读，但不能算作独立的辅音音位。例如，ī(衣)、iě(也)、üè(月)、uén(文)标成国际音标就应该是[ji][je][ɥɛ][wən]，在书写中分别用汉语拼音字母 y 和 w 表示，即 yi，ye，yue，wen。

(7)英语近音[r]是舌尖龈前音，与汉语舌尖硬腭(卷舌)r[ʐ]相似，所以中国人常用汉语舌尖硬腭(卷舌)r[ʐ]来代替，把英语的 row[rəu]误发成“肉”。但英语[r]在发音部位和发音方法上，都与汉语 r[ʐ]不相同。英语[r]发音时，舌尖在齿龈后部朝硬腭方向上翘，不像汉语 r[ʐ]那样接近硬腭，而且气流从舌中部通过时，没有摩擦，双唇略收圆。

(8)英语的声门(喉音)[h]与汉语 h[x]都是不带声的擦音，听起来很相似，因此初学者往往把英语的[h]发成汉语的 h[x]，在读 he、him、his、her 等词时表现得尤为突出。其实两者的发音部位完全不同。发英语[h]时，气流从微张的声门中挤擦出来，而汉语 h[x]发音时，气流从舌后部与软腭之间的窄缝中挤擦而出，汉语 h[x]的摩擦声比英语[h]粗浊得多。

3. 汉有英无

汉语辅音 zh[tʂ]、ch[tʂʰ]、sh[ʂ]、r[ʐ]、z[ts]、c[tsʰ]、j[tɕ]、q[tɕʰ]、x[ɕ]是英语没有的。

(1)汉语的 zh[tʂ]、ch[tʂʰ]、sh[ʂ]，说英语的人容易用[dʒ][tʃ][ʃ]来代替。实际上，除了发音部位上不同外，还有一个不同就是 zh、ch 是清音，而[dʒ][tʃ]分别为浊音和清音。另外汉语这三个音是卷舌音，舌头要卷起，但说英语的人往往矫枉过正，舌头和硬腭接触的部位太靠后了。

(2)汉语的舌尖硬腭(卷舌)r[ʐ]发音时舌尖上翘，接近硬腭前部形成窄缝，让气流从窄缝中挤出，同时声带颤动，气流带音。说英语的人常用英语的近音[r]来代替，因此英美留学生在发“容忍”时，总是因为舌头上翘不够，几乎没有摩擦而使得发音听上去含混、无力。

(3)汉语的 z[ts]、c[tsʰ]是两个舌尖龈前塞擦音，发音时舌尖要轻轻抵住上齿背，气流把舌尖的阻碍冲开一道窄缝后挤出，摩擦成声。这两个发音和英语辅音连缀[dz][ts]很像，从国际音标上来看，似乎也只是清浊、送气与否的区别，而且英语中以 ts 结尾的词一般也是送气的。但其实英语中的[dz]和[ts]并不是独立的辅音音位,而是塞音[d][t]和擦音[z][s]连缀而成,所以成阻部位和[d][t]一样是在齿龈,而不是舌尖与上门齿背之间。

(4)舌面前龈-腭 j[tɕ]、q[tɕʰ]、x[ɕ]是汉语中比较独特的三个音。由于英语中没有对应的辅音,外国留学生除了会用[ʃ]代替 x[ɕ]外,有时也会用[s]或[z]代替。至于 j[tɕ]、q[tɕʰ],英美留学生也常与[dʒ][tʃ]混淆。

二、汉语的韵母与英语的元音

普通话的韵母是指一个音节声母后面的音素,构成韵母的主要是元音,但韵母并不等于元音,因为在汉语音节中除了元音可以作韵母外,元音加鼻辅音[n][ŋ]也可以作韵母,判断韵母的标准是它在音节中的位置。普通话共有 39 个韵母,分类如下:

10 个单韵母:a[a]、o[o]、e[ɤ]、ê[ɛ]、i[i]、-i[ɿ]、-i[ʅ]、u[u]、ü[y]、er[ɚ]

13 个复韵母:ai[ai]、ei[ei]、ao[au]、ou[ou]、ia[iA]、ie[iɛ]、ua[uA]、uo[uo]、üe[yɛ]、iao[iau]、iou[iou]、uai[uai]、uei[uei]

16 个鼻韵母:an[an]、en[ən]、in[in]、ün[yn]、ian[iɛn]、uan[uan]、uen[uən]、üan[yɛn]、ang[aŋ]、eng[əŋ]、ing[iŋ]、ong[uŋ]、iang[iaŋ]、uang[uaŋ]、iong[yŋ]

单韵母为单元音,复韵母为复元音,鼻韵母为元音加鼻辅音[n]或[ŋ]构成。

英语共有 20 个元音,分别包括 12 个单元音和 8 个双元音。单元音根据舌位从前到后分别为[iː][i][e][æ][əː][ə][ʌ][uː][u][ɔː][ɔ][ɑː]。双元音可分为两类:一类是集中双元音(centering diphthongs),发音时舌位的移动方向是舌的中部,包括[iə][ɛə][uə],另一类是闭口双元音(closing diphthongs),在发音过程中,舌位由低处向高处移动,口腔开启程度由大变小,包括[ei][əu][ai][au][ɔi]。

由于汉语单韵母为单元音,复韵母为复元音,我们主要对比分析汉英单、复元音。

(一)汉语单韵母与英语单元音对比

元音音色的差异由共鸣腔即口腔的形状和大小不同所决定,其中起决定因素的是舌的高低,舌位(即舌的最高点)的前后和唇形的圆展。参照这些标准可将汉英单元音进行分类,见表 3:

表 3　汉英单元音对比

语种		英语					汉语							
音类		舌面					舌面					舌尖		卷舌
舌位		前		中	后		前		中	后		前	后	中
唇形		展	圆	展	展	圆	展	圆	展	展	圆	展	展	展
舌高（开口度）	高（闭）	[iː]				[uː]	i[i]	ü[y]			u[u]	-i[ɿ]	-i[ʅ]	
	半高（半闭）	[i]				[u]				e[ɤ]	o[o]			
	中	[e]		[ɜː] [ə]										er[ɚ]
	半低（半开）			[ʌ]		[ɔː]	ê[ε]							
	低（开）	[æ]			[ɑː]	[ɔ]			a[a]					

从表 3 中我们可以发现，汉英语的元音系统包含的音类不完全相同：

（1）英语的元音都是舌面音，舌面元音是舌面向上腭抬起发出的声音，而汉语除了舌面元音以外，还有两个舌尖元音-i[ɿ]、-i[ʅ]和一个卷舌元音 er[ɚ]。舌尖元音是舌尖向上腭抬起发出的。根据舌尖所处位置的前后可以把舌尖元音分成舌尖前元音（舌尖靠近齿龈）和舌尖后元音（舌尖靠近硬腭）。汉语普通话的“资”zi[tsɿ]、“磁”ci[tsʰɿ]、“思”si[sɿ]的韵母就是舌尖前元音[ɿ]；“知”zhi[tʂʅ]、“吃”chi[tʂʰʅ]、“诗”shi[ʂʅ]的韵母是舌尖后元音[ʅ]。这两个舌尖元音-i[ɿ]、-i[ʅ]都是不圆唇的，与其相对的圆唇舌尖元音是[ʮ]、[ʯ]。圆唇舌尖元音[ʮ]、[ʯ]一般出现在汉语方言中，如苏州方言“诗”[sʮ]，湖北麻城方言“鱼”[ʯ]（林焘 等，2013）。

汉语中的卷舌元音是发舌面元音的同时舌尖向硬腭翘起形成的音，即是个舌尖上翘带有卷舌色彩的央元音[ə]（黄伯荣 等，2007），这种由舌尖翘起形成的卷舌作用可以用倒写的 r 来表示，如[əɻ]，也可以合并成一个音标，如[ɚ]，为了书写和印刷方便，一般写成[ər]，这个[r]只表示前面元音的卷舌作用，并不独立发音。汉语普通话中有一个独立的卷舌韵母 er[ər]。普通话中只有“儿、而、耳、饵、尔、迩、二、贰”等为数有限的字念 er[ər]（零声母）。卷舌元音更多地出现在汉语方言中，大都出现在所谓“儿化韵”里，如北京话的“把儿”[par]、“沫儿”[mor]、“铺儿”[pʰur]等音节的韵腹都有读成卷舌元音。

美国英语中也有很多的卷舌元音，如元音后的 r 在英国英语中并不发音，而在美国英语中大部分人都要把 r 和它前面的元音一起发成卷舌元音，如 bar、board、poor 等。

(2)英语的元音区分比较细，而且舌高和舌位的分布比较均匀，在整个体系上达到了平衡。而汉语的元音倾向高化，低元音少，并且舌面元音中没有中等舌高的元音[ə]。发音时舌头不前不后，不高不低，处于最自然的状态。实际上，汉语也有[ə]，但出现的条件有比较大的限制，一般都是作为单元音出现在音节中，如普通话轻音音节中，读轻音的“的、了、着”等字的元音就是[ə]，发音时音长比较短，肌肉也比较松(林焘 等，2013)。

(3)英语的元音有长和短的对立，构成 5 对整齐的长短元音，[iː]对[i]，[əː]对[ə]，[uː]对[u]，[ɔː]对[ɔ]，[ɑː]对[ʌ]。汉语普通话的元音没有长短的区别，所有的元音都发得较长。因此许多英语学习者常常把英语的短元音发成长元音，把 bus[bʌs]念成[bɑːs]，把 bit[bit]读成 beat[biːt]。有时英语中的一对长短元音在汉语中都空缺，如[əː]、[ə]和[ɔː]、[ɔ]，那就有可能用汉语中较为接近的 e[ɤ]和 o[o]或双元音 ao[ɑu]来代替。

汉英语的单元音中有些属于同类音，发音非常接近，但实际上在舌位的前后及舌隆起的高低程度(即开口度)上仍然有细微差别。下面让我们对比一下汉英舌面元音的舌位图(见图 2、图 3)，这些元音的舌位高低与前后的差别便可一目了然。

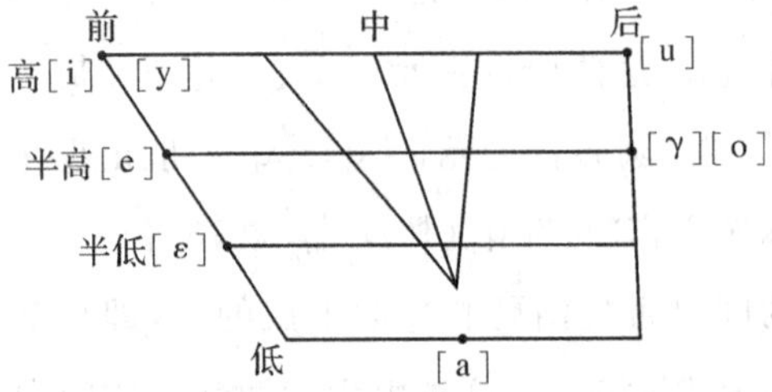

图 2　汉语元音舌位图

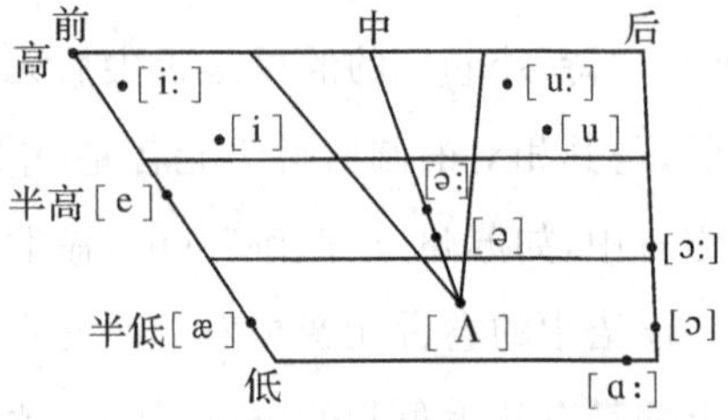

图 3　英语元音舌位图

从舌位图我们可以看出汉英元音有如下特点：

汉语单元音的舌位都在舌的前、后、高、低的极限位置，其中有[i]、[y]、[u]、[o]、[ɛ]的舌位与标准元音的舌位完全一致。而英语的元音，除了 3 个中元音[əː]、[ə]、[ʌ]外，其他元音也都有向中元音靠拢的倾向。也就是说前元音[iː]、[i]并不太前，后元音[uː]、[u]、[ɑː]并不太后，高元音[iː]、[uː]和低元音[ɔ]也没有达到极限位置。

汉英语元音的这一差异值得中外学生注意。中国学生在发[iː]、[i]、[uː]、[u]这些音时，不要绷得太紧，舌位不要太高或太靠后，发成汉语的 i[i]和 u[u]。而在发英语中舌位较低的[ɔː]、[ɔ]、[æ]时则要尽量避免嘴唇不够圆或开口度不够大的毛病。而外国学生在学习汉语的单韵母 i[i]、u[u]、ü[y]时，也要注意避免犯舌高不够或舌位不够靠后的错误。

(二)汉语复韵母与英语复元音对比

复元音分二合元音和三合元音。英语中 8 个复元音都是二合元音：[ei]、[əu]、[ai]、[au]、[ɔi]、[iə]、[εə]、[uə]，而汉语中 13 个复韵母也都是复元音，其中有 9 个为二合元音：ɑi[ai]、ei[ei]、ɑo[ɑu]、ou[ou]、iɑ[iA]、ie[iε]、uɑ[uA]、uo[uo]、üe[yε]，4 个为三合元音：iɑo[iɑu]、iou[iou]、uɑi[uai]、uei[uei]。

复元音并非两三个元音的简单相加，几个单元音相连是几个不同的音节，如汉语普通话的“阿姨”[$a^{55}i^{35}$]是两个音节。而复元音中各成分的音强、音长和清晰度是不一样的。其中一个发得响亮、清晰、滑移段较长，其余成分的发音弱、短而含糊。

英语的复元音都是前响二合元音，其特征是，第一个元音比较用力，紧张而清晰，音值较长；第二个元音则弱而模糊，音值较短。但是[iə]和[uə]在弱读音节中情况比较特殊，要读成后响音。

汉语中二合元音有 9 个，其中 4 个是前响音，分别为 ɑi[ai]、ei[ei]、ɑo[ɑu]、ou[ou]；还有 5 个是后响音，分别是 iɑ[iA]、ie[iε]、uɑ[uA]、uo[uo]、üe[yε]。汉语的 4 个前响二合元音和英语中的[ai]、[ei]、[au]、[əu]发音非常接近：

(1)音标相似：汉语 ɑi[ai]、ei[ei]、ɑo[ɑu]、ou[ou]；英语[ai]、[ei]、[au]、[əu]；

(2)都为前响二合元音；

(3)都为闭口元音(口腔开启程度由大变小)；

(4)舌位滑动的方向基本上相同(舌位由低处向高处移动)。

但还是有一些细微差别：

(1)英语二合元音第一成分音质稳定，整个元音的发音比较紧张，相对完整。而汉语二合元音从整体来说，发音不够完整，第一成分的音质不十分确定，第二成分也比较含糊。如汉语 ɑi[ai]的第一成分，虽然标为[a]，但也有人发[æ]，第二成分则倾向于发成[e]或[ə]，也就是说 ɑi 的实际发音是[æe]或[aə]。

(2)英语二合元音第一成分向第二成分滑移的过程较慢，且动程是直的，听起来拼读的过程比较清晰。而汉语二合元音舌位滑移短而快，其过程不是直的。因此，汉语二合元音性质不如英语明显，听起来有点像单元音。

汉语有 4 个三合元音 iao[iau]、iou[iou]、uai[uai]、uei[uei]。这几个三合元音中间成分响亮，滑移段较长，前后的成分发音短、弱而含糊，属于中响音。这与英语中 player['pleiə]和 flower['flauə]中的元音部分不同。这些音的第一成分最强，中间成分最弱，第三成分次强，发音器官肌肉经历两次紧张，所以不宜看作三合元音，而应看成是前响二合元音与[ə]的组合。

第三节 汉英音节结构对比

音节是语音结构的基本单位，也是能够凭听觉感知出来的最小自然语音片段。一般而言，音节并不是一个难以辨认的单位，但人们对音节的定义却是见仁见智，至今没有一个得到学术界公认的确切定义。这里我们所要讨论的音节是一种横向组合关系，即音素和音素组合起来而形成的最小的语音结构单位。

音节中的音位，根据它们在音节中的不同功能，分为元音(V)和辅音(C)两大类。典型的音节都是以元音为中心的，辅音作为音节的辅助成分而置于元音前后。由元音和辅音构成的音节有 4 种基本类型：①V，②CV，③VC，④CVC。

V 代表元音，C 代表辅音。V 型和 CV 型不以辅音收尾，称为“开音节”，VC 型和 CVC 型以辅音收尾，称为“闭音节”。大多数语言同时具备这 4 种类型。这 4 种类型可以扩展成种种不同的音节结构。V 可以扩展成 2 个或 3 个不同元音组合的元音群 VV 和 VVV；C 也可以扩展成 2 个或 3 个甚至 4 个辅音组成的辅音群 CC、CCC 和 CCCC。音节中有 VV 或 VVV 组成的元音群称为复元音，由 CC 或 CCC 组成的辅音群称为复辅音。

一、汉英音节结构分析

(一)汉语音节的结构特征

汉语和大多数语言一样，具备音节结构的四种基本类型。例如，普通话中“阿”[a]是V 型，“大”[da]是 CV 型，“安”[an]是 VC 型，“单”[dan]是 CVC 型。四种基本类型的扩展有相当严格的限制。汉语有相当丰富的复元音，但不允许复辅音存在，也就是说，V 可以扩展成 VV 和 VVV，C 不能扩展成 CC 和 CCC。三合元音 VVV 只能在开音节里出现。此外，汉语闭音节少，且闭音节里的辅音只能是鼻辅音 n[n]和 ng[ŋ]。整个音节的构成序列不能超出四个构成成分，因此音节结构显得简单明了，便于分析。

由于有以上各种条件的限制，汉语的音节一般只能出现十种不同的结构方式：

V(阿、衣、鹅、午、鱼)　　VV(爱、袄、欧、夜、月)

VVV(味、优、药)　　CV(爸、泼、德、他)

CVV(宝、拍、谋、烈、雪)　　CVVV(推、牛、角)

VC(安、昂)　　VVC(晚、元、王)

CVC(班、童)　　CVVC(边、团)

从这些音节类型中可以看出汉语普通话的音节有如下特点：

(1)音节中最少须有 1 个元音，最多可以有 4 个音素；

(2)音节中元音占优势，可以有 2 个或 3 个元音连排，而且以开音节居多；

(3)音节中可以无辅音，没有辅音连缀。

这些音节结构类型表现的是汉语音节中元辅音的线性序列，并没有全面展现汉语音节结构的特点。因为汉语的音节结构，除了音素的组合之外，还必须伴随一个声调。中国传统的音韵学巧妙地将元音、辅音、声调结合在一起分析，即声、韵、调组合模式。

按照汉语音韵学，汉语音节通常可以分成声(声母)、韵(韵母)、调(声调)三部分，处在音节之首的辅音是声母，声母之后为韵母，韵母由韵头(也叫介音，是介于声母、韵母之间的一个过渡音)、韵腹、韵尾三个成分构成，声调则附着于整个音节上。

综合来说，汉语普通话的音节由声母、韵头(介音)、韵腹、韵尾、声调 5 个位置组成。声母位置上可以出现除[ŋ]外的所有辅音音位，如果音节的开头没有辅音，这个音节的声母就是零声母，所以，能出现在声母位置上的成员共有 22 个(21 个辅音加 1 个“零声母”)。能做韵头(介音)的只有三个高元音[i]、[u]、[y]音位；韵腹是音节的核心，在韵腹位置上出现的只有元音，各个元音音位都能在韵腹位置上出现；能做韵尾的只有两个高元音[i]、[u]和两个鼻辅音[n]、[ŋ]。声调位置上可出现阴平、阳平、上声、去声四个调位。这 5 个位置，有的音节都齐备；有的音节只有其中几个，但至少要有韵腹。

(二)汉语音节结构内部的规律

汉语音节结构的规律性表现在以下两个方面。

1. 韵母的结构

汉语音节对韵头(介音)位置上能出现的音素有严格的限制,使得韵母的结构呈现出简单而有条理的规律性,可以据此进行整齐划一的分类。出现在韵头(介音)位置上的只有 i[i]、u[u]、ü[y]3 个高元音,再加上一个没有韵头而韵腹又不是 i[i]、u[u]、ü[y]的韵 *a*[a]、o[o]、e[ɤ],就形成了 4 种韵母类型,分别称为开、齐、合、撮四呼:没有韵头(介音)而以 *a*[a]、o[o]、e[ɤ]等为韵腹的叫开口呼;以 i[i]为韵腹或韵头(介音)的叫齐齿呼;以 u[u]为韵腹或韵头(介音)的叫合口呼;以 ü[y]为韵腹或韵头(介音)的叫撮口呼。

2. 声韵配合

汉语音节结构的规律性还表现在声母与韵母的配合上。声母并不都能与任何一个元音韵母相拼,声韵的配合受到许多规律的制约,即在辅音声母的发音部位与元音韵母的唇形(即韵母四呼)配合上有很强的规律性,见表 4(黄伯荣 等,2007):

表 4　普通话声韵配合简表

声母		韵母			
		开口呼	齐齿呼	合口呼	撮口呼
双唇音	b[p]、p[pʰ]、m[m]	+	+	只跟 u 拼	
唇齿音	f[f]	+		只跟 u 拼	
舌尖龈前	d[t]、t[tʰ]	+	+	+	
	z[ts]、c[tsʰ]s[s]	+		+	
	n[n]、l[l]	+	+	+	+
舌尖硬腭(卷舌)	zh[tʂ]、ch[tʂʰ]、sh[ʂ]、r[ʐ]	+		+	
舌面前龈-腭	j[tɕ]、q[tɕʰ]、x[ɕ]		+		+
舌面后软腭	g[k]、k[kʰ]、h[x]	+		+	
零声母	ø	+	+	+	+

这样看来，普通话的音节结构是十分简单的，总共就只有22个声母（21个辅音加1个零声母）、39个韵母和4个调类，再按照上述的配合规律组合起来，所构成的音节数目是十分有限的。据《汉字信息字典》提供的数据，除儿化音和轻声外，不分声调的普通话音节有414个，如果分声调的话，由于并非每个音节都存在4个声调，因此带调音节也只有1254个（潘文国，1997）。

（三）英语音节的结构特征

从结构而言，英语的音节分为3个部分：节首（the onset）、节核（the centre）和节尾（the coda）。节首指节核前的辅音，相当于汉语音节的声母部分，但英语的节首最多可以由3个辅音来充当，当然节首也可以为空。节核通常为元音，相当于汉语音节韵母中的韵腹部分，节核元音可以扩展为由两个不同元音构成的复元音，但有时也可以由辅音来起节核的作用，如table是由[tʰei]和[bɫ]两个音节组成，在第二个音节里，辅音[ɫ]担任节核的功能，辅音[m][n]有时也有这样的功能。节尾相当于汉语音节的韵尾部分，不过，英语中出现在节尾位置上的只能是辅音，最多可以有4个辅音连缀，也可以为空。

这样，英语除了V（ah[ɑː]）、VV（I[ai]）、CV（tea[tiː]）、CVV（my[mai]）、VC（an[æn]）、VVC（oil[ɔil]）、CVC（man[mæn]）这些与汉语共有的结构类型以外，还有十余种含有辅音连缀的结构类型，见表5：

表5 英语含有辅音连缀的音节结构类型

音节类型	例词	音标
VCC	east	[iːst]
VVCC	old	[əuld]
VCCC	asks	[ɑːsks]
CVCC	desk	[desk]
CVCCC	next	[nekst]
CCV	free	[friː]
CCVV	play	[plei]
CCVC	please	[pliːz]
CCVCC	threads	[θredz]
CCVCCC	prompt	[prɔmpt]
CCVCCCC	glimpsed	[glimpst]

续表

音节类型	例词	音标
CCCV	straw	[strɔː]
CCCVV	spray	[sprei]
CCCVC	screen	[skriːn]
CCCVCC	strict	[strict]
CCCVCCC	strengths	[streŋθs]
CCCVCCCC	sprinkles	[spriŋklz]

与汉语普通话的音节结构比较，英语的音节呈现出以下几个特点：

(1)音节中最少也须有1个元音，但最多可以有8个音素；

(2)音节中音位结合比较自由，音节类型比汉语普通话音节多得多；

(3)闭音节多，开音节少；

(4)音节中以辅音占优势，而且在元音的前或后都允许有辅音群出现。

(四)英语音节结构内部的规律

英语音节中音位的组合规律，突出地反映在这些辅音连缀的组合上(辅音群)。英语的节首部分可以是一个辅音，也可以有两个甚至三个辅音。其中哪些辅音可以单独做节首，哪些辅音可以组合成复辅音，排列的顺序又如何，可以归纳为以下几条规律。

1. 词首辅音组合规律

(1)所有的英语辅音除了[ŋ]外都可以单独作词首辅音，但[ʒ]出现在词首的频率极低，只限于几个外来词，而且只限在[iː][i]之前；其他的辅音一般都能够出现在所有的元音之前；[ʒ][ð][z][tʃ][dʒ]这几个辅音，只能单独作词首辅音，其后不能跟其他辅音。

(2)二合词首辅音群，即由两个辅音组成的词首辅音群，可以分为两类。第一类是[s]+词首辅音[p][t][k][f][m][n][l][j][w]，如spin[spin]、stay[stei]、skin[skin]、sphere[sfiə]、smell[smel]、snow[snəu]、slow[sləu]、suit[sjuːt]、swell[swel]。其中，[sf-]和[sj-]的组合出现的频率相对较低。第二类是塞音[p][b][t][d][k][g]，擦音[f][θ][s][ʃ][h][v]，鼻音[m][n]和边音[1]中的任何一个，

加上[l][r][w][j]中的一个形成的。例如 please[pli:z]、breath[breθ]、twenty[twenty]、fly[flai]、throw[θrəu]、shrill[ʃrl]、huge[hju:dʒ]、view[vju:]等。其组合模式有着严格的限制，只有[k][g]可以和[l][r][w][j]任意组合，[p][b][f]只能与[l][r][j]组合，[t][d][θ]只能与[r][j][w]组合，[ʃ]只能与[r]组合，[h][v][m][n][l]只能与[j]组合。另外，[dw-][ʃr-][gw-]的出现频率较低，尤其是[gw-]基本上只在外来的人名、地名或专有名词中才出现（如人名 Gwen[gwen]）。

(3)三合词首辅音群，即词首前音[s]＋词首辅音[p][t][k]＋词首后音[l][r][w][j]，如 splash[splæʃ]，square[skweə]。其中，当第二个辅音是[t]时，第三个辅音必须是[r]或[j]，如 strike[straik]、stupid[stju:pid]。

2. 词尾辅音组合规律

(1)词尾可以是一个辅音，除了[h][w][j][r]以外，其余的辅音都可以充当词尾辅音（在美国英语中，[r]也可以作词尾辅音，如 hear[hir]）。不过有些辅音作词尾是有条件限制的，例如，[ʒ]只在一些法语词的词尾，而且只在[i:][ɑ:][u:][ei]之后，例如 rouge[ru:ʒ]、garage['gærɑ:ʒ]、prestige['presti:ʒ]；[ð]只出现在[i][i:][u:][ei][ai][əu][au]之后，例如 breathe[bri:ð]、smooth[smu:ð]；只有[d]作词尾辅音的时候，就可以放在所有的元音之后。

(2)二合词尾辅音群有两种类型，一种是词尾前音[m][n][ŋ][l][s]＋词尾辅音，例如 camp[kæmp]、stand[stænd]、bank[bæŋk]、belt[belt]、last[lɑ:st]；另一种类型是词尾辅音＋词尾后音[s][z][t][d][θ]（多数是语素-s、-es、-d、-ed、-th的发音）中的一个，例如 puts[puts]、beds[bedz]、worked[wə:kt]、bagged[bægd]、fifth[fifθ]。

(3)三合词尾辅音群也有两种类型，一种是词尾前音[m][n][ŋ][l][s]＋词尾辅音＋词尾后音[s][z][t][d][θ]，例如 jumped[dʒʌmpt]、banks[bæŋks]、helped[helpt]、bonds[bɔndz]、twelfth[twelfθ]、grasped[grɑ:spt]；另一种是词尾辅音＋词尾后音 1[s][z][t][d][θ]＋词尾后音 2[s][z][t][d][θ]，例如 fifths[fifθs]、next[nekst]、lapsed[læpst]。

(4)四合词尾辅音群较少，有两种类型，一种是词尾前音[m][n][ŋ][l]、[s]＋词尾辅音＋词尾后音 1[s][z][t][d][θ]＋词尾后音 2[s][z][t][d][θ]，例如 twelfths[twelfθs]、prompts[prɔmpts]、glimpsed[glimpst]；另一种是词尾辅音＋

词尾后音 1[s][z][t][d][θ]+词尾后音 2[s][z][t][d][θ]+词尾后音 3[s][z][t][d][θ],例如 sixths[siksθs]、texts['teksts]。

二、汉英音节结构的差异

根据上面对汉英音节结构特征、音节结构内部规律的分析,可以看出汉英音节结构呈现出明显的差异。

(一)凝聚性与拼合性

从音节内部来看,汉语音节内部要素的结合性比较强,凝聚到一起,成为一个结合紧密的整体。保证汉语音节内部凝聚性的语音成分是汉语声调。声调是附着在整个音节之上的超音段成分,一个音节一个声调。"它驾驭由声、韵母组合的音段,使各个组成成分浓缩为一个难以分割的'音块','块'内各音素具有强烈的凝聚性"(徐通锵,2001)。

由于内部要素表现出的强烈的凝聚性,以至于在凝聚中磨损了各音素单独存在时的个性特征和相互拼读连接的痕迹。所以汉语音节不管是单念还是和其他音节组合的连念,都听不出明显的音节内部音素拼合的痕迹。

汉语音节内部的凝聚性符合汉民族语音感知的音节性,中国人感知音节一般是作为一个整体来感知的,"汉语中元、辅音本身不明显,最清晰的单位是音节。辅音和元音不是慢慢地拼合,而仿佛是一个共生的板块,一团一团地往外扔,与英语做比较,就更加明显:sway 与'岁'、why 与'外'、lie 与'来'等"(潘文国,1997)。在汉语拼音教学中,拼读音节有"前音轻短后音重,两音相连猛一碰"的说法,这个"猛一碰"的过程就是发生凝聚作用的过程,"猛一碰"的结果是我们把音节内部的音素凝聚到一起,发出了整个的音节。

与汉语音节相比,英语音节内部要素是相对自由独立的,整个音节结构松散,凝聚性不强,给人一种拼合性的感觉。

英语音节的同一个音素在意义相关的一组词中,由于语素组合的差异,可能分别归属到不同的音节。比如:单音节词 apt(聪明的,敏捷的)中的 t 到了多音节的 aptitude(聪慧)中,就不再是第一个音节的词尾辅音,而是和后面的 i 组成了新的音节,音节的划分是 ap-ti-tude。同样,special(特殊的)中的音节 cial,在 speciality(特性)中,被拆成了两个音节,变成了 spe-ci-al-i-ty。这说明英语音节内部的要素相对自由独立。

英语等印欧系语言的发音则是以音素为单位一个一个“拼”出来的，英语的元、辅音都很清晰，每个音素在音流中都占有一定的时间和空间，前后的连接拼合过程，听起来清清楚楚。例如 th-a-n-k，b-ea-t，f-ir-m，f-a-c-t 等，都有一个明显的拼合过程，人们可以大致听得出每个音素的个性。例如[ai]，其中[a]和[i]都有一定的音长，而且从[a]到[i]的动程十分清晰。

(二)离散性与连续性

离散性是说由于汉语每个音节具有相对封闭性、独立性，音节之间的界限比较清晰，一般不会发生连读，能够比较清楚地与其他音节区别开来。

在书面上，用汉语拼音拼写辅音韵尾音节和以元音 a、o、e 开头的音节的组合时，需要加一个隔音符号“’”把两个音节隔开。比如“翻案”的拼写，必须是fān’àn，如果没有这个隔音符号，就变成“发难”了。在说话的时候，汉语仍然有这样的一个隔断成分，来保证汉语音节的独立性，这就是声母。声母由辅音充任，是分隔音节界限的自然屏障。即使是零声母音节，也有办法跟前一个音节的辅音韵尾保持分离状态。因为，汉语的“零”声母并不是真正的“零”，而是带有一点辅音性成分的音素。在开口呼的零声母音节之首，有一个轻微的声门闭塞音[ʔ](这个[ʔ]在汉语中不是独立的辅音音位)，比如“案”字的实际音值应该是[ʔan]，这个[ʔ]起了与前面的音节隔开的作用。这个特点在汉语中非常明显，例如库恩≠昆，里昂≠梁。在齐、合、撮三呼的零声母音节之首，也都有一个轻微的摩擦成分，记作[j][w][ɥ](汉语中的[j][w][ɥ]，是高元音 i[i]、u[u]、ü[y]出现在音节首的变体，实际上起的是辅音作用，防止词首元音与前面音节末的辅音连读，但不能算作独立的辅音音位)。正是这些小小的声带收紧的动作把从声门出来的气流切断，把这个音节与前面的音节分割开来。

汉语每一个汉字对应一个音节、一个声调、一个概念。声调保证了汉语音节独立性，使得汉语音节有强烈的排他性和离散性，防止外音节音素的渗入。音节与意义的关联，也容易使汉语的音节形成自足的世界，对音节之间的连读也有一定的制约作用。这样汉语的音节受到声调和意义的制约，音节间的界限不可能移动，音节之间连读的可能性比较小。比如“单”(dan)字不会因为组成了“单眼皮”(dan-ian-pi)这个词语，就念成 da-ni-an-pi。

印欧语言里，音节不是与意义相关联的语音单位，即英语的音节不是与词和概念一一对应的，而是一个词对应 n 个音节，比如 phonetics(语音学)中的三个音节

pho-net-ics，它们在词中或者没有意义，或者有意义也与这个词丝毫没有联系。这就是说，和意义相关联的音节既可以是一个，也可以是两个、三个，或者更多。英语音节由于失去了意义的制约，就意味着英语词间的音节界限很容易被打破。在由不同的词组成的语流中，前一个词的词尾辅音很容易跟后一个词的词首元音结合起来，组配成新的音节，称为“连读”。例如英语的 a pear and an apple(一个梨和一个苹果)，连读时听起来就好像 a pea(r)-ran-da-na-pple。另外，a name 和 an aim 的读音听起来也都是[əneim]。

“连读是英语的一种习惯，如果把一句话分成一个音节一个音节地读，而且每个音节都重读，那就会给人一种颠簸跳跃的感觉，听起来不像英语了。”(焦贵甫，1994)关于这一点，桂灿昆(1996)有一段精彩的描述：

汉语和英语的词和句虽然都是由音节构成的，但在说话的语流中，音节与音节之间，词与词之间的衔接方式却不同，在发音和听感上，都有明显的区别。用音乐的术语来说，汉语属于断奏音，就是说，连续发出的各个音之间有间断。而英语却属于连奏音，就是说，连续出现的音圆滑无间断。打个通俗的比方说，汉语说话就像钢琴的跳动音，各个音节之间都听得出明显的分界线；而英语说话却像小提琴的滑动音，一连串的音节之间听不出什么分界线。汉语的句子又好比一串串的珠子，虽然串在一条线上，但珠子与珠子之间还是有明显的间隔；而英语的语句则像一股流水，虽波纹起伏，但平滑无间。假如一个不懂英语的人听美英本族人说话，他除了在每一个语句停顿的地方听得出有间隔外，听不出词与词之间的任何分界线。当然更听不出音节之间的分界线了。

总的来说，从音节内部来看，汉语的音节具有封闭性特征，这主要是指音节内的音素都被“打包”封闭到一个音节之中，凝聚为一团，没有“拼”的痕迹；而英语的音节内部的音素组合“透明度”比较高，比较开放，音素的“个性”明显，拼合过程可以比较清晰地分辨出来。从音节外部来看，汉语的音节是独立的，它在声调和意义的制约下，界限分明，绝不允许本音节内的音素与前后别的音节中的音素发生串连；而英语的音节则没有如此不容挑战的壁垒，比较开放。由于英语的基本结构单位是词而不是音节，音节不受意义的制约，因此音节内的音素有较大的出入自由度，在音流中经常会打破原来的音节界限而与别的音素形成新的音节。

第四节　汉英超音段音位对比

前面我们对比了汉英的音段音位，包括元音、辅音、元音与辅音、辅音与辅音在词中的组合，即音位组合或音节；下面我们进行汉英超音段音位对比，重点考察汉语声调和英语语调，汉语轻声和英语重音。

一、汉语的声调与英语的语调

（一）声调与语调的区别与联系

声调、语调都是由语音四要素中的音高变化实现的。音高变化的表现形式为声带振动的基频变化（注：一般的声音都是由发音体发出的一系列频率、振幅各不相同的振动复合而成的。这些振动中有一个频率最低、振幅最大的振动，由它发出的音就是基音，基音的频率叫基频，音高主要取决于基频）。这种变化在语言中的运动统称为旋律。“如果旋律以音节或词作为其基本载体单位，那么这种旋律称为‘声调’；如果以短语或小句作为其基本载体单位，则这种旋律称为‘语调’”（许余龙，2002）。

汉语音高旋律的主要表现是声调，故称为声调语言。在汉语的音节中，声调是不可或缺的组成成分。汉语也有语调。然而“对于汉语来说，音高变化在字和句子两个平面上都具有区别作用，汉语既利用音高的起伏升降组成声调（字调）来区别词汇意义，又利用不同的音高模式组成语调（句调）来表示语法意义以及说话人的情感态度等”（何善芬，2002）。

汉语的声调和语调是两种并存的音高体系，它们相互影响。赵元任认为字调是叠加在语调上的，很像小波跨在大波浪上，结果是两种音高变化的代数和（赵元任，1968，转引自何善芬，2002）。这说明，汉语的语调不是独立于声调之外的音高变化，而是声调与语调的复合体。一方面，字调叠加在语调之上，每个句子的语调中都伴随着升降起伏的字调。另一方面，句末的字调又要受语调的影响，在语调的支配下发生调域扩大或缩小的变化。但不管怎样，“制约汉语音高变化与基频模式结构的因素首先是声调，其次是语调”（郭锦桴，1993）。

英语音高旋律主要表现为语调，语调的单位通常是短语和句子。所以英语是一种语调语言。当然，英语也有声调，英语一个音节的调子就是声调，但是英语的音节不像汉语的单音节那样有固定的声调，而且其声调没有区别意义的功能。在英语音高变化及基频模式结构中起决定作用的是语调，其次是重音。

综合起来看，汉语语句中单音节的音高变化固定而频繁，语调一般只是在每个句末字调的基础上稍做调值和调域的调整，而英语的单词在句中的升降起伏则比较自由，只受语句整体音高模式的制约。

(二)汉语声调与英语语调的调型与调值对比

调型即声调的类型，指声调高低、升降的变化模式。汉语普通话有 4 个具有区别意义的声调，从调型上来说，分别属于平调、升调、曲折调和降调。而英语语调则有 7 种基本的调型，包含一个平调、两个升调、两个曲折调和两个降调。运用赵元任先生的"五度标调法"可以清楚地看出汉语声调和英语句末语调的调型、调值差异。

(1)平调。如图 4 所示，汉语的第一声，即阴平，是一个高平调，调值为 55。而英语句末的持平语调则以中平调为主。"许多中国学生受汉语阴平声调的影响，习惯于用高平调念读成段的英语，英美人听起来显得情绪激动，产生刺耳的听觉效果"(何善芬，2002)，而学汉语的外国人发汉语的第一声时，往往起调不够高，发成了中平调，在语流中难以与阳平和去声区分，达不到抑扬顿挫的效果。或者是音调不稳，无法持平，不是抖成了 213，就是下滑成了 53 甚至 51(潘文国，2010)。

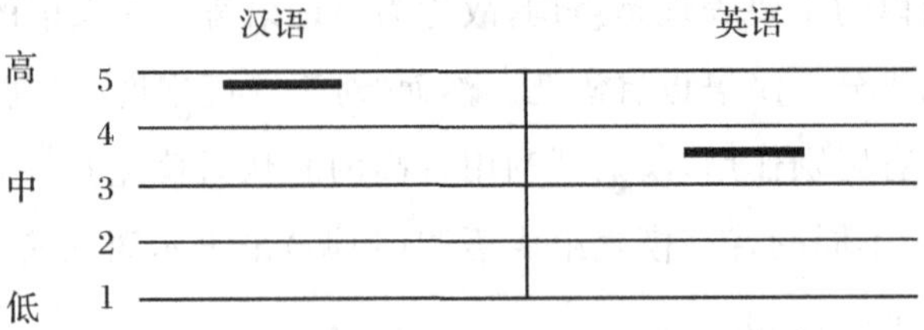

图 4　汉英平调的调型、调值

(2)升调。如图 5 所示，汉语第二声，即阳平，是一个高升调，调值为 35。英语句末升调通常用在一般疑问句中，分低升和高升两种，起点都比汉语阳平低，而且

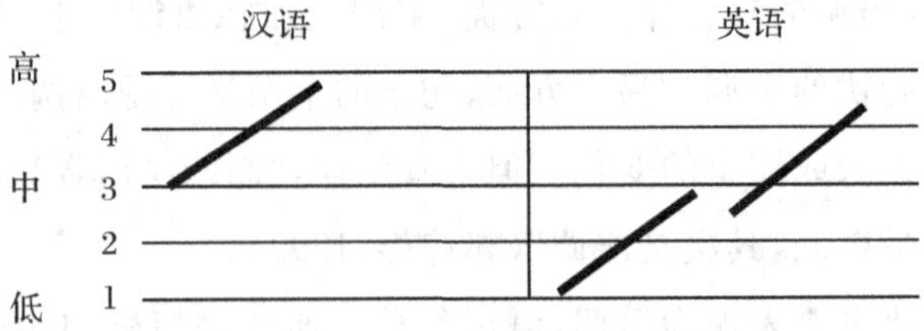

图 5　汉英升调的调型、调值

以低升调更为多见。“中国学生在读英语升调时，倾向于把嗓音提得很高，显得过于惊讶或唐突。英美学生学习汉语阳平，普遍的错误是起点过低，终点不够高。调型掌握不好的，容易读成低降调 21，调型基本正确的，又似乎不习惯直接上扬，要往下抖一抖，结果读成了曲折调 324”(潘文国，2010)。

(3)曲折调。如图 6 所示，汉语第三声，即上声，是一个降升调，调值为 214。英语曲折调有降升和升降两种。汉语的上声起点低，终点高，英语则相反。从音幅比较，汉语上声的降调部分的音幅比英语相应部分的音幅窄，而升调部分的音幅又比英语相应部分的音幅要宽。潘文国(2010)认为“中国学生在念英语降升调时，往往降调部分起音太低，而把升调部分的终端音调提得太高，听上去非常别扭。外国学生在发上声时，则表现为起调太高，跟着最低点也低不下去，结果终点也就跟着往上走了一格，发成 324、435、535 的都有。所以英美学生所发的阳平和上声常常是混淆的”。

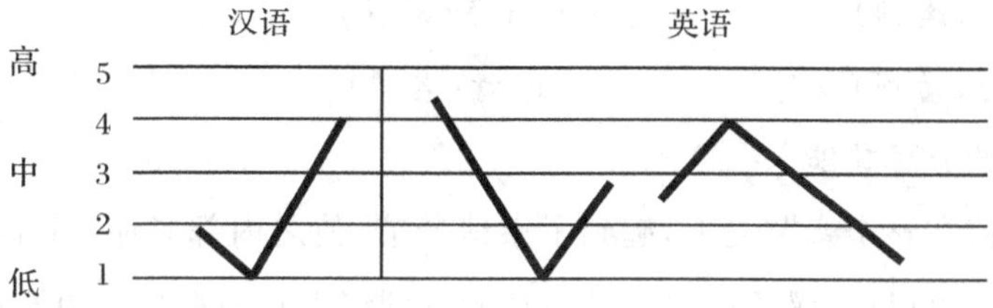

图 6　汉英曲折调的调型、调值

(4)降调。如图 7 所示，汉语第四声，即去声，是一个高降(全降)调，调值为 51。英语降调有高降和低降之分，高降调的调值和汉语去声比较接近，只是起点稍低。“英语高降调是一种比较轻盈活泼的调子，出现的频率较高。而低降调则给人态度平静、温和，甚至漠然的感觉。中国学生在学英语时往往一律在句末用上高降调，有时听上去难免与说话的情绪或语体的需要不符。而留学生说汉语时则容易犯起点偏低、终点过高的毛病，致使在听感上落差不够，过于平缓，听上去和阴平差不多”(潘文国，2010)。

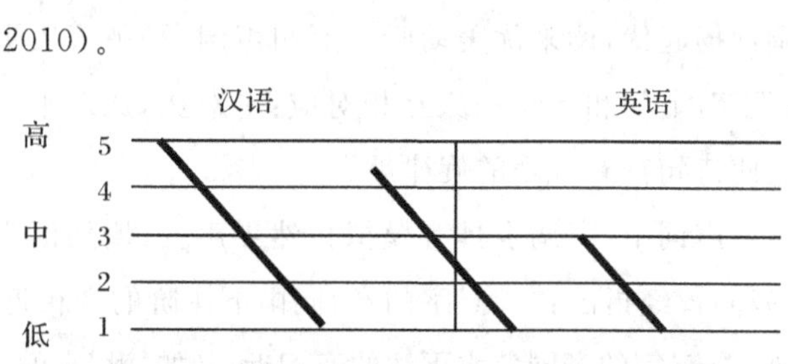

图 7　汉英降调的调型、调值

(三)声调与语调的功能对比

1.汉语声调的语言功能

汉语的声调具有辨义、构形、分界、修辞等多种功能。

1)声调的辨义功能

声调有着区别词义的功能,很多声韵母相同的音节,就是靠着不同的声调来区别它们的意义。例如:买 mǎi—卖 mài。

2)声调的构形功能

声调在语言结构中具有区别语法意义的功能,主要表现在声调可以区分词性。现代汉语一部分词中,存在着用去声区别词性的现象,比如:

和 hé 气(形容词)	附和 hè(动词)
星斗 dǒu(名词)	斗 dòu 争(动词)
磨 mó 刀(动词)	磨 mò 盘(名词)

3)声调的分界功能

声调附着在整个音节之上,起到了束缚音节,使之内部紧缩、外部与其他音节隔离的作用。可以说,汉语的每个音节从起点到终点几乎都被声调笼罩,音节的长度与声调的长度几乎相等。因此,在连贯的语流中,音节的界限便常常同声调的分界线相一致,从一种声调变为另一种声调,也就代表了从一个音节过渡到另一个音节(何善芬,2002)。

4)声调的修辞功能

声调有抑扬起伏、高低升降的旋律性变化,我们的古人很早就认识到声调的这种特点,并把它运用到文学诗歌辞赋的创作中,以增加语言的旋律性,取得良好的艺术效果。如杜甫《登高》诗句:"无边落木萧萧下,不尽长江滚滚来。"这两句诗对仗工整,平仄声调抑扬起伏,读来优美动听。上句声调"平平仄仄平平仄",下句声调"仄仄平平仄仄平",上句和下句平仄互相对应:平对仄,仄对平。这是按照诗律而精心安排的,它使诗句富有音乐的旋律美。

此外,在许多拟声词中,声调也具有模拟自然界声音,增加语言生动性的修辞功能。陈望道(1979)曾经指出:"'滴'字的音,同雨下注阶的音相近,'击'字的音同持械敲门的音相近,'流'字的音同急水下注的音相近,又如'湫'字的音近于池水的声音,'瀑'字的音近于瀑布的声音之类。""击""湫"为阴平调,"流"为阳平调,"瀑"为去声调，不同的声调，模拟了不同事物发出的音调，这些词很有形象性。

5）声调的抗干扰功能

汉语的语音，作为汉语信息的代码系统，有着良好的通讯性能。这个系统结构简单，易于产生和发送信息，而且它有声调，在语言交际的传递过程中，有较强的抗干扰能力。赵元任（1985）在其《谈谈汉语这个符号系统》一文中说：

声调是使汉语特别适宜于物理通讯的要素之一。大家知道，声调主要涉及嗓音基本音高，在不利的音响条件下，它是最便于传送的。由于元音和辅音是要靠陪音来刻画其特性的，我们可以说，汉语既靠基音又靠陪音来表达信息的基本要素；而不用声调的语言，例如英语，却只靠陪音来表达信息的基本要素（词）。

声学家们通过实验证明，声调在汉语传递过程中具有很强的抗干扰能力。这主要表现在很强的噪音干扰下，声母和韵母的清晰度要受到很大的损害，声调仍可保持很高的清晰度。

2.英语语调的语言功能

语调不同于字调，它表现在短语和语句上，而不在字音节上。语调的节律与句子的结构、说话人的心理、情感态度有密切关系。不管是声调语言还是非声调语言，语调现象都是共有的。各种语言的语调类型基本相同，又各自有其特点，可以说是大同小异。汉语由于有声调在音韵系统中发挥主要作用，而语句的高低起伏又往往与声调重叠，因而汉语语调的作用不显得很突出。英语则不同，英语是非声调语言，英语中的词没有声调，但句必有语调。英语的语调正如汉语的声调一样，在言语中的作用是非同小可的（何善芬，2002），这里我们主要讨论英语语调的语言功能。

英语语调最基本的单位是语调组。语调组在语法结构上为一个分句、一个短语或只是一个词。一个语调组可以由调冠（prehead）、调头（head）、调核（nucleus）和调尾（tail）四部分组成。调冠和调头指语调组前面的非重读音节和重读音节；调核指语调组里带音调变化（如降调、升调、降升调等）的那个重读音节，一般情况下调核总是落在语调组中最后一个重读音节上；调尾指调核后面的音节。在一个语调组内，调头和调尾可以没有，但调核是必不可少的，因为调核是英语语调结构和功能的核心。调核是呈动态的，调核的位置可以根据说话人要表达的意义而移动。理论上讲，调核可以落在一个语调组中的任何一个音节上。调核的位置也可以根据说话人要表达的感情而做音高上下的调整。（语调符号说明：标调符号ˉ为调冠、ˈ为高调头、ˌ为低调头、ˋ为高降调、ˎ为低降调、ˊ为高升调、ˏ为低升调、ˇ为曲折调。）

一般来说,英语语调具有强调、语法、辨义、表态等功能。

1)**语调的强调功能**

一个语调组中的调核以其最大的音高变化影响话语的意义和语调组的结构,是语调组中最重要的部分。人们说话时往往利用调核来提示他要传递的信息焦点。在口头言语中,句子的信息编排往往遵循先旧后新的原则,先说已知信息,再引出新信息,信息焦点往往靠近句末。因此,落在语句末尾成分上的调核便称为“常规调核”,这类调核所标示的信息焦点就是“常规焦点”。尾焦点无论在英语还是汉语中都是很常见的,它暗示听话人语句中没有需要特别强调的部分,因此,调核就落在语调组或语句的最后一个实词上,也就是说,信息焦点放在语句末尾。比如:

I've just come back from Bei\` jing.

The murderer was finally ar \`rested.

有时,说话人为了强调话语中的某个部分而特别调整调核的位置,使之提前或出现在一般不出现的位置上,这类调核就称为“有标记调核”,而该调核所提示的就是“有标记焦点”。例如:

I've \`just come back from Beijing.

The murderer was \`finally arrested.

有时,说话人使用有标记调核不只是为了强调语句中的某个部分,而是出于一种对比的目的,着意突出话语中的相关部分,这样就形成了“对比焦点”。例如:

She wasn't wearing a ˇgreen dress. She was wearing a \`red dress.

Are you ˏfor the motion or a \`gainst it?

从上面例句中我们可以看到,在言语交际中,发话人总要根据自己的预设、利用不同类型的调核作为聚焦手段,达到传递重要信息的目的。汉语也常采用这一手段,但是汉语是声调语言,在它的词汇层和语法层已经使用了韵律手段,因此,在标示信息焦点时词汇手段和语法手段比语音手段用得多一些,所以说,语调聚焦手段在汉语中的使用就可能比英语中少得多。

2)**语调的语法功能**

语调同语法有密切的关系。不同的调核类型可以标示句子的类型。在这方面,语调的功能与标点符号的功能很相似:陈述句、特殊疑问句、命令句使用降调;感叹句使用高降调;疑问句用升调;选择疑问句先升后降。

除了区分句类以外,语调组的划分、调核位置的确定还有助于区别语法结构,消除歧义现象。这里仅举几例：

The boys who are ˏill | can't ˎcome.

The ˏboys, | who are ˏill, | can't ˎcome.

第一句气息顿歇在 ill 和 can't 之间，念作升调，则表明 who 打头的分句为限制性定语从句，全句的意思是“那些生病的男孩们不能来”（指部分男孩）。

第二句气息停顿在 boys 和 who 之间，boys 和 ill 都用升调朗读，则表明 who 分句是非限制性定语从句，全句意思是“男孩们都生病了，不能来了”。

This is my ˋsister, Jane.

This is my ˋsister, ˋJane.

第一句 Jane 在降调之后没有重读（作调尾），表明 Jane 是呼语，意思是“珍妮，这是我妹妹”。

第二句 Jane 自成一个语调组，并且与 sister 同一调型，则说明它是 sister 的同位语，意思是“这是我的妹妹珍妮”。

3）语调的辨义功能

英语的语调在词汇层面没有辨义功能，但是英语语调有时能在不同程度上影响句子的意思。英语语调的辨义功能主要表现在一些否定句、疑问句和少数其他句子中。例如：

She ˈdoesn't ˈspeak to ˎanybody.

She ˈdoesn't ˈspeak to ˇanybody.

英语的否定句型中，否定词和它们所否定的词项有时相距很远，不便于确定其否定范围，这一缺点就要靠语音手段（降调和降升调）来弥补。降调和降升调的基本含义不同；前者表示“明确”“肯定”，后者表示“对比”“保留”。因此，在否定句中，降调用来表示全部否定，降升调用来表示部分否定。

上述第一句中句末用降调，表示全部否定，意思是“她不跟任何人说话”。第二句中句末用降升调，表示部分否定，意思是“她只跟某些人说话”。

John has ˋplans to write.

John has plans to ˋwrite.

第一句调核为 plans，plans 是信息焦点，意思是“约翰有些计划要写”；第二句调核为 write，write 是信息焦点，意思是“约翰已经计划要写了”。

4)语调的表态功能

语调的表态功能指的是,在语言交际过程中,语调主要用来传达说话人的感情变化,即说话人通过语调来表达自己对某件事的态度。英语语调的这种表态功能几乎表现在英语语调体系的每一个层次上:调核、调头、调冠和不同的调核位置。何善芬(2002)做过如下分析:

①调核型

I ˈcan't say I aˋgree.(口气严峻,表示再无商量余地)

I ˈcan't say I aˏgree.(语气较委婉地表示不同意,愿意听取对方的进一步表述,并有可能转变态度)

②调头型

A:ˈWhat's ˋyour opinion of this article?

B1:It's ˈquite oˏriginal.(高调头表示态度较生动、认真、热情)

B2:It's ˌquite oˏriginal.(低调头表示态度较淡漠、兴趣不大)

③调冠型

How ˎwonderful!(一般的感叹口吻)

¯How ˎwonderful!(高调冠与低降调核形成音调的高低对比,表强烈的感情色彩。)

④调核位置

He's ˈalways ˈtalking in ˎclass.(一般不满)

He's ˋalways ˌtalking in ˌclass.(强烈不满)

总的来说,由于英语中没有类似汉语的语气词来帮助表达说话人的语气和情绪,同时在口头交际中又不方便采用过于复杂的句型手段来表达各种微妙的情感态度变化,因此,语音手段便成了英语民族表情达意的主要补偿手段,这也是英语语调特别丰富、发达的原因。现代汉语是典型的分析型语言,几乎没有形态变化。汉语语法结构比较松散,不受形态的约束,组句的自由度很大,许多表达形式灵活多变,汉语有语气助词适合用来表达各种语气、情感和情绪。因此,中国人在口头会话中,也像在书面文字中一样,习惯把语法(句型)手段当作表情达意的主要手段,而语调表情绪的作用,就退居次要地位了。

二、汉语的轻音与英语的重音

组成一段语流的各音节声音响亮程度并不完全相等。有的音节在语流中听起来声音比其他音节响亮，就是重音音节；有的音节听起来比较微弱，就是轻音音节。但不同的语言轻重音表现形式不同，发挥的作用也不一样。

汉语的轻重音概念和英语的很不相同。汉语着重轻音（或称轻声）的概念，轻音具有辨义构形作用，是汉语一种重要的语音表达手段，而重音在词语中无辨义作用，一个词里所谓的重音，只是相对于轻音而言，并不需要特殊的重读。英语着重重音的概念，其他音节都是弱重音或者是非重音。重音是英语语音结构的一部分，在由相同音位构成的词语中具有区别词义或词性的功能，而且还是语调和话语节奏结构的基础，是英语语音表达的主要手段之一。

轻音和重音是一种复杂的语音现象，与音高、音长、音强和音质都有一定的关系。一般说来，轻重音的声学征兆表现在前三个方面。然而，不同的语言有不同的侧重。汉语在辨别轻音中起着最重要作用的是音长，其次是音高，音强的作用不太明显。英语重音是音高、音长、音强、音质的综合体，其声学征兆有主次之分，最重要的征兆是音高，其次是音长，第三是音强，最后是音质（D. B. Fry，1979）。

音节轻重的不同在词汇层面和语句层面都存在，下面我们从这两个层面对比汉英轻音与重音的差异。

（一）汉英轻重音在词汇层面上的差异

1. 汉英词重音的差异

汉语词汇中重音位置并不很稳定，往往可以随个人发音习惯的不同而有所变化，虽然可能存在着较为公认的轻重模式（何善芬 2002），比如“注意”是前重后轻的模式，“电话”是前轻后重的模式，但其实念反了别人也不至于听不懂。英语的词重音，就整体而言，属于自由重音，也就是说，不同词中的重音位置是不同的。然而，就每个英语单词来说，重音位置却是固定的。如果把重音念错，别人就会听不懂，甚至会引起歧义。例如，如果把 below[bi'ləu]（在下面）的重音移到第一个音节上，别人就会认为你念的是 billow['biləu]（巨浪），词义就全然不同。如果你把 to'morrow 误读成 'tomorrow 或者 tomor'row，别人就无法知道你在说什么。

汉语的词重音程度差别不明显，而且，除少数轻声字外，各音节之间的轻重差别并无区别作用，实际上，它们都是同一级重音（正常重音）的变体，故一般不做细分。英语的词汇以多音节为主，它的重音可以分为主重音、次重音、轻音三级，它们是 3 个不同的音位，在一部分词语中互相区别意义。

汉语的字音节都有声调,不易将其弱化,故多音节词中重音显得多。这就是中国人讲英语时重音过多的原因。英语的多音节词中轻读音节多,重音一般只有一个,次重音多为节奏的需要而设。

2. 汉语轻音、英语重音与语义语法的关系

(1)汉语少数双音节词中第二音节轻声具有区别词义或词性的功能。如:

大意 dàyì	(主要意思,名词)
大意 dà·yi	(疏忽,形容词)
人家 rénjiā	(住户、家庭,名词)
人家 rén·jia	(别人,代词)

英语词重音位置的变化可以区别同形词的词义和词性。如:

refuse[riˈfjuːz]	(拒绝,动词)
refuse[ˈrifjuːs]	(废料、垃圾,名词)
desert[ˈdezət]	(沙漠,名词)
desert[diˈzəːt]	(抛弃,动词)

(2)汉语的轻声在极少数双音节的同形、同类词中可以区别词义,如:

实在	(不虚假,形容词)
实·在	(扎实,形容词)
照应	(配合,动词)
照·应	(照料,动词)

英语词重音的位置变化也可以区分同形、同类词的词义或词组的意义。如:

ˈglasscase	(眼镜盒)
glassˈcase	(玻璃盒)
ˈFrench teacher	(法语教师)
ˌFrench ˈteacher	(法籍教师)

(3)汉语的轻声有时可以区分短语和复合词。如:

买卖 mǎimài	(买和卖,短语)
买卖 mǎi·mai	(生意,复合词)
管家 guǎnjiā	(管理家务,短语)
管家 guǎn·jia	(管理财务或日常生活的人,复合词)

英语重音位置的变化还可以区别短语与复合词。如：

ˌblack ˈbird （黑色的鸟，短语）

ˈblackbird （乌鸦，复合词）

ˌshort ˈhand （钟表的短针，短语）

ˈshorthand （速记，复合词）

（4）汉语中某些词尾总读轻音，这些轻音词尾可视为某种词类或语法成分的语音标志。如：

子：桌子、乱子、幌子、旗子

头：甜头、念头、苦头、盼头

们：我们、他们、同志们、朋友们

的：新鲜的、漂亮的、先进的

地：迅速地、努力地、匆忙地

“子、头”看作名词词尾的标志，“们”当作名词、代词复数的标志，“的、地”作为定语和状语的标志等，对分析句法结构的层次很有帮助。不过，汉语中以这些轻音词尾为语音标志的词数量有限，没有普遍性。同时，这些词尾的使用也没有强制性和稳定性。

英语的词重音是区分词干和屈折词缀的标志之一。一般来说，重音总是落在词干上，而屈折词缀总是轻读。如：

名词复数：ˈchild-ren、ˈwatch-es、ˈox-en、ˈphenome-na

动词现在时第三人称单数：ˈwash-es、ˈmanag-es、ˈmatch-es

动词的分词：ˈplay-ing、ˈchat-ted、ˈtak-en

形容词、副词的比较级和最高级：ˈgreat-er、ˈgreat-est

另外，英语的词重音还是区分派生词的词根和词缀的标志。在固有的派生词中，重音总是落在词根上，前后缀一般没有重音。如：

in-ˈactive、a-ˈsleep、ˈwonder-ful、ˈhopeless、ˈmad-ly

有的词虽然有两个重音，但主要重音仍在词根上，如：

mis-ˈlead、ill-ˈnatured、un-ˈpleasant

（二）汉英轻重音在语句层面上的差异

何善芬（2002）对汉英轻重音在语句层面上的差异有过较为详细的说明，下面我们做一简单介绍。

1. 轻音

汉语轻音虽然是由语音的弱化造成的，但在语句层面上它们与句法结构和语调的关系非常紧密。汉语的结构轻音独立性很差，在语音上，黏附于它前面的词、词组或句子的最后一个重音节，在语法上，常常是黏附在整个词、词组和句子之后，因此，轻音对分析汉语句法结构的层次很有帮助，如“们”“的”“地”“得”“了”“着”“过”等语法成分总是轻音，它们就是划分层次的最好标志。此外，轻音与补语有一定的联系，而且有的轻音字本身就可以充当补语，例如：

趋向补语：起·来，走·去，放·下

结果补语：看·见，记·住，改·掉

汉语语句中还有一种“语调轻音”，语调轻音与语调重音形成对立，在相同的上下文里表示不同的语气。例如：

这样好的工作，你·都不干！（没有想到你不干）

这样好的工作，你都不干！　（那么别的工作你就更不会干了）

英语的轻音（此处指弱读的常用词）是一种纯粹的语音弱化现象，与语法没有联系，主要作用一是作为重音的反衬，以突出重音词的意义，二是使发音省力，话语流畅，三是形成一种以重音间隔大致相等、重轻音节交替出现的节奏模式，以此增强话语的表现力和韵律美。例如：

This is the ˈhouse that ˈJack ˈbuilt.

2. 重音

汉英两种语句的重音都是根据语法、语义或心理、感情表达的需要而产生的，都可以分为语法重音、逻辑重音和强调重音 3 种。不过在汉语的非强调式话语中，语法重音一般由句子结构类型决定，带语法重音的成分，一般是语意较强的实词，在表达上，重音具有提示和突出某些语法成分的作用。比如说，在主谓句中，谓语或谓语中的主要动词通常重读；在主-谓-宾和主-谓-补-宾的句子中，宾语常常都重读。因此，同一个词在语句中充当的成分不同，重读与否的情况就不一样。然而，英语中的这种重音一般由词性决定，表意重要的实词通常重读，虚词和功能词一般弱读，这也是词的语法功能所决定的。这种重音主要用来突出句中的主要内容。那么，在不表示任何强调或对比的句子中，同一个实词，不论在句中充当什么成分，通常都会重读。下面以“春天”(spring)一词为例进行比较：

It's 'spring. 现在是'春'天。

'Spring has 'come. 春天'来了。

I 'like 'spring. 我喜欢'春'天。

'Spring 'brings us 'hope. 春天带给我们'希'望。

汉英逻辑重音与强调重音的用法基本相同，逻辑重音在汉英语中都是根据上下文语义的逻辑联系确定的，大都具有对比、强调的含义；加强重音则与说话人心理因素有关，往往用来反映说话人在口语交际中的重心。不过，值得注意的是，英语的句重音还是话语节奏结构的基础。英语是一种节奏性很强的语言，语句中的重音总在大致相等的时距出现，英语因此被称为"重音节拍语言"。句重音属于语调研究的范围，具体可参见"英语语调的语言功能"部分，这里不做详述。

通过对比可以看出，汉英语的轻重音在声学性质、词重音类型以及与语义、语法的联系方面都有一些相同或相似之处，但两者之间差别也很多，最主要的差别是轻重音在两种语言中所起的作用不同及功能负荷的不同，这些差别与两种语言不同的音韵体系、不同的文字类型和不同的节奏特点有很大关系。

第五节 汉英语流音变对比

我们说出的每一句话都是一串语流，语流中的语音由于受人类发音生理特点制约和社会交际需要等方面的影响，会产生许多微小的语音变化，这种变化叫语流音变。

汉英语流音变一般都具有较强的规律性，有的规律具有共性，有的规律具有个性。共性的产生来源于人类发音器官构造与功能的同一性以及语音分析的声学原理的一致性。个性的产生则往往由语言自身的特点所决定。

语流音变是共时性的，但共时性音变一旦在语言发展过程中固定下来，成为后来人们必须遵循的模式，那就转化为历时性音变。语流音变有不自由和自由两种情况。不自由的音变是只要音变条件出现就必然产生。自由音变则往往要受语言环境的影响，说话快一些，随便一些，就出现音变；慢一些，认真一些，音变现象就可能消失。个人习惯也对语流音变有影响，有的音变现象对一些人是自由的，对另外一些人可能就是不自由的，这和每个人的年龄、性别、文化程度、社会地位等都有关系。

常见语流音变的类型有同化、异化、弱化、脱落和增音。

一、同化

同化是汉英两种语言中最常见的音变形式。它指一个音位受相邻音位的影响而变得与邻音相同或相似,它的产生是为了发音的省力、言语的流畅。同化多产生在相邻辅音的发音中,前面的音同化后面的音的同化现象叫"顺同化",后面的音同化前面的音的同化现象叫"逆同化"。

(一)逆同化

英语有丰富的齿龈辅音,而且其中[n][t][d][s][z]的使用频率很高,在音节中分布和结合又比较自由,因此,英语语流中发生部位同化的机会很多,变化的形式也多样。

(1)舌尖龈前[n][t][d]出现在舌面后软腭音[k][g]之前,就会分别变读成同部位的软腭音[ŋ][k][g],如:

ten gifts[ten gifts]→[teŋ gifts]

(2)舌尖龈前[n][t][d]出现在双唇音[m][p][b]之前会分别同化为同部位的双唇音[m][p][b],有时是[nt]同化为[mp],如:

ten pigs[ten pigz]→[tempigz]

don't be late[dəunt bi leit]→[dəump bi leit]

(3)舌尖龈前[s][z][t][d]处在舌面中硬腭音[j]之前时,可分别与[j]融合为[ʃ][ʒ][tʃ][dʒ],如:

Yes, you can['jes ju 'kæn]→['jeʃu'kæn]

as usual[æz 'juːʒuəl]→[ə 'ʒuːʒuəl]

to meet you[tu 'miːt ju]→[tu 'miːtʃu]

would you['wud ju]→['wudʒu]

(4)英语中五对清浊相对的擦音、塞擦音,即[f][v][θ][ð][s][z][ʃ][ʒ][tʃ][dʒ]。在快速连贯的语流中,当前一个单词的节尾辅音是浊擦音或浊塞擦音,而后一个单词的节首辅音是一个清辅音时,浊擦音或浊塞擦音要发生改变,变成其对应的清辅音,如:

[v]→[f],[ð]→[θ],[z]→[s],[ʒ]→[ʃ],[dʒ]→[tʃ]

这种浊音变成清音的过程叫清音化。对其他语音的考察表明,发生在这种语境下的清音化过程,不会发生在其他音上。例如:

five past[faiv pa:st]→[faif pa:st]

love to[lʌv tə]→[lʌf tə]

has to[hæz tə]→[hæs tə]

as can be shown[əz kən bi ʃəun]→[əs kən bi ʃəun]

edge to edge[edʒ tə edʒ]→[etʃ tə edʒ]

汉语能处在音节尾的辅音只有[n]和[ŋ]，而[ŋ]的发音部位在舌根，不易受其他音的影响，故同化也集中表现在音节末尾[n]的发音上。

(1)与英语[n]的音变规则大致相同，在舌面后软腭[k][kʰ][x]之前，[n]同化为[ŋ]，如：

深厚　shēn hòu[ʂən xou]→[ʂəŋ xou]

辛苦　xīn kǔ[ɕin kʰu]→[ɕiŋ kʰu]

(2)在双唇音前，[n]也会产生唇位同化，在双唇音[p][pʰ][m]之前，[n]同化为[m]，如：

难免　nán miǎn[nan miɛn]→[nam miɛn]

分配　fēn pèi[fən pʰei]→[fəm pʰei]

(二)顺同化

一般来说，辅音连缀在清浊上趋于一致。这一音系变化在英语中表现得非常充分，在名词复数、动词单数第三人称和动词过去时中，这些词缀辅音是清是浊与其前面的辅音需保持一致，即清辅音后为[s]或[t]，浊辅音后为[z]或[d]，例如：

bet[bet]+s[s]→[bets]

bed[bed]+s[s]→[bedz]

race[reis]+d[d]→[reist]

raise[reiz]+d[d]→[reizd]

在这一组英语例词中，前一个音如果是清辅音，则后一个也同化为清辅音，如前一个音如果是浊辅音，则后一个也同化为浊辅音。

汉语顺同化较少，方言中北方人常把“兜肚”[toutu]读成[toutou]。

汉语中后字声母影响前字韵尾的情况远比前字韵尾影响后字声母的情况多，也就是说，汉语语流音变中逆同化要比顺同化多，且只发生在音节界上；英语的辅音可以在音节内连缀，因此它的同化可以在音节界上发生，也可能在音节内部，而且变化的形式也较汉语多样。

二、异化

相同或相似的音在语流中接近时，发音容易拗口，于是产生了异化作用，使发音变得跟邻近的音不相同或不相似。异化一般不出现在直接相连的音之间，这是与同化不同的地方，另外，异化作用远没有同化作用普遍，往往可以从中看出历时音变的线索。

拉丁语 marmor（大理石）到法语就变成了 marbre，第二音节的 m 被第一音节的 m 异化成了 b；传到英语，前后两个 r 又产生异化作用，变成了 marble，这是很典型的历时音变的例子。英语的 turtle（海龟）来自拉丁字 *turtur*，原来读音中有两个[r]，传到英语里，第二个[r]被异化为[l]，这也是典型的异化现象。

由于语音的异化会明显地改变词语的发音，所以在民族标准语里比较少见，然而在俗语、口语和方言里，为了避免发音的拗口，异化现象是常见的。例如汉语某些方言：

慢慢儿 màn man er：慢[man]＋慢儿[mɐr]→慢慢儿[mai mɐr]

第一个“慢”的韵尾是鼻音[n]，第二个“慢”的声母又是鼻音[m]，为了避免拗口，前一个“慢”的韵尾[n]就被异化成元音[i]。需要注意的是，这个例子中“慢儿”[mɐr]是儿化。韵母有韵尾-i[i]、-n[n]的，儿化时韵尾丢失，前面的韵腹产生卷舌作用（黄伯荣 等，2007）。

此外，汉语普通话中的变调现象也可以看作是一种语音异化现象。汉语的每个音节都有声调，当音节组成语句时，常常会有两个甚至三个相同声调的音节连在一起，念起来也不方便，因此，就有声调的异化。例如，普通话两个上声连读，为了避免拗口，前一个必须异化为接近阳平，即调值由 214 变为 35：

选举　xuǎn jǔ[ɕyɛn^{214} tɕy^{214}]→xuán jǔ[ɕyɛn^{35} ɕy^{214}]

野草　yě cǎo[iɛ^{214} tshau^{214}]→yé cǎo[iɛ^{35} tshau^{214}]

理想　lǐ xiǎng[li^{214} ɕiaŋ^{214}]→lí xiǎng[li^{35} ɕiaŋ^{214}]

了解　liǎo jiě[liau^{214} tɕiɛ^{214}]→liáo jiě[liau^{35} tɕiɛ^{214}]

三、弱化

有些音在语流中的发音变弱，这种现象叫“弱化”。弱化是各个语言都十分常见的现象，有程度上的不同，表现也多种多样。一般发音时用力大的音是比较强的音，反之，是比较弱的音。辅音中，清音、塞音是比较强的音，浊音、擦音是比较弱的音；元音中，复元音、高元音、低元音、前元音、后元音是比较强的音，单元音、央元音是比较弱的音。元音和辅音的弱化，汉语和英语中都有，但表现形式不完全相同。

(一)元音的弱化

从元音来说，弱化通常表现为发音的用力程度减弱，常见的是：复元音变成单元音，高元音、低元音、前元音、后元音向央元音靠拢或变成央元音。

英语一批小词有强式和弱式两种发音，弱式发音音色变得含混，不同程度地向央元音[ə]靠拢，因为发[ə]时，口腔各部分保持自然状态，肌肉最不用力：

a：	强式[ei]	弱式[ə]
an：	强式[æn]	弱式[ən]
the：	强式[ðiː]	弱式[ðə]
of：	强式[ɔf]	弱式[əf]
but：	强式[bʌt]	弱式[bət]

在快速语流中，一些复元音＋[ə]变成单元音[ɑː]，[ei]变成[ə]：

nowadays[ˈnauədeiz]→[ˈnɑːdeiz]

society[səˈsaiəti]→[səˈsɑːti]

candidate[ˈkændideit]→[ˈkændidət]

汉语普通话元音的弱化表现为声调的弱化，即轻声，使音变得轻短而模糊，例如：

打发 dǎfā[ta fa]→[ta fə]

爸爸 bàbà[pa pa]→[pa bə]([p]浊化为[b])

好吧 hǎobā[xau pa]→[xau bə]([p]浊化为[b])

汉语的轻声音节中复元音都有单音化倾向，例如：

木头 mù tou[mu tʰou]→[mu tʰo]

妹妹 mèi mei[mei mei]→[mei me]

另外，汉语普通话的元音在重读音节中都读得较长，而在轻声音节中，音长大大缩短，这是轻声音节的特点，只是没有相应的音标标示罢了。

(二)辅音的弱化

辅音的弱化通常表现为发音阻力的减小，常见的是：清辅音变成浊辅音，塞音变成擦音等。

在英语中，当清塞音[p][t][k]处于中间部位，特别是介于两个元音之间时，往往会产生清音浊化现象，如：

letter['letə]→['ledə]

happy['hæpi]→['hæbi]

worker['wəːkə]→['wəːgə]

这种发音一直是美国习惯，虽然至今还有人指责这种浊化为“粗心”“粗俗”，但这种趋势看来不可阻挡（焦贵甫，1992）。

汉语的辅音弱化产生于轻声音节的首辅音，主要表现为不送气的清塞音b[p]、d[t]、g[k]和清塞擦音 z[ts]、zh[tʂ]、j[tɕ]的浊音化，这是因为轻声音节作声母的清辅音处于两个浊音之间，由于声带怠于变动，而将前后的噪音串连起来，于是自身也就浊化了。例如：

来吧　lái bā[lai pa]→[lai bə]

听着　tīng zhe[tʰiŋ tʂə]→[tʰiŋ dʐə]

好的　hǎo de[xau tə]→[xau də]

盘子　pán zi[pʰan tsɿ]→[pʰan dzə]

四、脱落

弱化程度的加深，往往会进一步造成某些音位脱落，元音和辅音甚至整个音节都可以发生脱落。

汉语弱读音节中的元音常因弱化而导致脱落，例如：

你们　nǐ men[ni mən]→[nim]

汉语轻读音节里高元音 i[i]、u[u]、ü[y]在擦音或塞擦音之后，往往清音化，实际上就是语音脱落，例如：

豆腐　dòu fu[tou fu]→[touf]

意思　yì si[ji sɿ]→[jis]

现代英语中由于弱化而导致的元音脱落尤其普遍。在[p][t][k]之后或响辅音[n][l][r]之前的弱读元音常不读音，如：

happen['hæpən]→['hæpn]

favourite['feivərit]→['feivrit]

在快速口语中也有词首的弱读音节不读音，如：

He's absent today because[(bi)'kɔːz] he's ill.

She hasn't told me about[(ə)'baut] it.

辅音因弱化而脱落的多半是擦音，英语中有些以擦音[h]开头的代词或助动词，弱读时[h]往往脱落，如：

him[him]→[im]

his[hiz]→[iz]

have[həv]→[əv]

介词 of[ɔv]弱读时，擦音[v]也常脱落，如：

a lot of people[ə 'lɔt əv 'piːpl]→[ə 'lɔt ə 'piːpl]

英语中弱化脱落的结果有时候可能是音节的重组，如：

not at all[nɔt æt ɔːl]→[nɔ͡tə͡tɔːl]→[nɔ͡tɔːl]

弱化脱落有可能进一步造成音节分界的变动，或两个音节并为一个音节，造成"合音"。两个音节合成一个的现象汉语中也常见，一般出现在少数常用词语中。如：

三个　sān gè[sankə]→仨[sa]

两个　liǎng gè[liaŋkə]→俩[lia]

不用　búyòng[puyŋ]→甭 béng[pəŋ]

此外，汉语儿化音节与前面的音节合成为一个，称为"儿化合音"，如：

桃儿　tāo ér[t^hau ər]→桃儿[t^haur]

门儿　mén ér[mən ər]→门儿[mər]

英语有很多省音现象，即两个音节合成一个，在日常口语中常见，如：

that is[ðæt iz]→that's[ðæts]

I am[aiæm]→I'm[aim]

I will[aiwil]→I'll[ail]

is not[iz nɔt]→isn't[iznt]

五、增音

英语中增音的原因很多，有的是为了缓冲两个不同的发音部位过快的变化而加进一个与前一辅音部位相同的音，如：

warmth[wɔːmθ]→[wɔːmpθ]

something['sʌmθiŋ]→['sʌmpθiŋ]

length[leŋθ]→[leŋkθ]

有的增音是为了分清语素或音节界限。例如英语动词过去时的后缀-(e)d 的读音为[t]或[d]，但如果该动词的读音是以[t]或[d]结尾，后缀-ed 的读音应改为[id]，如 needed['niːdid]、printed['printid]，这里增加了元音[i]以便分清两个词素的界限。

同样，以[s][z][ʃ][ʒ][tʃ][dʒ]读音结尾的英语名词，如果加 s 变为复数形式，则必须在 s 前插入[i]，起到过渡的作用，不过添加[i]后，紧邻的 s 一概浊化为[z]。例如：

buses['bʌsiz]

fishes['fiʃiz]

watches['wɔtʃiz]

badges['bædʒiz]

在标准发音(RP)中的“连音 r”是一种为避免元音的重叠，使音节界限更为清楚的增音。如：

more and more[mɔːænd mɔː]→[mɔːr ən mɔː]

英语的连读中也有对应的增音规则，比如说在同一意群中，当前一音节以[iː]或[i]结尾，后一音节以元音开头时，在其中增加一个微弱的[j]作为连音，如：

at the end[ət ði 'end]([i]与[e]之间增加微弱的[j])

three apples['θriː'æplz]([iː]与[æ]之间增加微弱的[j])

前一音节以[uː]或[u]结尾，后一音节以元音开头时，增加一个微弱的[w]作连音，如：

who else[huː'els]([uː]与[e]之间增加微弱的[w])

how old['hau 'əuld]([au]与[əu]之间增加微弱的[w])

当不定冠词 a 与其后以元音开头的名词连读时，a 就要变成 an，增加了一个辅音[n]，如：an apple[ən 'æpl]，an hour[ən 'auə]。

汉语音节中没有两辅音相连的情况，当然也就没有上述英语音节内的增音现象。汉语的增音情况如下：

口语中，有人说“这儿”“那儿”时，常在“儿”[ər]之前增加一个舌根辅音[x]，说成“这合儿”“那合儿”。

汉语普通话中语气助词“啊”[a]前的增音最为典型。句末的“啊”[a]常受前一音节末尾音的影响而增加一个同部位的辅音。例如：

当前音节尾音是[i]或[y]时，增加元音[i]，拼读成“呀”[ia]，如：

你啊　nǐ ā[ni a]→你呀[ni ia]

去啊　qù ā[tɕʰy a]→去呀[tɕʰy ia]

当前音节尾音是[u]时，增加元音[u]，拼读成“哇”[ua]，如：

好啊　hǎo ā[xau a]→好哇[xau ua]

好苦啊　hǎo kǔ ā[xau kʰu a]→好苦哇[xau kʰu ua]

当前音节尾音是[n]或[ŋ]时，分别增加[n]，拼读成“哪”[na]，如：

天啊　tiān ā[tʰiɛn a]→天哪[tʰiɛn na]

何善芬(2002)认为，几种增音情况在英语和汉语中都非常相似，但在使用增音的方法上却是不同的。汉语中用来拼读，英语中用来连读，这种差异反映了英汉两种语言在语句发音衔接方式上的差别。用音乐的术语来说，汉语语句中的音节之间以断奏音的方式过渡，即各音节之间都有明显的分界；而英语的音节以连奏方式过渡，同一语句中的各音节、各词之间的音都是首尾相连的，听不出明显的分界。

第五章　汉英词汇对比

词汇的研究一般从研究词的形式和意义这两个方面来着手，因此词汇研究一般分为词汇形态学(lexical morphology)和词汇语义学(lexical semantics)。

一般认为，形态学(morphology)是语法学的一个分支，包括屈折形态学和词汇形态学两部分(Matthews，1974)。屈折形态学着重研究与词的语法结构形态有关的屈折变化，如英语中动词表达时与体的词尾变化等。显然，这类形态学研究与语法有直接的关系，是语法研究不可分割的一部分。词汇形态学则着重研究词本身的内部形态结构及构词方式，是词汇学研究的一个重要组成部分。词汇语义学以词义为研究对象，主要研究词与客观世界的关系、词与词的相互关系以及词义分析等内容。这一章，我们主要从词汇形态学和词汇语义学的角度考察汉语和英语在词汇的构成、词汇意义等方面的共性和各自的特点。

第一节　汉英"词"的界定

目前，语言学者对"什么是词"，有种种不同的见解。但是即便没有清晰明确的定义，人们对西方语言的词，有天然的、直觉的评判标准，除了极少数边缘现象(如到底是 alright 还是 all right)，词的确认在西方语言实践中，并不造成多大的困难。这是因为西方语言的词，在口语中有重音、语调等语音特征，在书面语中有空格的帮助，是极容易辨认的。"词"这一概念在汉语中造成的困惑比西方语言大得多，造成这一困惑局面的根源在于"词"不是汉语自身固有的、天然的语言单位，而是西方语言的概念。

汉语中谈到词，就涉及字的问题，汉语的字是汉语中容易分辨和确认的天然单位。因此，要对比汉英语言的词汇系统，需要先讨论汉语的“字”与“语素”“词”的关系。当然，这里对语素、词的定义和分类等都是采用西方标准，用西方的标准来分析汉语词汇系统，是比较中采取的一种迫不得已的分析手段(蔡基刚，2008)。

一、汉语的“字”与英语的“语素”

我们知道，音节以下的语言单位不具备语义，开始附着语义的最小单位一般是音节，当人们约定俗成把音节用于指称某个事物时，音节就有了意义。具有意义的音节或音节组合叫作语素。所以语素是语言中承载意义的最小语法单位，即语言学中常说的最小音义结合体，是词的最基本的构成单位。

语素可以从不同的角度分出不同的类别：

(1)根据语素是否可以单独成词分为自由语素和黏着语素。自由语素可以独立运用，这时的语素和词重合，如 go 去、come 来，就成为由自由语素构成的词。黏着语素也称为非自由语素，不能独立，不能单用，只能依附于其他语素才能构成词，如英语中 bio-、-ness 和汉语中的“阿”“老”等。因此，printer、football、阿姨、足球，就都是由两个语素构成的词，其中 -er、“阿”是黏着语素，而 print、foot、ball 和“姨”“足”“球”则是自由语素。

(2)根据语素在构词中的不同作用可以把语素分为词根语素和词缀语素。词根语素大部分都是自由语素，是词的核心部分，词根可单独构成词，也可彼此组合成词，也可和词缀一起构成词。如 printer、football、阿姨、足球中的 print、foot、ball 和“姨”“足”“球”就是词根语素。英语中存在部分非自由词根语素，它们往往有较实体的意义，如 viv-＝life，geo-＝earth，scrib-＝writing 等，汉语中也存在非自由词根语素，这是因为，汉语里的语素，多数是由古代汉语的词演变来的。由于汉语的词逐渐由单音节向双音节发展，古代汉语的许多词在现代汉语中不能单独成词，变成构词成分，成为非自由词根语素，例如“祖”“语”“言”等，它们和“人”“山”“跑”这样的自由语素有明显区别：前者只能和别的语素组合成词，却不能单独成词或不能单用，它们只是在一些文言格式和成语或其他熟语中，仍然被当作古代汉语的词用，如“祖传秘方”“数典忘祖”“语无伦次”“言犹在耳”“三言两语”等。

词缀语素都是黏着语素，只能黏附在词根上，本身不能单独构成词。词缀语素按功能可分为派生词缀和屈折词缀，派生词缀黏附在词根语素上构成新词，亦即增加了新的词义内容或改变了词的类别归属。屈折词缀只能改变一个词的形式，不能构成新词，即屈折词缀增加的是表示句法范畴的意义，并且总是不改变词的类别归属，汉语没有屈折词缀，这是汉语的一个特点。

用西方语言关于语素的标准看，英语中的语素除屈折词缀外似乎都能在汉语中找到对应形式。但实际上，汉语语素与英语语素还是有很大差异。

(1)英语的语素都有其鲜明、独特的外形标志。一个本族语者很容易从外形上就能区别出来，如自由语素 book、sun、water，黏着语素 anti-、-ness、hydro-等。而汉语中自由语素和黏着语素很难在外形上区分，我们有时很难说“哭”“山”“枪”是自由语素(词)，而“生”“首”“校”是黏着语素，我们往往需要通过句法上的使用来判定。

另外，英语的语素是封闭的。根据齐格尔(Zeiger，1978)对《英语百科》(*Encyclopedia of English*)一书中列举的词根、词缀进行的统计，该书中的词根、词缀共计 545 个，其中词根 359 个，词缀 186 个。而词缀中，前缀有 107 个，后缀有 79 个。这些构词成分主要来自拉丁语和希腊语成分。而汉语则不同，汉语的语素实际上是汉语中的字，一般来说除古旧、生僻、罕用的汉字外，通用字和常用字都有构词能力。按这样计算，汉语的语素比英语的要多得多。

(2)英语语素的位置是固定的，派生词和复合词都是词根语素词缀语素组合而成。复合词是“词根＋词根”构成，孰先孰后取决于意义的需要。派生法(亦称加缀法)要复杂得多。添加到词根的语素不是前缀就是后缀，前缀必须前置，后缀必须后置，它们的意义基本上是不变的。汉语语素的位置非常灵活、往往位置决定意义，如“和平—平和”“计算—算计”“故事—事故”等，用的是同样的语素，由于位置的不同，意义亦不同。有些语素的位置可以调换，意思仍基本相同，如“兄弟—弟兄”“感伤—伤感”“叫喊—喊叫”等，这样的现象在英语中是不存在的。汉语语素除少数几个语素外(如表示程度的“更”“挺”只能前置，表示语气的“吗”“呢”“吧”等只能后置)，几乎所有的语素都可以换位，即使是所谓的词缀语素，也可以作词根语素，独立使用或前后置，如传统所说的前缀“阿”“初”“老”“第”等，“除‘阿’外，都可能作为实素在别处出现”(赵元任，1979)，后缀更是如此，因为前后缀都是实词虚化的结果。

(3)英语中黏着语素(词缀语素及非自由词根语素)就是黏附性的，主要作为构词成分，很少可以独立单用。而汉语的黏着语素(词缀语素及非自由词根语素)根据不同意义，可变为自由语素，也就是说，汉语一个语素可以身兼非自由和自由功能。如“木”在树木、木匠中是非自由语素，在“舌头木了”中是自由语素。个中原因是汉语的非自由语素基本上是双音化的结果，即是从单纯词演变过来的，由于现代汉语中，双语素词和单语素词还在共同使用，且自由语素和非自由语素在形式上没有任何差异，因此，它们并不是截然分明的，而是一种连续体，许多语素处于中间状态，界限模糊，可以同时有自由语素和非自由语素功能。

总之，汉语的语素都是用字来担当。汉字最大特点是一个意义、一个音节、一个方块字的统一。正如吕叔湘(1980)说的“汉字、音节、语素形成三位一体的‘字’”。换句话说，“字”既是表义单位，同时又是发音单位，还是书写单位。如我们说“字正腔圆”，指的就是音；我们说“请你把……一个字一个字写下来”，就是文字；我们说“一字千金”就是意义。由于在古汉语里单音节字大多数都可以单用，因此字和词(词根语素)就统一在一起了，如“字斟句酌”等，这里的“字”又是“词”的概念。只是到了现代汉语里，在双音化造词影响下，有不少字从独立词的地位变成了构词的语素，因此汉字出现了三种情况：①有意义能单用的是词(自由语素)；②有意义但不能单用，主要参加构词的是黏着语素；③没有意义的字，即非语素字，如“窈”“窕”“徘”“徊”和“玻”等。

二、汉语的“字”与英语的“词”

词从不同的角度，可以有不同的定义。理查兹(Richards，2010)等给词下了一个简短的定义，说词是“口语和书面语中独立出现的最小语言单位”。但这个定义是不全面的，因为不是所有的词都能独立出现，如像冠词 the 之类的功能词，就不能独立出现。正如帕卡德(Packard，2000)指出，并没有适用于任何语言的、放之四海而皆准的词的定义。相较而言，对于英语来说，词的概念较为明显，因为“在英语里，词就是这样的一个天然单位”，“在口头上是前后有可能的停顿的一个或一串音节，在书面上则前后有强制的空格”(潘文国，1997)。

但对于汉语而言，词的概念就不那么清晰了。因为汉语对“字”辨认是比较清楚的，而对词的定义是不统一的，或模糊的。

现在普遍认为汉语中有比字大、比短语小的单位，赵元任(1979)曾经说过：“存在这样一个单位：大小在音素和句子之间，是不懂语言学的普通大众都意识到、谈论到，并用日常语汇描述的单位”；这个单位是“社会学的词”(sociological word)，

“在英语中是‘word’,而在汉语中却是‘字’”。

这几句话至少说明了两点：

(1)汉语的“字”和英语的“词”有相同或相通之处；

(2)汉语的“字”和英语的“词”在大众中具有心理现实性。

周荐(2014)指出,字在汉语史上曾经是最重要的甚至是唯一的词汇单位。中古以来,双音词的大量涌现,逐步取代了字的“合法”地位。汉语的词由单字(单音词)充任或以单字(单音词)充任为主发展到由双音词构成或由双音词构成为主。换言之,在上古汉语中,字多为词,但到现代汉语中,字往往不是独立的词。这也是董秀芳(2011)指出的,双音节是现代汉语词的基本形态。

通过上面分析,我们可以看到英语的词有其鲜明、独特的外形标志,而汉语的词、语素(自由语素、黏着语素)都是用字来担当。由于汉语词在形式上无从分辨,是词还是语素或词缀,只能从其表达的意义,从担当的功能来区别。而从功能上鉴别不像从形式上区别比较容易,界限分明。功能的差别是渐进的、连续的,难以一刀两断。

英语词不仅本身有形,在参加造句,担当一定功能时还有屈折形态变化。也就是说当英语中的词进入句法时,要根据“数”“格”“时”“体”等语法意义加屈折语素。只有具备了这些屈折语素(s、ed、ing、er),词才真正成为句法的基本单位。而汉语没有屈折语素,代表语素的字在字形上没有语法要求的变化,字与字就可以直接对接,构成任何句子单位。

如果说英语的语素只是音义单位,英语的语法词才是句法单位,那么汉语的字既是音义单位,又是句法单位,从下面对应图可以看清它们之间的关系：

英语：语素——词——句子

汉语：语素(字)——句子

可见汉语的字可以跳过词的概念,直接进入句子。这也就是为什么中国许多学者认为,分析语法,不一定要有词的概念。吕叔湘(1980)指出,“‘词’在欧洲语言里是现成的……汉语恰好相反,现成的是‘字’,……汉语里的‘词’之所以不容易归纳出一个令人满意的定义,就是因为本来没有这样一种现成的东西。其实啊,讲汉语语法不一定非要有‘词’不可”。

第二节 汉英构词方式对比

就整个词汇系统来说，我们可以从词的形态结构的角度来对比汉英两个词汇系统的构成特点，如词汇中单纯词、派生词和复合词各占多少。然后，我们可以对比汉英两种语言中的派生词和复合词的类型和特点，如派生的方式和作用有什么不同，复合词的结构方式有什么不同，等等。

对于汉英词汇系统的总的形态构成特点的对比，许余龙（2002）通过北京语言文化大学语言教学研究所出版的《汉语词汇的统计与分析》（外语教学与研究出版社，1985）一书中关于汉语不同音节的词的数量及覆盖率统计的表中（见该书表VI），做出大致推断，"汉语是一个相当接近于孤立语型的语言"，"由于汉语中词缀数量不多，现代汉语中的绝大部分合成词是复合词"。同时，根据杰弗里·利奇（Geoffrey Leech）对第二次世界大战后出现的英语新词的统计（Zhang et al.，1986），派生词（包括减缀和零词缀派生）与复合词（包括新古典复合词）所占的比例差不多。由于派生和复合一直是英语中常用的构词手段，整个英语词汇中派生词和复合词的比例估计不会与利奇的统计数相差很大。据此，许余龙推断"汉语中的复合词要比英语多，而英语中的派生词要比汉语多"。

在对汉英两个词汇系统总的形态构成特点有所了解之后，我们可以分别对这两个系统中的派生词和复合词进行对比，找出它们在结构和功能方面的特点。这类具体的词汇形态结构对比实际上是一种构词法的对比。

一、派生构词对比

派生是语言中常用的构词手段，派生的方式主要有加缀、转化、重叠、减缀等。加缀法是以词根为基础加上前缀、中缀或后缀构成新词。零派生是指有些词在派生过程中并没有添加任何词缀而构成新词，也叫转化。重叠法是以重复词根的一部分或全部来构成新词。减缀法是通过删去词中的词缀来构成新词，但实际上所删去部分在原来的词中并不是一个词缀，只是在形式上与加缀法中常用的后缀相同，因此又称逆成法或逆生法。减缀法是现代英语中构成动词的主要途径之一，汉语没有此种构词方法。这里我们仅就汉英共有的加缀、转化、重叠的构词方法进行对比分析。

(一)加缀法

加缀法是以词根为基础加上前缀或后缀构成新词。加缀法的对比主要是在词缀基础上的对比，所以我们主要讨论汉英词缀的概念。

词缀主要分为前缀和后缀两大类，如前缀英语中有 re-、dis-、en-、im-、in-、de-、un-、mis-等，依附在其他词根语素上，就构成了 rewrite、discomfort、enlarge、import、inactive、decode、unluckily、misleading。汉语中也有“老”“阿”“非”“准”等词缀，和其他词根语素构成了“老虎”“阿叔”“非法”“准军事”等。后缀英语中有 -tion、-ize、-able、-or、-ity、-ship、-en、-ly 等，可以构成 discussion、realize、believable、actor、activity、leadership、shorten、friendly 等。汉语中也有“子”“家”“丁”“性”“化”等，可以构成“儿子”“科学家”“园丁”“准确性”和“工业化”等。但根据西方语言对词缀的定义，英语的词缀和汉语的词缀还是有区别的。

(1)词缀的数量。英语词缀数量比较一致。如夸克(Quirk，1985)的《英语语法大全》(*A Comprehensive Grammar of the English Language*)列出前后缀共 101 个(不包括变体)，齐格尔(Zeiger，1978)的《英语百科》(*Encyclopedia of English*)列出 186 个(前缀 107，后缀 79)，辛克莱(Sinclair，1991)等的《构词法》(*Collins COBUILD English Guides：Word Formation*)认为前后缀近 300 个。这种差异主要是变体造成的，如 ac-有变体 af-、ag-、al-、an-、ap-、ar-、as-、at-等，-ous 有变体 -eous、-ious、-uous 等。一般说来，英语有词缀 300 个左右。

由于汉语对词缀的认识并不一致，汉语词缀数量多少难以确定。赵元任(1968)认为有 78 个，任学良(1981)列出 68 个，滕永超(1999)认为不超过 100 个，魏志成(2003)认为有 164 个。叫法也不一，有的称为语缀，有的叫词缀，还有称字缀的。潘文国 等(2004)认为“造成这么长时间以来在语缀问题上如此不容易取得一致意见的原因，在于各人对语缀的理解并不一样，因而采用不同的标准”。

(2)词缀的功能。英语词缀是黏附语素，永远不能独立使用，只能附加在词或词根上参与构词，而且英语一个词干上可多次附加词缀，构词的仍然是词，如 internationalization(inter-+nation+-al+-iz+-ation，国际化)一词，三次增加后缀，一次增加前缀。英语的前缀都有明显的词汇意义，而后缀意义虚，多改变词性和功能，如-ly、-ful、-ship、-ness、-ion 等。但汉语中大多为一次性加缀，而且汉语的词缀是就意义而言的，“实”者为词根，“虚”者为词缀，不过，“虚”也有程度的不同。的确，汉语中有少数几个词缀完全虚化了，如：老—老鼠、阿—阿姨、子—桌子、头—木头，但绝大多数词缀都有一定的词汇意义，甚至和词并没有区别。如词缀“手”(歌手、打手)、“家”(作家、杂家)等还可以作为词根语素参与复合词的构成(人手/手心、家庭/大家)，甚至还可以独立成词单用(手、家)。也就是说汉语不少词缀，与其说是词缀，还不如说是一种构词能力很强的词根。吕叔湘(1979)甚至把准-、亚-、超-、无-、代-、单-、反-、前-、半-、-员、-品、-法、-度、-气、-性、-化、-种、-类、-学等称之为类词缀，因为它们“有时候还以词根的面貌出现”。也就是说，汉语中不少具有实词意义的词缀处于一个连续体当中，一头是词根，另一头是词缀。

(3)词缀的性质。英语词缀是真正的词缀，因为它只能附加在词上面构词，而且位置相对固定，前缀不能换到后缀，后缀不能作前缀使用。而汉语词缀几乎每个都有其独立的形式和意义，灵活性大，同一形式，可前缀可后缀：家人、家父和作家、画家；以前、以外和难以、足以；过度、过分和吃过、去过，等等。同一词缀可以附加在词上也可以附加在短语上构成新词。如洗衣、手推、喷水、文史等都是短语，但分别加上“机”“车”“池”和“馆”，就构成了词：洗衣机、手推车、喷水池、文史馆。可见，汉语词缀的构成范围更广，其主要原因一是汉语的词缀和非自由词根语素甚至词没有区别，二是汉语词和短语很难区分，因此词缀加在它们上面都成词了。

(4)词缀的词性。英语词缀的词性比较平均，除了名词性词缀占较大比例外，动词性词缀、形容词性词缀、副词性词缀都有一定的比例。

动词性词缀：be-、en-、em-、in-、out-、re-、over-、-ate、-en、-er、-ify、-ish、-ize、-ise、-le、-sh。

形容词性词缀：a-、able、-ible、-al、-an、-ant、-ent、-ary、ate-、-ed、-en、-ern、-ese、-esque、-et、-etic、-fic、-fold、-ful、-ial、-ian、-ic、-ical、-id、-ile、-ine、-ing、-ish、-ive、-less、-like、-ly、-ory、-ous、-some、-y。

副词性词缀：-fold、-ly、-ling、-long、-wards、-ways、-wise。

但是汉语词缀绝大多数是名词性的。动词性、形容词性和副词性词缀较少。比较常用的只有：

动词性：定(确定/固定/坚定)、得(赢得/博得/懂得)、化(绿化/美化/丑化)

形容词性：切(急切/迫切/热切)、可(可取/可惜/可贵)

副词性：且(而且/暂且/姑且)、然(安然/必然/居然)

最后要指出的是，由于汉英语属于性质迥异的两种语言，词的结构区别显著。加缀法被普遍认为是英语中构词力最强的方式，但加缀法在汉语中的地位却大为逊色，主要的不同表现在于英语的词缀多且数量稳定，而汉语中词缀数量少且不定，人们的认识不一；英语中前后缀位置固定、功能明显，而汉语中所谓的前后缀大多可作实素，既可前置，也可后置，且功能不定；英语中一个词干可同时加多个前后缀，但汉语中大多为一次性加缀。所有这些都对汉英语词汇系统产生了巨大的影响。

(二)零派生/转化法

词在派生的过程中没有添加任何词缀，从一种词类转化为另一种词类，这类派生被称为零派生或转化法。转化涉及源词和目标词，即新词从何转化而来，这有时是难以说清楚的。邵斌(2019)从语义、结构、词语表达概念的本质及使用频率四个方面介绍了英语中一些可以用于判断源词和目标词的标准。

从语义角度来说，转类词的语义往往以源词的语义为基础。比如动词 dry 的语义是 to make dry，动词 bottle 的语义是 to put into bottle。要理解动词 dry 和 bottle 的语义，需先了解形容词 dry 和名词 bottle 的含义，说明后两者的语义更基本，可视为源词。从结构角度来说，若零词缀有对应的显性词缀且它们可以用来构成功能相同的派生词，则该转类过程可类比于加缀过程，比如 answer、remark、reply等词与 confirm、suggest、state 等处于相同语义场，后者可加-tion、-ment 等词缀构成其派生名词。通过类比，可以认为 answer 等词也是添加零词缀动转名的词语。从词语表达概念的本质来看，表征人物、动物和物体的词语，如 fish、knife、nurse 等，属于典型的名词范畴，因此其动词用法就是转类词；与之相反，break、jump、fall 等词用于表达动作或过程，本质上属于动词，因此其名词用法就是转类词。从使用频率来看，一般而言，源词的使用频率比转类词要高。比如，通过语料库可知 author 的名词频数远高于其动词频数，由此可推断，author 是名转动的词语。

1. 英语中的词类转换

转换法在英语中特别常见，尤其是名词、动词和形容词这三大类实词之间的转换，其中名词和动词之间的互相转化是最普遍的。

1)转换为名词

give the place a good search 对那个地方要仔细搜查(动转名)

the World Cup finals 世界杯决赛(形转名)

英语中形容词转化为名词没有动词转化为名词普遍。另外一些形容词，作名词用时其前必须加定冠词，如 the poor(穷人)，the wounded(伤员)等。英语中还有其他词类转化为名词的，如介词 a with(加什么)、a without(不加什么)；连词 ifs(如果)、buts(但是)；情态动词 must(必要的事)；还有词缀作名词的如 pros and cons(赞成者与反对者)等(张维友，2010)。

2)转换为动词

pocket the money 把钱装入口袋里(名转动)

dry my clothes 晾干衣服(形转动)

值得注意的是，名转动往往能使该词获得新的意义，一个具体名词转为动词后可以表达一个更为复杂的概念。例如：

to corner 逼到角落(增加“使进入”的意义)

to nurse 护理(增加“像……来做”的意义)

英语中转化为动词的还有少数介词如 down the beer(将啤酒一饮而尽)，连词如“But me no buts.”(别老对我说“但是了”)。

3)转换为形容词

英语中向形容词转化的词类很少，动词不能直接转化为形容词，名词有些可以作定语用，如 women doctors(女医生)、cotton clothes(纯棉衣服)、physics course(物理课)，这里作定语用的名词仍然是名词，并没有转化。

2.汉语中的词类转换

对于英语中存在转类词的争议一般不大。然而，很多学者不把转换法列为汉语的一种构词方法，认为英语中的转类词和汉语中的兼类和词的临时活用有些相似。但是不少学者们认为汉语还是有与英语相似的词汇转类现象。下面我们把汉语的转类现象做一简单介绍。

1)名词转为动词

在现代汉语中，名词尤其是具体名词转为动词用的很少，常见的有如下三类：

电、浆、粉、油漆(动作意义：提供、添加)；

剪、锯、梳、盖、锁(动作意义：作为工具使用)；

弓、虎、板、猫(动作意义：像……那样做)。

汉语名词转动词，不仅是数量，在使用频率和使用范围等方面都不及英语。这主要和汉语双音化倾向有关。在秦汉前，任何一个单音节名词都能轻易转类来表达一个比较复杂的意义。如“左右欲刃相如”“驴不胜怒蹄之”“孟尝君客我”等。

蔡基刚(2008)认为，汉语的双音化限制了单音节名词的这种转类。在古汉语中,“妻”是名词,用作动词也很方便,但变成双音节词“妻子”后,就不大好用作动词了。也就是说,随着双音节词的增多,词类语法特点逐渐稳定,具体名词转动词变得越来越少,也越来越困难,把“书架”“泥塘”“报纸”“花园”“微波炉”这样的具体名词转为及物动词,简直难以想象。

现代汉语出现的名词转动词绝大多数是临时活用,数量不大,是一种为了取得一定修辞效果的修辞手段(陈望道,1979),并没有词化或列入词典,而且以单音节词为多数,双音词转类较少。

他在屋角候着,一动也不动。

这次他铁了心要和他斗到底。

那饮料能否用微波炉给“微”一下。

这些官员只是在鱼肉百姓。

科员了一辈子。

2)形容词转动词

在现代汉语中,较多的是形容词转动词。现代汉语中不少单音节形容词与古汉语的形容词一样,仍保留动词能转性的特点,如“这场雪乐了孩子”“他强我一百倍”“城里人先富起来了”等。

汉语的形容词和动词本身就有许多相似的语法特征,因此即使是双音节形容词也可以和动词一样使用:“便宜你了”“他轻松了”。石毓智(2006)认为汉语的形容词是动态的,同动词一样是有“了”“着”和“过”的体标记的:“他比去年瘦了”“灯一直亮着”;同动词一样可以有祈使句形式:“冷静一点”“严肃一些”;同动词一样可以带宾语:“端正学习态度”“丰富我们的生活”。

3)动词转名词

汉语中动词转名词也相当常见,如报道、教练、司机、司仪、编辑、主编、干事等,有的表示动作结果,但更多是表示动作的执行者。这些双音节兼类词几乎都是动宾结构,分析性强,意义和名词并没有发生多大变化。

转类是词语使用中的功能转换,是英语的主要构词法之一;汉语为孤立语,无形态变化,自古以来词都可不改变形式而转换功能使用,所以转类往往不被看作是构词法。但不管怎样,转类是英汉语中共有的现象,两种语言中词的功能转换既有相似之处,也有不同之处,在英汉语中都在积极地起作用。

(三)重叠法

重叠词有广义、狭义之分。广义上的重叠词指词素重复或音节重复合成的任何词汇单位。狭义重叠词不仅要求语素或音节重复,而且必须叠合,即两个相同的成分必须紧挨在一起。这里采用的是重叠词的广义。重叠构词法是汉语构词的重要特征,在汉语中是非常多见的,名词、动词、形容词、量词等不同词类的词中都有一部分可以重叠。英语则很少利用重叠构词法。英语重叠词一般属谐音或拟声现象,其构词能力和使用范围都受到很大的限制。

1. 汉英重叠词的构词特征

汉语单音节文字的特点便于字和词的重叠,所以汉语重叠词格式很多。例如:

AA:试试、看看、常常、往往

ABB:洋娃娃、活生生、气冲冲、绿油油

AAB:拉拉队、麻麻亮、飘飘然、比比看

AABB:密密麻麻、高高兴兴、大大方方、平平安安

ABAB:研究研究、讨论讨论、拾掇拾掇、考虑考虑

AABC:官官相护、花花公子、蠢蠢欲动、本本主义

ABCC:气势汹汹、衣冠楚楚、众目睽睽、炊烟袅袅

ABAC:百依百顺、无依无靠、任劳任怨、自言自语

A里AB:慌里慌张、古里古怪、糊里糊涂、傻里傻气

另外还有下面这些格式:

A(一)A:唱一唱、练一练、跳一跳

A(了)A:谈了谈、摇了摇、笑了笑

A(了一)A:算了一算、翻了一翻、试了一试

A(着)A(着):看着看着、走着走着、想着想着

A(了)A(了):老了老了、完了完了、好了好了

张维友(2010)认为,这些格式的重叠,是言语使用中临时产生的重叠,实际上是通过重叠表示一种语法意义。

英语是表音文字,构词通常是由词素独立或相加构成。但是,英语重叠词的构成成分绝大多数是无意义的形式:

(1)第一成分与第二成分完全相同,例如:

haw-haw(哈哈)、goody-goody(伪善者)、pooh-pooh(呸、蔑视)

(2)第一成分与第二成分词首辅音不同,例如:

hanky-panky(欺诈)、fuddy-duddy(老顽固)、hoity-toity(傲慢)

(3)第一成分与第二成分的重读元音不同,例如:

criss-cross(纵横交错)、tick-tack(滴答声)、dilly-dally(磨蹭)

就构词形式而言,汉语重叠词的格式丰富,而英语重叠词严格说只有四种形式。汉英语在词性上表现出较大的差异。汉语的重叠词主要有名词、形容词、动词,数量比较均衡,而且数量不固定,很多情况下可以相对自由造词;而英语中,名词特别多,形容词其次,动词极少,且不能随意造词。另一个方面,汉语重叠词词性相对比较单一,一般情况,一词一功能,英语中一词兼几个功能的相对多一些。更为突出的是,一个词的功能可多达五种,这在汉语中是不可想象的(张维友,2020)。

2.汉英重叠词的语义色彩

汉语词汇重叠后往往语义会发生变化,有的增加了修辞意义,有的改变了感情色彩。

1)语体色彩

汉语中重叠词中相当一部分是用来表示亲昵和随意色彩。比如称呼语“爹—爹爹”等,重叠的形式比基本形式更为亲密,有的带有儿语的情调,如“猫—猫猫”。此类现象在英语中也有,如 pa — papa,不过是个别现象。但是,英语中的重叠词一般属谐音或拟声现象,有许多词来自儿语,通常用于口语、俚语或非正式文体,像 din-din(晚餐)、gee-gee(马儿)、wee-wee(小便)等,要么是口语词,要么是儿语。正式的英文中就很少使用重叠形式。

2)感情色彩

重叠形式比基本形式更为生动,能表现出鲜明的色彩和细微的感受(周国光,2004),汉英语中的重叠词不少是用以加强语气,增强词语的情感色彩,让语言更为形象生动。如汉语的“红彤彤”“风风雨雨”“勾勾搭搭”。相比之下,英语重叠的形式远没有汉语的丰富多彩。汉语中的褒贬义重叠词可以比较均衡,而英语重叠词,特别是元音和辅音交错格式的重叠,大多带有贬义色彩,表示“犹豫、彷徨、摇摆、瞎扯”等(Quirk,1985),如 bibble-babble(唠叨不停)、dilly-dally(吊儿郎当)、fiddle-faddle(胡扯),等等。

3)语义增加

汉语中名词 AA 和 AABB 式重叠可以表示“遍称”,如“人—人人”“时刻—时时刻刻”等;量词重叠表示“逐指”或“遍称”,如“顿—顿顿”“千万—千千万万”等;动词 AA 和 AAB 式重叠可以表示“短暂轻微的动作”,如“摸摸”“吹吹风”等;动词 AABB 式重叠可以表示动作的“频繁”和“反复”,如“修修改改”“来来去去”等;形容词 AABB 式重叠表示“纷繁不一”的情状,如“红红绿绿”“坎坎坷坷”等。英语中个别通过变音的重叠词可以表示摇摆起伏、前后移动的动作,如 zigzag(蜿蜒曲折)、seesaw(涨落,动摇)等。由此可以看出,重叠词的意义与该词的词根义和构成方式紧密相关。汉语的重叠词的词根一般是有意义的,并且构成格式丰富,因此表达的意义也丰富。

4)摹声助情

摹声是重叠词产生的重要基础。重叠词很大一部分都是用来模拟声音的,如汉语的“咕咕哝哝”“隆隆”“辘辘”“汪汪”“喔喔”等,英语的 quack-quack(鸭叫声)、peep-peep(哔哔)、splish-splash(溅水声)、tick-tack(滴答声)、ding-dong(叮咚声)等。这些摹声重叠词通过间接摹声来象征语义,有很好的修辞效果,因为拟声词的使用比直接描述要生动得多。

二、复合构词对比

复合是通过两个或两个以上词根的组合来构成新词。在汉语和英语中,复合构词都是最常用的构词手段。

(一)复合词的鉴别

由于英语一些复合词可分离书写,在形态上与短语一样,这样就存在复合词和短语的划界问题。英语中判断是否是复合词有三个标准。

(1)重音标准。短语或词组中的词都保持各自的重音,而复合词第二个成分的重音就脱落了或只发轻声。如 'break'fast(开斋)和 'breakfast(早餐),前者为短语,后者为复合词。

(2)意义标准。如果词义等于两个组合成分意义的相加就是短语,相反如果词义不能从两个组合成分意义相加而推导出来,那这个组合就是复合词。如 green house(绿色房子)和 green-house(玻璃暖房),前者为短语,后者为复合词。

(3)内部形式标准。如果组合成分中能够插进其他成分、更改其内部形式的就是短语，如果它们当中不能插进任何成分就是复合词。如 black bird 和 blackbird，前者可以有 the blackest bird 和 a black nightbird 的变化，是短语，后者不能插进任何东西，是复合词。当然，这三条标准都有例外，但适用于大多数语言事实。

汉语复合词的认定比英语要复杂得多。按照上述标准(1)来说，因为汉语是声调语言，每个字都有声调，重音难以弱化，因此从发音上难以辨别是短语还是复合词，如"东西"意义是"东边和西边"还是"东西"，主要是靠上下文语境，不是靠发音区别。按照标准(2)(3)来判断也总会出现问题，例如"心疼"和"胃疼"，按照标准(2)判断，前者是词，后者不是。因为"心疼"不是"心脏疼"，而是指"舍不得"。但"心疼"符合标准(2)，但达不到标准(3)，因为组合之间还是可以插入其他成分"心有点疼"。再比如，"跳舞""唱歌""看书"可以插入其他成分，因此是短语，而"怀疑""成功""解决"当中不能插入其他成分是复合词。但"洗澡""推翻""游泳"和"倒霉"呢？词典是把它们看作词收进的。但我们仍然可以在它们两个语素之间插进某些成分："洗一次澡""推不翻""游个泳"和"倒八辈子霉"。因此有人把这些特殊词称为离合词，即没有真正词化的词。另外，汉语中双字组合还可以同时是短语和复合词，主要取决于其表达的意思。如"打手"本义(打手心或手背)是短语，比喻义(雇用打手)就是词。

另外，汉语复合词和短语在书写形式上没有任何区别，如"地震"是复合词，"地摇"是短语，二者在书写形式上没区别。因此可以这样说，汉语复合词和短语无论在书写形式，发音轻重，音节组合，语素判断乃至语法功能上都没有区别。一定要区分只能是一个连续体，两端可能有较典型的复合词和短语，但当中就很难有一个截然分明的界限，说某个字字组合是复合词或短语，全凭个人感觉，任意性较大。(蔡基刚，2008)

(二)汉英复合词结构对比

张维友(2010)按照主谓、动宾、偏正、并列几种句法关系，对英汉语复合词的内部形式进行了较为详细的分析和对比。这里我们选择部分内容加以介绍。

1.复合名词

英语复合名词的构词格式多于汉语。英语的复合名词有 19 种构成格式，汉语有 12 种格式。

汉语主谓关系复合名词：*n.* ＋*v.*(海啸)；英语主谓关系复合名词：*n.* ＋*v.*(sunrise 日出)、*v.* +*n.*(glowworm 萤火虫)、*v-ing.* +*n.*(washing machine 洗衣机)等。

汉语动宾关系复合名词:*v.* +*n.*(行政);英语动宾关系复合名词:*v.* +*n.*(pushbutton 按钮)、*v. ing*+*n.*(drinking-water 饮水)、*n.* +*v.*(handshake 握手)、*n.* +*v. ing*(sightseeing 观光)等。

汉语的偏正关系复合名词:*v.* +*n.*(敬意)、*n.* +*n.*(油画)、*a.* +*n.*(温泉)、*n.* +*a.*(蛋白)、*a.* +*v.*(古玩)、*v.* +*v.*(顾问)、*a.* +*a.*(净重)、*v.* +*a.*(走红)、*n.* +*n.*(书本)、*n.* +*n.*(个性);英语的偏正关系复合名词:*v.* +*n.*(springboard 跳板)、*n.* +*v.*(gunfight 炮战)、*v-ing.* +*n.*(living room 起居室)、*n.* +*v. ing*(shadow-boxing 太极拳)、*n.* +*n.*(goldfish 金鱼)、*a.* +*n.*(highland 高原)、*n.* +*a.*(shoeblack 擦鞋人)、*a.* +*v.*(highjump 跳高)、*v.* +*v.*(make-believe 假装)、*a.* +*a.*(new-rich 暴发户)、*v.* +*a.*(diehard 顽固分子)、*adv.* +*v.*(outbreak 爆发)、*v.* +*adv.*(havenot 穷人)、*v. ing* +*adv.*(going-over 彻底审查)、*adv.* +*v-ing.*(upbringing养育)、*pron.* +*n.*(he-goat 公山羊)、*v. -er*+*adv.*(looker-on 旁观者)、*n.* +*prep.* +*n.*(father-in-law 岳父)等。

这里要指出的是,*n.* +*a.* 格式所构成的词,汉语中的句法关系是"名偏形正",而英语中多为"名正形偏"。英语中有 *adv.* +*v.*、*v.* +*adv.*、*v-ing.* +*adv.*、*adv.* +*v-ing.*、*pron.* +*n.*、*v-er.* +*adv.*、*n.* +*prep.* +*n.* 等结构,都属偏正结构,副词、代词和介词短语为偏,动词、名词为正。这些格式在汉语中无对应词。相反,汉语中特有的 *n.* +量词和量词+*n.* 两种格式,量词为偏,名词为正。

汉语的并列关系复合名词:*n.* +*n.*(笔墨)、*a.* +*a.*(贵贱)、*v.* +*v.*(得失)、*n.* +*a.*(父老)、*a.* +*n.*(珍宝)、*n.* +*v.*(情感)、*v.* +*n.*(习俗)、*v.* +*a.*(治安)、*a.* +*v.*(静坐)、量词+量词(尺寸);英语的并列关系复合名词:*n.* +*n.*(girlfriend 女朋友)、*a.* +*a.*(bittersweet 又苦又甜的东西)、*v.* +*v.*(hearsay 道听途说)。

汉语中 *n.* +*a.*、*a.* +*n.*、*n.* +*v.*、*v.* +*n.*、*v.* +*a.*、*a.* +*v.*、量词+量词等格式在英语中都不存在。不过,英语中短语、小句用连字符连接可以变成词,如 *v.* +and+*v.*(hide-and-seek 捉迷藏)、*n.* +and+*n.*(pepper-and-salt 椒盐)等,这些形式与汉语不完全对应。

2. 复合形容词

英语复合形容词的构成格式有 15 种,汉语有 12 种。英汉语中,复合形容词的主要句法结构为"动宾"和"偏正"关系,属于"并列"关系的词不多,"主谓"关系的极少。

汉语动宾关系复合形容词：*v.* ＋*n.*（吃力）；英语动宾关系复合形容词：*v.* ＋*n.*（break-neck 危险的）、*n.* ＋*v. ing*（peace-loving 爱和平的）等。

汉语偏正关系复合形容词：*n.* ＋*v.*（国有）、*n.* ＋*a.*（铁青）、*a.* ＋*n.*（高档）、*n.* ＋*n.*（外道）、*a.* ＋*a.*（鲜红）、*a.* ＋*v.*（雅观）、*adv.* ＋*a.*（不满）、*adv.* ＋*v.*（相关）、*num.* ＋*n.*（二手）等；英语偏正关系复合形容词：*n.* ＋*v. ing*（law-abiding 守法的）、*n.* ＋*v. -ed*（heart-felt 衷心的）、*n.* ＋*a.*（skin-deep 肤浅的）、*a.* ＋*n.*（open-air 户外的）、*a.* ＋ *n. -ed*（good-natured 性格好的）、*n.* ＋ *n. -ed.*（iron-handed 铁腕的）、*a.* ＋*a.*（darkgreen 深绿色的）、*a.* ＋*v. ing*（good-looking 俊俏的）、*adv.* ＋*a.*（outright 直率的）、*adv.* ＋*v. -ed*（all-possessed 着魔的）、*adv.* ＋*v. ing*（ever-lasting 永久的）、*num.* ＋*n.*（two-way 双向的）等。这些格式中汉英能对应的只有 *n.* ＋*a.*、*a.* ＋*n.*、*num.* ＋*n.* 三种，而它们在两种语言中的构词能力是不同的。另外要注意的是，属于偏正关系的各种格式中，前一个成分，不管是什么词性，都为偏，后一个成分为正。

汉语并列关系复合形容词：*n.* ＋*n.*（矛盾）、*a.* ＋*a.*（圆滑）、*v.* ＋*v.*（闭塞）、*a.* ＋*n.*（精彩）、*n.* ＋*a.*（名贵）、*a.* ＋*v.*（紧张）、*v.* ＋*a.*（破碎）、*v.* ＋*n.*（兴时）、*n.* ＋*v.*（风流）等；英语并列关系复合形容词：*a.* ＋*a.*（deaf-mute 聋哑的）、*n.*-and-*n.*（milk-and-water 无味的）、*a.*-and-*a.*（hard-and-fast 不容改变的）、*v.*-and-*v.*（hit-and-run肇事逃逸的）等。汉语中并列复合形容词比英语多得多，构词格式也很丰富，但英语以连字符连接合成的复合形容词是汉语没有的。

3. 复合动词

英语中复合动词有 8 种格式，汉语有 10 种格式。两种语言中，汉语复合动词比英语多，因为英语复合动词绝大多数是通过逆生和转类产生的，故被归到英语逆生法和转类法中了。

汉语偏正关系复合动词：*n.* ＋*v.*（利用）、*a.* ＋*v.*（公审）、*a.* ＋*n.*（美言）、*n.* ＋*a.*（中饱）、*n.* ＋*n.*（物色）、*v.* ＋*v.*（照管）、*adv.* ＋*v.*（休想）、*v.* ＋*n.*（起草）、*v.* ＋*a.*（表明）；英语偏正关系复合动词：*a.* ＋*v.*（hot-press 热压）、*a.* ＋*n.*（short-circuit 短路）、*n.* ＋*a.*（air-dry 晾干）、*n.* ＋*n.*（wall-paper 贴壁纸）、*adv.* ＋*v.*（uplift 升高）。需要说明的是，汉语中“加深（*v.* ＋*a.*）”“改良（*v.* ＋*a.*）”“抵消（*v.* ＋*v.*）”“解脱（*v.* ＋*v.*）”等词往往可分析为后补关系，即后一个成分补充说明前一个成分。这里把这些结构的复合动词也可归于偏正关系，即前正后偏。

汉语并列关系复合动词：*v.* ＋*v.*（依靠）、*a.* ＋*a.*（满足）、*n.* ＋*n.*（牺牲）、*v.* ＋*a.*（充满）、*a.* ＋*v.*（荒废）、*v.* ＋*n.*（救药）、*n.* ＋*v.*（影响）等。英语并列关系的复合动词罕见。

最后需要说明的是，无论是在英语还是汉语中，复合构词都是最复杂的构词法。事实上，即便将其成分结构关系分析透彻，举例详尽，涉及复合词的语义合成时，上述的结构分析依然会显得不够充分。因此，还需借助多种语言学理论视角对复合词进行多角度分析。

第三节　汉英词汇语义对比

词汇语义学以词义为研究对象，主要研究词语客观世界的关系、词与词的相互关系，以及词义分析等内容。本节我们对汉英语言中词的理据性（即词的表达形式与词义之间的内在联系）、概念的词化程度及词义之间的联系等方面进行对比分析。

一、词汇理据性对比

词的理据性，又称词语的理据，指词的构成形式与意义之间的某种内在的必然联系，是语义学中一个重要而又复杂的问题。研究词的理据，目的在于阐明事物或现象为什么获得这样或那样的名称，帮助我们认识词与词之间的联系以及词义演变和词义发展的规律。

（一）词的理据及类型

自从索绪尔的《普通语言学教程》问世以来，对于语言符号“任意性”原则就不断有所争议。经过多年的探讨研究，中外多数学者赞同索绪尔的语言符号任意性原则，并且认为语言符号的任意性和理据性同时存在，它们相互对立相互补充相互依存，共同决定着语言的命运。任何类型的文字都是记录语言的符号，而语言是音义结合的词汇语法体系。用文字来记录语言，就是使文字符号和语言成分建立联系。从音义结合的角度来看，这种联系是任意的，无理据的，而从词义形成的角度来看，这种联系不是任意的，是有理据的。词的理据性和任意性就是这样矛盾地统一在一起。在具体单词的构词过程中，可以说，每个词都有来历，每个词的构成都有一定的理据。关于词的理据性概念，许多学者都有所定义。“词的理据指的是事物和现象获得名称的依据，说明词义与事物或现象之间的关系”（陆国强，1983）。

“所谓词义的理据，是指词义形成的缘由，它是从发生学角度来探求词义的来源的”（曹炜，2001）。“词的表达形式与词义之间有时具有某种内在联系，我们可以从这些表达形式中推断出词的含义，这就是所谓的词的理据性”（许余龙，2002）。学者们对词的理据性的概念表述不一，但都从不同的角度阐述了词的构成形式与意义之间的内在必然联系。

国内外关于词语理据性研究的论述不少，这些论述大多涉及的是词语理据的类型，而关于英汉词汇的理据性强弱差异的比较研究进行的并不充分，而且观点不尽相同。李冬（1988）认为，一种语言的理据性大小是由其词汇体系中简单词、派生词、复合词数量的多寡，以及它们的相对重要性决定的，而现代汉语派生词、复合词多，所以，相对于英语，汉语词汇的理据性较强。但许余龙（2002）却认为，尽管现代汉语中词缀已较前大大增多，但还是要比英语少，英语中某些成对的派生词所表达的意义在汉语中要用不同的词来表达，使得汉语在这方面的理据性要比英语弱些。魏志成（2003）也认为英语词语理据性的表现手段就是前缀、后缀和词根，因此，英语词语的理据性主要体现在其词汇体系中的派生词和复合词的构造上。

其实，词语的理据性是文字符号和语言联系的一种必然的存在。由于人类原始思维模式具有同一性，象形文字成了人类语言文字的共同起点，是一切文字发生的通例，尽管在文字发展的过程中世界绝大多数文字都走上了表音的道路（黄巽斋，1998）。也就是说表音的英语与表意的汉语的文字应该都是从象形文字发展过来的，因此都是有理据的，只不过是理据的类型不同及不同类型理据性强弱存在差异而已。

关于词的理据性类型，我们也可以从不同的角度来划分，因为每一种语言都有自己的特点，各自的理据类型不尽相同，各有各的特点。陆国强（1983）认为，词的理据可分为拟声理据、语义理据和逻辑理据。王艾录等（2002）根据汉语词汇发生和发展的阶段将词的理据分为原生理据、派生理据和句段理据。乌尔曼（Ullmann，1962）认为词的理据主要有三类，即语音理据、形态理据和语义理据。很多学者都比较赞同乌尔曼的这种分类。但是我们知道，词是音义结合的统一体，有着外在形式和内在意义两个方面。词的外部形式指词的语音及书写形式；词的内部形式指词的语法结构和语义结构。所以，许余龙（2002）从文字书写形式与语义联系的角度出发提出了“文字理据”。这里主要依据乌尔曼和许余龙的观点，围绕词汇的语音理据、形态理据、语义理据和文字理据展开论述，具体分析英汉语词汇理据的异同及在构词形式上的体现。

(二)英汉词汇理据性差异与构词形式

1. 语音理据

语音理据指的是语言词汇的意义往往可以通过词汇的语音得到反映。具有语音理据的词被称为拟声词或象声词,一些拟声词是直接模拟与某一事物相联系的声音而产生的,这类拟声词的语音是对自然声音的模拟,直接与语义联系,因此英汉语言中的拟声词或象声词可能会出现语音重合的现象,即对同一声音的模拟,英汉语言中会采取相似的语音形式。例如:

coo(咕咕)	鸽子叫声
mew(喵)	猫叫声
giggle,gurgle(咯咯)	人笑声
bang(砰)	撞击声
ding dong(叮当)	金属碰撞声

然而,由于各种语言音系结构、词汇形态各不相同,各民族对同一声音的听觉感知和模拟习惯也不尽相同,再加上民族文化传统上的差异,不同语言中的拟声词在语音形式上就可能出现种种差别,甚至大相径庭(李国南,1999)。对于英汉语言来说,这种差异可能表现在对同一种声音的不同模拟上,例如:

buzz(嗡嗡)	蜂、苍蝇等嗡嗡声
quack(嘎嘎)	鸭子叫声
crash(哗啦)	物体倾倒的声音
splash(扑通)	重物落水声
whistle(嘀嘀)	汽笛声

英汉语言拟声词的差异还可能表现在声音与拟声词的非对应关系上,即一个拟声词可能是对若干种不同声音的模拟,而一种声音也可能用若干不同的拟声词来描绘。例如:murmur 可用来描述流水的潺潺声、微风的沙沙声、人群的嘁嘁喳喳声、雨水的淅淅沥沥声等。燕子的叫声英语分别用 chirp 和 twitter 来描绘,而汉语却分别用"啁啾、吱吱、喃喃、呢喃"来模拟。

英语中还有一种拟声词,这种拟声词是利用一个音素或音素组合成词,使人在音响上产生某种语义上的联想。例如:

-abble 说话不清楚:babble(含糊不清地说),gabble(急促不清地说)

-ap 打击：clap(拍手)，slap(拍击)，tap(轻拍)

cr- 破碎声、爬行：crack(发破裂声)，crawl(爬行)，creep(爬行)

scr- 刺耳摩擦声：scream(尖叫)，scrape(刮)，scrub(擦)

总之，汉语和英语词都存在一定的语音理据，都体现了语言的语音形式与人类思维模式以及行为方式之间存在的一定映照关系。汉英两种语言由于语言类型、发音习惯及观察角度不同，在语音理据方面虽有相同或相近的情况，但很多情况下是不一样的。总的来说，英语的拟声词要多一些，语音理据也要强一些。这与两种语言在文字形态上的差异有关系。英语是一种拼音文字，因此在创造拟声词方面更自由，也更直接。

2. 形态理据

词的形态理据是指一个词的词义可以通过对该词的形态结构进行分析而获得。从这一角度看，词的理据性与词的形态结构密切相关，所以，具有形态理据的词都是派生词或复合词。英语词语的理据性主要体现在其词汇体系中的派生词和复合词的构造上。

英语派生词具体表现手段就是前缀、后缀和词根。如图 8 所示，英语以一个词根为核心，通过添加前缀和后缀或层层加缀可以派生出若干新词。在词根上添加词缀起到构词和构形的作用。词缀的构词功能就是在词根的意义上附加词义，构成新词；构形功能就是标示词类。一般情况下，加前缀只有构词作用，只是改变词的意义，并不改变其词类(根据夸克的《当代英语语法》，只有 be-，en-/em-，a-三个

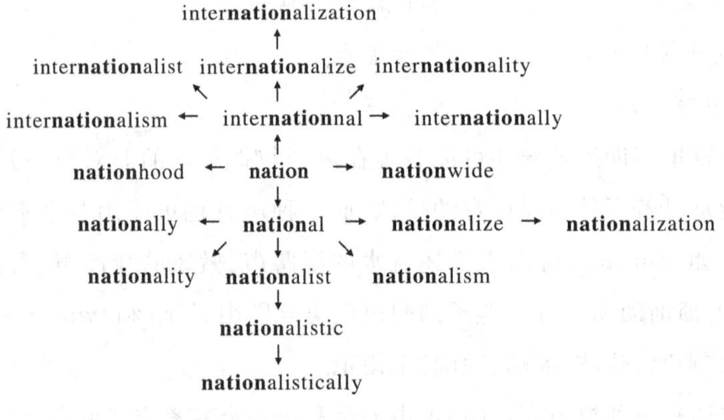

图 8　英语的派生构词

前缀是在语法上把词根转化为不同的词类)，加后缀既能构词，也能构形，也就是说，英语后缀既可以在词根上附加词义，也可改变词类。词根上一旦附加前缀或后缀构成新词或属于另一个词类后，就成为其固定的形式。英语中开放类词类(名词、动词、形容词、副词)的大部分词都可以通过派生法构成新词。

前面我们讲过，就汉英两种语言总的形态特征来说，汉语的词缀在数量上没有英语丰富，运用范围也没有英语广泛，英语中某些成对的派生词所表达的意义在汉语中要用不同的词来表达，使汉语在这方面的理据性要比英语弱些。

从复合词方面来看，汉英大多数复合词是由两个单纯词复合而成的词，大多数词义是透明的，理据性很强。前面我们说过，现代汉语中的绝大部分合成词是复合词，比英语多，所以，我们可以认为汉语的形态理据是很强的。

3. 语义理据

语义理据指借助于词汇的基本语义推断出新的或衍生的意义。隐喻是语义理据的一个重要源泉。人类本身以及赖以生存的一切外部条件，包括地理状况、生态环境、季节更迭、气候变化，乃至整个人类社会文化背景都存在种种共性，这种共性形成了人类对自身及外部世界的种种共识，因此，在隐喻方面英汉语都有很大的相同性，一般有拟人化隐喻、动物隐喻、从具体到抽象和通感隐喻四种常见的隐喻(束定芳，2000)。

拟人化隐喻是把物体比作人来描述，赋予物体以人的言行、特性或思想情感。英汉语言中都有大量通过拟人手法构成的词语，如英语中有 eye of a needle(针眼)、mouth of a volcano(火山口)、bottle-neck(瓶颈)、footnote(脚注)等，汉语中有“山头”“山腰”“山脚”“树身”“树冠”等表达。

动物隐喻是把常见的动物名词赋予了新的隐喻性意义。英汉语言中用动物作隐喻构成词语的例子很多，如：英语中 birds of a feather(一丘之貉)、a rat in a hole(瓮中之鳖)、talk horse(吹牛)、a bull in a china shop(行动、说话鲁莽之人)；汉语中“雀跃”“狐疑”“狼吞虎咽”“如鱼得水”等。

从具体到抽象是通过具体的事物来认知比较抽象的事物，或以物质名词取代抽象名词，或以人的某种表情或动作揭示人的内心世界，或寓深刻哲理于栩栩的形象之中，诸如此类的以“实”喻“虚”的表达化抽象为具体，变空洞为形象。如：

Journalists are not only responsible for transmitting information, but they also serve as a bridge between the government and the people.

This Games will be a milestone in Olympic history, and in the history of China.

The newspapers are a good mirror of the times.

剩余价值学说是马克思经济理论的基石。

报界舆论就其本质来说，是注定要成为某个政党的喉舌。

不管国际风云如何变幻，我们始终不渝地奉行独立自主的和平外交政策。

上述英语例子中的 bridge、mile-stone、mirror 及汉语中“基石”“喉舌”“风云”等都是将人或事物的共性特点抽象化来认识和谈论另一类事物。

通感隐喻是将词的现有意义通过某一感觉领域向另一感觉领域转移构成新词。表现触觉领域的词不仅可以延伸到视觉领域，甚至还可以延伸到听觉领域和嗅觉领域。乔治·莱考夫（George Lakoff，1994）曾使用 to pick out、to run、to take、to be glued to、to meet 等属于触觉领域的词或词组，来描述 eyes 的动作，表示“看到”的隐喻（王逢鑫，2002）。例如：

（1）My eyes picked out every detail of the pattern.

（2）I ran my eyes over the walls.

（3）I couldn't take my eyes off her.

（4）His eyes are glued to the TV.

（5）Their eyes met.

汉语中也有类似的构词方式，如：痛苦、寒酸（由触觉转移至味觉）；热闹、冷静（由触觉转移至听觉）；清香、腐臭（从视觉转移到味觉），等等（束定芳，2000）。

4. 文字理据

词汇的文字理据表现为词的文字书写形式与词义之间的联系，即从一个词的文字书写形式上可以推断该词的词义。世界上语言的文字书写形式大致有表音文字和表意文字两种。每一种语言都有一个由若干音素、音节组成的语音系统和由语素、词构成的词汇系统，二者都可以用符号记录。表音文字是用数目不多的符号表示一种语言里有限的音素或音节，作为标记词语声音的字母，而表意文字却是用成千上万个符号去表示或区别不同的语素、词的意义。

英语属于表音文字，采用字母拼音。英语的一些字母起源于象形表意，一开始具有很强的文字理据性，但是当这些字母用作表音符号后，便失去了表义功能。所以，属于表音文字的英语文字理据性很弱。不过现代英语中还有一些利用字母形状描绘事物的词,如:T-square(丁字尺)、U-turn(U形转弯)、V-belt(三角皮带)、Xmas(圣诞节,X代表十字架)等,但英语中能以形释义的词远远没有汉语普遍。

汉字是表意体系的文字,汉字的理据主要反映在汉字造字法"六书"中的"象形""指事""会意""形声"。汉语中,绝大多数的原始词在词形和意义之间存在相似性,古人是通过对对象的直接观照来造字的,最早的象形字:田、木、水、火、日、鸟、刀等都是源于模拟自然界物体的图画。具体事物有形可像,抽象的东西就很难画出,于是指事造字出现了。指事造字是在象形字上加上提示符号组成新字,如"刃"是在刀字上加"、"表示刀的锋利部分等。会意是用两个或两个以上的独体字根据意义之间的关系合成一个字,综合表示这些构字成分合成的意义,如一人靠树为"休",等等。形声字是在象形字、指事字、会意字基础上形成的,形声造字有两部分组成,一部分是形符,表示该字属于什么类属义,一部分是声符,表示该字的读音,两部分结合成字,就表明该字的意义。形声字是汉语造字的一大进步,借形借声表意具有极强的理据性。在汉字大系统中,部首字的意义大致规定了所属字的义类、范畴,如"山"部的"岛、屿、岗、峦、峰、岭、峭"等字,字义都跟山有关;"足"部的"跃、跄、跌、跑、踢、踩、跛"等字,字义多与脚有关;"贝"部的"财、账、贩、购、贷、贸、赏"等字,字义多与钱财有关;"火"部的"灯、炬、烟、烧、焰、烫、焚"等字,字义多与火有关。一个部类就是一个义场,一个部类就是一个相对封闭的意义圈。

汉字通过象形、指事、会意、形声组成,字形传递字义,具有很强的理据性。汉字的形义特征不仅使得其单个语素本身具有理据性,而且还在此基础上为多音节词语的理据性提供了充分的依据。由于在多音节复合词中,充当语素或记录的字往往是曾经或同时仍可以当单音词用的字,都是有义可寻的,因此,汉语中的多音节复合词像汉字一样,可以"由形及义",由剖析它们的内部构成部件和关系来分析它们的意义形成。

二、词化程度对比

本节以汉英语为考察对象,通过列举典型例证,从词化程度的角度对汉英语言使役关系表达方式的异同试作分析。

(一)词化现象与词化程度

关于语言中的词化现象,语言学家从历史语言学、比较语言学、语言类型学、认知语言学、句法学、形态学、语义学等不同的角度进行过研究,但一直没有给出一个统一精确的定义。按照利奇(Leech,1975)的观点,词化是将某些语义成分"包合"在一起形成一个词,使之在句法上当作一个不可分割的整体来使用。莱昂斯(Lyons,1977)采用"石化"(fossilization 或 petrification)这一术语和能产性来探讨词化现象,指出,一个词形派生于各个词位,若其派生规则在某一语言体系中不再具有能产性,则该词形已经被石化。霍伯尔等(Hopper et al.,1993)认为,词化是语言材料演变为词项或通过吸收语言材料形成词项。王文斌等(2004)根据各家对词化现象的阐述认为,"词化就是指原属于横组合关系的词语自由配列成为一个固化的词汇单位,或者将不同的语义成分整合在一起形成一个固化的词汇单位,在句法上具有单独词位的功能"。因此,一个同样的概念或意义,既可以用一个词组或句子来表达(如可以用"用拇指和另一个指头使劲捏"这样的动词性词组表示),也可以用一个词来表达(如用"掐"这个词表示这个动作);前者可称之为分析型表达法(analytic expression),后者可称之为综合型表达法(synthetic expression)。综合型表达法就是一种词化了的表达法(许余龙,2002)。

综合型表达是语义成分整合为词的表达方式,它能够实现语言表达的简约、有力。分析型表达是从词汇功能到语法功能的演变,往往呈现句法化的倾向。综合型和分析型这两种表达法可以在一种语言中同时存在。比如在英语中,就有 to foul 与 to make ... dirty 和 to excite 与 to cause ... to lose calmness 的对应;在汉语中,就有"使……生气"和"惹恼"的对应,"使……害怕"和"吓唬"的对应,诸如此类,不一而足。在不同的场合或上下文中选用综合型表达法或选用分析型表达法,往往是为了体现某种风格或达到某种修辞效果,但不同的语言体系使用这两种表达法的倾向是不一样的,倾向于何种表达法受制于语言类型和语言中词汇形态发展的丰富程度(比如词汇的派生、屈折等变化形式),也就是说,语言中的词化程度会影响语言的表达方式。一般来说,一种语言分析型表达法较多表明该语言词汇系统词化程度低;综合型表达法较多则表明该语言词汇系统词化程度高。但是"有可能一种语言在某些语义领域中的词化程度要比另一种语言高些,而另一些语义领域中却要低些"(许余龙,2002)。因此,下面只对英汉两种语言在使役关系的表达上对比分析词化程度的影响。

(二)使役关系、使役结构及汉英使役词化程度对比

1. 使役关系的分析型表达

使役概念在人类语言中是普遍存在的,可以在现实世界中找到实在性的依据。

使役结构是对客观世界中典型致使事件的一种临摹或概念化,指的是日常生活中常见的一物引起另一物发生某种变化、产生某种可观察的结果的一种动态事件(熊学亮 等,2004),也就是说,某种行为、变化或状态在某一事物上的呈现,是由于存在另一事物施以外在之力。研究发现人类语言使役结构分为词汇使役结构和句法使役结构两种,词汇使役结构为使役关系的综合型表达,句法使役结构是使役关系的分析型表达。一种语言会有一种或多种表达使役关系的类型,但不同的语言可能会倾向于用不同的方式,就英汉两种语言而言,句法使役结构都很能产,两种语言中都有很多分析型表达法表示使役关系。其中,英语常以 make、have、get 等词形成的句法使役结构为典型分析型表达法,汉语常以"使""令""让"等词构成的句法使役结构为典型分析型表达法。如:

The pain made him cry out.

We had Ray mow the lawn.

I'm going to get my shoes mended.

他的动员报告使大家振奋了精神。

这个消息令他坐立不安。

她父母让她自己选择专业。

虽然英语和汉语都可以用分析型表达法表示使役关系,但两种语言的侧重点不同。英语中有大量的具有使役义的词缀、能直接表达使役义的单纯词和转类词,趋势是在词汇层次表达使役关系,因为词汇使役形式比句法使役结构更简洁地表达直接的因果关系,因此它在语言处理中便有了先发占领的优势,成了英语典型使役化结构,句法使役结构则成了辅助的使役结构。然而,汉语正好相反,句法使役结构是汉语的典型使役结构。

2. 使役词化与使役关系的综合型表达

使役词化是人们对事物因果关系的认识的语言表征之一,是人类语言的普遍现象(Pinker,1989),这一现象在英汉两种语言中都有体现。通过词化手段,语言表层结构中无须出现使役助动词(如:英语的 make、have、get;汉语的"使""令""让"等),使役意义体现在语言深层结构中。英汉语在形态、文字类型方面的差异使得英汉两种语言使役词化程度不同。一般来说使役词化有四种方式:单纯词表达使役关系,派生词表达使役关系,转类词表达使役关系,复合词表达使役关系。

1)单纯词表达使役关系

单纯词主要是指形态上不可分析的、由单个语素构成的词。表达使役关系的单纯词是原生词,即其基本形式就是使役动词。根据汪榕培(1997)的研究,英语基本词汇大多数是简单词(即单纯词),而且使用频率很高。一般来说,一种语言中单纯词越多,综合性表达法就越多,就使役动词而言,英语中很多单纯词不仅表示动作,还表示了动作的结果。如:

afflict	to cause to suffer in the body or mind
annoy	to make(someone)a little angry or impatient
bore	to make(someone)tired or uninterested
excite	to cause to lose calmness and have strong feelings
please	to make(someone)happy
puzzle	to make(someone)feel helpless and uncertain
shock	to cause unpleasant or angry surprise to

汉语中也有这样的单纯词,如"用话来窘他"中的"窘"意为"使为难",但这样的单纯词数量不多,表示一个语义较复杂的使役概念时也不如英语自由灵活。英语属于音素文字,其基本单位是字母,其构成方式是字母的组合。这种组合是抽象的音、形一体,字形表音不表义,音形与意义之间没有直接的联系。因而,英语的词形在表达较为复杂的语义概念方面比较自由灵活,以使役动词为例,英语使役动词的"动作"和"动作结果"往往是被概念化一个整体,在一个单纯动词中完成,体现了综合型表达。而汉语却不同,汉语属于语素文字,汉字以形写意,音、形、义一体,字形表音又表义,所以在很多时候汉语得依靠分析型表达法表达较为复杂的语义概念,另外,汉语双音化倾向使得汉语单纯词数量锐减也是汉语单纯词表达使役关系很少的原因。上述英语单纯词表达的使役意义有些在汉语中可以用对应的词来表达,但大部分只能用分析型表达法来表示:使遭受痛苦;使生气、惹恼;使厌倦;使兴奋、刺激;使高兴;使迷惑;使震惊。

2)派生词表达使役关系

语言根据词汇的形态特征大致可以分为综合语型和孤立语型。英语比较偏向于综合语型;而汉语比较偏向孤立语型。综合语的特点是一个词由一个以上的语素构成,词缀丰富,通过词缀变化来区别词类、表示意义。英语中可以表示使役关系的派生词是由使役词缀 en-、-en、-fy、-ize 等构成的派生词,这些使役词缀构词力强，运用范围很广。如：

en-	enrich	使丰富
	endanger	使遭受危险
	enrage	使发怒
-en	frighten	使害怕
	soften	使变软
	lengthen	使延长
-fy	beautify	使变美，美化
	intensify	使加强，强化
	electrify	使电气化
-ize	modernize	使现代化
	popularize	使普及
	mobilize	动员

作为孤立语的汉语是每个词一般只有一个语素构成，字缀很少，数量不超过100个，并且已经包括了新兴字缀如“非-”“准-”等和类字缀如“半-”“好-”等（滕永超，1999），运用范围十分有限，上述英语使役词缀 en-、-en、-fy、-ize 等构成的派生词大部分在汉语中找不到对应的综合型表达法。汉语中的“化”与英语中的一些使役词缀意义相近，有“使变成”之意，如：使变绿→绿化；使变美→美化；使变丑→丑化，等，但“化”一般加在形容词和名词后面，表达某种使役关系，而且，与英语中含有-fy、-ize 的词不同，由名词加“化”构成的词一般不直接用作动词。如，一般不说“机械化农业”，而是说“使农业实现机械化”。

3）转类词表达使役关系

英语中还有一种非常能产的构词法——转类法，也叫零位派生，即一种词类加上零形式转化为另一种词类，使该词能表示新的意义，如 doctor 可由名词不加任何形式变化直接转化为动词 to doctor。英语转类词使役词化程度较高，使役关系可通过名词、形容词等词类词性转换变为及物动词并以动宾形式表达。如：

air *n.* 空气→air *vt.* 使通风

light *n.* 光，光线→light *vt.* 使发光

plague *n.* 瘟疫，灾祸→plague *vt.* 使得灾祸

wrinkle *n.* 皱纹→wrinkle *vt.* 使起皱纹

empty *adj*. 空的，空洞的→empty *vt*. 把……弄空，腾空

corrupt *adj*. 腐败的→corrupt *vt*. 使腐化，腐蚀

perfect *adj*. 完美的→perfect *vt*. 使完美

汉语中也有类似的转类词表达使役关系，但与英语相比，汉语的转类词使役词化程度较低，一般是将“使＋宾语＋补足语”结构中作补足语的形容词转化为动词，表达使役关系。如：

使丰富→丰富 *v*.

使感动→感动 *v*.

使完善→完善 *v*.

4)复合词表达使役关系

复合使役动词表示由外部动因促使受事发生某种状态的变化，前一语素表示引起状态变化的方式，后一语素则表示由此引起的状态。两个语素所代表的行为和状态在时间上先后发生，在逻辑上存在因果关系。

现代汉语的使役词化主要是通过复合的方式实现。通常是一个表示施事动作的词，加上一个表示受事状态的形容词，构成复合使役动词。不过，可以组成这类复合词的形容词通常只限于一些可以量度的形容词或表示感情色彩的形容词(许余龙，2002)。如：

提＋高→提高

减＋轻→减轻

激＋怒→激怒

由于英语倾向于在一个根词内包含“外部动因”和“状态变化”两个语义因子以表达完整的因果关系，而汉语则倾向于用不同根词将两者分别表达(Juffs，1996)，所以英语中基本上不存在复合使役动词(英语中有些复合词也可表达使役关系，但这些复合词是从名词转化为动词的，应归于转类词，如：*n*. network 网状物、网状系统→*vt*. 使成网状)。但对于汉语的复合使役动词，英语中一般都能找到对应的使役词化表达：heighten、lighten、enrage。

我们从词化程度的角度对英汉语言使役关系表达方式进行了对比分析。分析发现英汉两种语言在表达使役关系时既有共性又有个性，这是存在于不同语言中的普遍现象。英汉两种语言在表达使役关系上的差异表明：由于英语比较偏向于综合语型，有大量的单纯词、派生词、转类词，所以在表达使役关系时词化程度特别

高。汉语虽然也有相应的综合型表达法,而且还有英语中基本不存在的复合词表达使役关系的方式,但是,总的来说,在表达使役关系方面,汉语的词化方式使用的范围很有限,而且往往要受到更多的制约。

三、词汇对应对比

词与词之间的语义联系表现在两个方面:一方面彼此之间结成纵向的聚合关系,另一方面又结成横向的组合关系。词的聚合关系反映了人类认知机制对事物及本身生活经验的归类和概括。综观汉英词汇,其聚合语义关系大致有对应词语词义基本相符、对应词语的空缺、对应词语内涵不同。

(一)词义基本相符

人类生活在共同的、大体一致的生态环境和历史环境中,感官功能、基本心理过程和思维结构是大致相同的。因此,除了语言的特定语义构成环境参照以外,还有一个更广泛的、共同的一般语义构成环境。这也是为什么不同语言的群体之间可以进行接触和交流的根本原因。所以,不同语言之间必然存在词义相符的关系(邵志洪,2005)。

词义相符是指一种语言里的某个词汇和另一种语言里的某个词汇其语义恰好正好对应,且引申意义、使用范围也基本一致。英汉语中这种完全对应的词主要集中在科技工具等词汇上,如:microscope—显微镜,physics—物理学,zebra—斑马,clone—克隆。

但应该看到两种语言中完全同义的词语还是少的,绝大多数情况是部分对应,即一种语言里的某个词汇的其中一个义项与另一种语言中的某个词汇的一个义项相同。比如:汉语的“主人”和英语的 master 在表示“雇主”意思上一致,但前者还有英语中的 owner 和 host 意思,而后者有汉语“家庭主人”“能手”“大师”和“名家”等意思。

(二)对应词语的空缺

狭义上说,词语或词汇空缺是指一种语言中存在的词在另一种语言中没有语义对应的词,或虽有相应的表达,但没有词化。汉英语义场对比研究的结果表明,汉英语在不同的词汇层次上会出现词汇空缺。许余龙(1992)画了个示意图(见图9),解释了汉英词汇系统在水果方面的相互空缺情况:

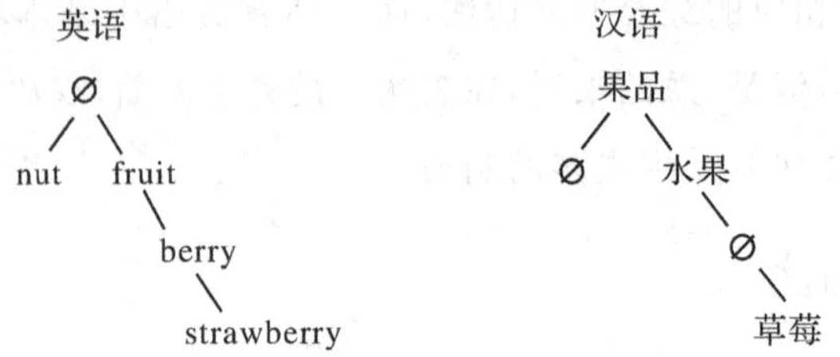

图 9　汉英对应词语的空缺

许余龙认为：

汉语的“果品”包括干鲜果品，不仅指新鲜的“水果”，而且还可以指红枣、黑枣、荔枝干、葡萄干等“干果”，以及核桃、栗子等“坚果(nut)”；而英语中却没有与之相对应的词。英语中的 berry 一词是 strawberry(草莓)、blackberry(黑莓)、blueberry(蓝莓)等的总称；汉语中的“浆果”与之对应，但“浆果”不像 berry 那样是个通俗词，而属于植物学中的专业词汇。

再比如，在亲属称谓上，汉语有一个比较复杂的系统。如：

辈分：上、中、平、下、孙

性别：男、女

父母亲属：父亲亲属、母亲亲属

年龄：大、小

缘类：姻缘、血缘

系别：直系、旁系

内外：内亲、外亲

这样形成的组合，要选择表达的称呼就可多达 53 种。如爷爷、外公、奶奶、姥姥、表妹、表姐、表弟、堂兄、堂弟、堂姐、堂妹、伯父、叔父、姑父、姨父、舅父、表姑等。而英语的亲属系统中没有“父母亲属”“年龄”“缘类”和“内外亲”四个系统，只能在“辈分”“性别”“系别”里进行组合，可能选择表达的称呼就要简单多了。英语用了 13个名词(father、mother、brother、sister、son、daughter、uncle、aunt、cousin、nephew、niece、husband、wife)和几个修饰词(great、grand、step、half、first、second、in-law)就可以反映所有的辈分、血缘和系别。

词汇空缺是一种普遍存在的语言现象，“由于不同民族的地理环境、生活习惯、思维方式、语言心理、道德价值、文化传统和认识世界的方式以及语言种类心态的不尽相同，不同语言在对同样的物质世界现象进行切分和概念化时就会有差异。这种差异反映到词汇系统上，其中之一就是对应语义场的词语空缺”（蔡基刚，2008）。

（三）对应词语内涵不同

由于文化、宗教和价值观念的不同，表示同一概念的词往往会有完全不同内涵和联想意义。蔡基刚（2008）从概念词语、动植物词语、颜色词语等方面进行了论述。这里我们仅以概念词语为例加以说明。

奈达（转引自谭载喜，1999）认为“各种语言往往在表示具体事物的语义层上区别不太明显，而越往上，区别就越大。这是因为，语言在语义结构下层的区别，主要取决人们的感性知识，取决于他们对物体形状、大小的感知；而在上层归类方面的区别，则取决于人们的思想观念，取决于他们对事物及其性质的认识。”因此，“妥协”“烈士”“野心”“个人主义”等概念在英汉语之间的语义差异要远远大过“花”“猫”“山”和“谋杀”“撒谎”这些具体词汇。

(1)妥协：“妥协”这个词对中国人来说有消极的意义。中国人在原则、立场问题上从不妥协。但英语对应词 compromise 却有积极的意义，因为在西方人看来，妥协是为达到目的交涉协商过程中不可缺少的。

(2)烈士：汉语“烈士”是指“为正义事业而牺牲的人”。但英语 martyr 是指“因宗教或其他信仰而被处死或深受迫害的人”。

(3)野心：汉语中的“野心”，英语中一般用 ambition 这个词。但“野心”往往是贬义性的，而 ambition 在英语词典中有积极进取的意思。西方人认为，看准老板的位置，或要出人头地、做大人物，这些并不是坏事，因此 ambition 这个词是有积极含义的。

(4)个人主义：英语中的 individualism 在汉语中都翻译成“个人主义”。但 individualism并不是一个贬义词，在西方，尤其在美国是一种崇尚的品质，是实现个人自我价值的积极表现。而在中国人眼中，“个人主义”是指“一切从个人出发，把个人利益放在集体利益之上，只顾自己、不顾别人的错误思想”。

当然不完全是绝对的，有些像“天文”“食物”“家具”“建筑”和“体育”这些范畴词，尽管也是属于上层结构的词，但语义差异并不很大。

四、词汇搭配对比

词汇的组合关系主要是词的搭配同现关系。由于不同的语言有不同的选择限制，所以汉英两种语言中某些相对应的词会具有不同的搭配范围。一般来说，制约搭配关系的因素主要有：词的使用范围、词的引申程度、上下义词的搭配分工及词的语义韵等。

（一）词的使用范围

词的搭配与词的使用范围，即词的外延有关系。比如，汉语“打开”，不管打开是具体的“打开箱子”还是抽象的“打开奥秘”，也不管打开的方式如何，是旋转、接通电源“打开电视”，还是解开结头“打开结”，都是用“打开”。而英语对应词 open 外延就没有这么大，相应的内容，只能用不同的动词 open the box、discover the secrets、turn on the TV、loosen the tie。当然英语中有些动词的语义外延范围也相当大，搭配能力相当强。如 wear，《现代英语朗文词典》（*Longman Dictionary of Contemporary English*）的解释是“to have(esp. clothes)on the body”，也就是说无论什么东西加在身体上的，都可用，因此，wear 的意义很广，不仅有 wear a coat（穿衣服），还有 wear watch（戴手表）、wear a pair of spectacles（戴眼镜）、wear beard（留胡须）、wear hair（留头发）、wear a pistol（佩带手枪）、wear perfume（搽香水）、wear a smile（脸带笑容），而汉语则用不同的动词。

（二）词的引申程度

词汇搭配范围大小取决于该词的引申能力，许余龙（2002）认为英语 kill 这个动词的引申意义就要比汉语“杀”多，因此搭配范围也大。英语中 kill 不仅用于人和动物（kill the dog），也可用于植物（kill the tree），而且还可引申为“使消失”“使毁灭”，与无生命名词搭配使用（kill time、kill his chances、kill the motion）。而汉语中的“杀”一般只能用于人和动物，不能用于植物，也没有上述 kill 的引申义。汉语“杀”也有引申用法，但不及 kill 用得广泛，而且与 kill 的引申用法也不一致，多用于表示“破坏”或“削弱”，如“杀风景”“杀威风”“杀暑气”，因而搭配的范围也不同。

需要注意的是，有时一种语言中同一语义场里的词具有相似的引申用法，例如，与 kill 同属一个语义场的 murder（谋杀）一词具有与 kill 相似的引申用法，一部拙劣的译作可以称为对原作的 murder，水平低劣的演奏可以说是 murder a tune

(糟蹋了一支好曲子)。这些都是从"蓄意杀害"到"人为损害"的引申用法,而汉语中的"谋杀"一词没有这种引申用法。

(三)上下义词的搭配分工

汉英上下义词搭配分工不同会造成两种语言搭配的差异。比如,当"做"和 do 表示"干或从事某种工作或活动"时,是一些表示做某种具体工作的动词(如"扫""洗""修剪"和 sweep、wash、mow)的上义词。在汉语中泛指一般动作的动词,往往只能与泛指一般事物的名词搭配(如"做家务");表示具体工作的动词,往往只能与表示具体事物的名词搭配(如"扫地""洗碗""修剪草坪")。而在英语中,泛指一般动作的动词可以与泛指一般事物的名词搭配(如 do house work),在与表示具体事物的名词搭配时可用表示具体动作的动词也可以用泛指一般动作的动词(如 do/sweep the floor、do/wash the dishes、do/mow the lawn)。汉语则不容许这样的搭配(如"做地""做碗""做草坪")。

类似的例子还有:

do shopping(购物)、do the teeth(刷牙)、do the laundry(洗衣)、do the flowers(插花)、do ironing(熨衣服)、do the town(城里观光)等。

(四)词的语义韵

语义韵作为一个术语,是由比尔·洛(Bill Louw,1993)提出的,指"节点词从其搭配中传染而来的意义韵味"。可见,语义韵是指一个词和另一个词共同出现时的语义氛围或习惯性地和某些具有相同语义的词语共现。词语搭配形成的语义韵大体上可分为消极语义韵、中性语义韵和积极语义韵三类。在消极语义韵里,节点词所吸引的搭配词几乎都是些具有强烈或鲜明消极语义特点的词项,它们赋予节点词及其语境一种强烈的消极语义氛围。积极语义韵的情况则正好相反:节点词的搭配词几乎都是些具有积极语义特点的词项,因此形成一种积极语义氛围。在中性语义韵里,搭配词的语义特点既不消极,也不积极。或者,既有一些消极含义的词项,也有一些积极含义的词项,呈现出一种错综的语义韵(卫乃兴,2001)。

如果一个词的语义韵越宽,即同时具有消极和积极的语义韵,搭配的范围就大,而如果一个词的语义韵只有消极的或只有积极的,搭配范围就小。邵斌(2019)以汉语"偏见"与英语 bias 为例加以证实。汉语的"偏见"指的是"对他人所持有的缺乏充分事实依据的认识和态度"。bias 通常被认为是"偏见"的对应词,但事实上

bias 有时也有“偏爱”“倾向”等含义，此时其语义韵并无消极性，而是呈现出中性乃至积极的语义韵，这样 bias 的搭配范围就比汉语“偏见”要宽的多，例如：

I'm biased because I drank this beverage as a kid.

我对这种饮料情有独钟，因为我从小就喝它。

In place of consumption, the system retains a bias toward investment, and along with it, overcapacity, which then spills out into the global economy.

金融体系还偏爱投资和投资带来的产能过剩，而不是消费。产能过剩进而会影响全球经济。

A number of different approaches to hyponymy will be considered, but ultimately the views expressed here are those of a lexical semanticist with a “cognitive linguistic ” bias.

研究上下义关系可以采用诸多不同的视角，不过最终这里的观点是一个偏向“认知语言学”的词汇语义学家的视角。

另外，语义韵可能与语言社团的社会文化因素以及心理因素等有着密切关系。从某种意义上说，它是因语言而异的。在英语里，cause 一词具有强烈的消极语义韵，英语本族语者常用 the cause of failure, the cause of trouble 等说法。与此相反，汉语里却常用“成功的原因”“经济飞速发展的原因”“取得进步的原因”。如果将汉语的表达措辞直译为 the cause of success、the cause of economic development、the cause of progress 等，就会完全违反 cause 一词的典型搭配行为，破坏其一般的消极语义韵。

决定一个语言的词汇搭配强弱有许多因素。语义是搭配的基础，对搭配起着关键的决定性作用。由于人类具有基本相同的认知规律，因此不同语言中，表达同一概念或事物的词语搭配是可以相互理解的。但不同语言中又反映出各自的搭配习惯，制约搭配关系的除了上述的原因之外，不同语言的语言结构、不同民族的思维模式等对语言词汇的搭配都有影响，这里就不一一赘述。

第六章　汉英语法对比

“语法”一词有许多不同的含义，按照传统的观点，“语法学”一般包括形态学和句法学两大部分。由于在上一章里，我们已经把形态学中的词汇形态学归入词汇研究的范围，所以本章中所说的“语法”主要指句法（syntax）以及与句法有密切联系的屈折形态学（inflectional morphology）。莱昂斯（Lyons，1981）认为，句法和屈折形态变化构成了语法中相辅相成的两个方面，两者共同决定了句子是否合乎语法：句法规定了在某一具体的句子结构中词与词之间是如何组合的，而屈折形态变化规则决定了词在这一组合中应该采用什么样的形态形式。

第一节　汉英语法关系表达的异同

形态、语序和虚词是表达语法关系的三种方式。对英语而言，这三种方式都很重要。汉语的情况不同，由于没有严格意义上的形态，语法关系主要由语序和虚词表达。下面我们拟对它们进行对比，弄清它们在两种语言中表达语法关系时的不同地位和不同规律。

一、形态对比

“形态”是指语言中词与词组合时词的形式上发生的变化，是表达语法意义的重要手段。汉语属于典型的分析语，主要依靠虚词和语序来表示语法意义；英语是一种由综合型向分析型过渡的语言，依旧保存着形态丰富的特点。“形态”有无或多寡成为汉英两种语言类型的分水岭。

（一）英语语法中的形态标志

英语的形态变化（inflexion）有内部形态、附加形态和外部形态三种形式。

英语的内部形态主要通过加缀法(affixation)来实现,即在词根上加前缀(prefix)和后缀(suffix)而起到构词和构形作用。词缀的构词功能就是在词根的意义上附加词义,构成新词;构形功能就是标示词类。一般情况下,加前缀只有构词作用,加后缀既能构词,也能构形。词根上一旦附加前缀或后缀成为新词或属于另一个词类后就成为其固定的形式。关于加缀法我们在上一章已经讨论,这一节我们主要讨论词进入句子后表达语法意义的形态标志,这就涉及附加形态和外部形态两种形式。

1. 附加形态

附加形态是指词在进入句子后为了表示其在句中的语法功能(即表示与其他词的关系)而发生变化的形态标记。这种变化不会改变词根的意义,只显示某种语法意义。

1)屈折词缀

屈折后缀附在词后,与词的词汇意义无关,仅表示各种语法意义。例如:

"名词+s(es)"标示复数,如:tents、computers、ladies.

"代词+es"标示复数,如:yourself—yourselves.

"动词+s(es)"标示第三人称单数现在时,如:reads、listens、watches.

"动词+ed"标示过去时、过去分词、完成形式,如:played、washed.

"动词+ing"标示进行形式、现在分词、动名词,如:seeing、eating.

"形容词、副词+er"标示比较级,如:faster、larger、prettier.

"形容词、副词+est"标示最高级,如:fastest、largest、prettiest.

2)内部屈折

内部屈折指由词根内部的语音变化而呈现出来的不同形式表示其语法意义。例如:

名词复数式:foot—feet,mouse—mice,woman—women

动词的过去时和过去分词:be—was/were—been,fly—flew—flown

形容词、副词比较级、最高级:good—better—best,bad—worse—worst

3)异根式

异根式指用不同词根表示同一词的不同语法意义。例如:

主格:I,we,they,he,she

宾格:me,us,them,him,her

所有格:my,our,their,his,her

2. 外部形态

在词进入句子后为了表示其在句中的语法功能,即与其他词的关系而临时加在前面的形态标记词(或称功能词)。它与附加形态的不同之处是外部形态词加在前面,分开读写,而不是黏附在词的后面,但它们的功能是一样的,就是只表示语法意义。

1)动词的外部形态标记

英语动词的外部形态标记主要是助动词 be、have、do、shall、will,其语法功能是表示时态、语态和语气。

(1)英语动词的时态,除一般现在时、一般过去时单纯由动词+附加形态标示外,其余的都必须前加外部形态,后加附加形态。

一般将来时	shall/will+动词
过去将来时	would/should+动词
现在进行时	am/is/are+动词 ing 式
过去进行时	was/were+动词 ing 式
现在完成时	have/has+动词 ed 式
过去完成时	had+动词 ed 式
将来进行时	shall/will+be+动词 ing 式
过去将来进行时	should/would+be+动词 ing 式
现在完成进行时	have/has+been+动词 ing 式
过去完成进行时	had+been+动词 ing 式
将来完成时	shall/will+have+动词 ed 式
过去将来完成时	should/would+have+动词 ed 式
将来完成进行时	shall/will+have+been+动词 ing 式
过去将来完成进行时	should/would+have+动词 ed 式

(2)英语被动语态的构成:

be+动词 ed 式。

(3)英语虚拟语气的构成形式:

与现在相反的事实:从句用一般过去时,主句用 would/should+动词;

与过去相反的事实:从句用 had+动词 ed 式,主句用 would/should+have+动词 ed 式;

与将来相反的事实：从句用 should/would+动词，主句用 should/would+动词。

2)形容词、副词的外部形态标记

英语形容词、副词的外部形态标记主要是 more 和 most，放在形容词的前面表示比较级与最高级。

单音节形容词、副词的比较级和最高级由附加形态-er、-est 标示。两个音节以上的形容词和副词的比较级、最高级由前加外部形态 more 和 most 标示。

(二)汉语语法中的形态标记

汉语中是否存在上述英语中这种语法意义上的形态标记，一直是学界争论不休的话题。20 世纪 50 年代，汉语学界曾掀起了找寻汉语形态的热潮，找寻出了一些似是而非的"形态标记"。主要可分为下列几类。

1. 动词后的附着形式"着""了""过""得"

着(zhe)：表示动作的进行或持续的状态，如：

唱着，跳着，吃着

了(le)：表示动作的实现，如：

唱了，跳了，吃了

过(guo)：表示动作已成为过去或过往的经验，如：

去过，吃过，看过

得(de)：表示动作的程度与结果，如：

吃得好，玩得开心，住得舒服

2. 形容词后的附着形式"着""了""过""得"

着(zhe)：表示形容词描写的状态正在持续，如：

这个演员正红着呢。

了(le)：表示形容词描写的状态过去的情形，如：

这个演员红了一阵子。

过(guo)：表示形容词描写的状态过去的情形及其对现在产生的可能影响，如：

这个演员去年红过。

得(de)：表示形容词所描写的状态的程度与结果，如：

这个演员红得很。

3. 名词和人称代词后的附着形式

们：加在名词和人称代词后表示人物的复数，如：

同志们、代表们、我们、你们、他们

的：加在名词和人称代词后表示领属，如：

民族的希望、祖国的骄傲、我的理想

4. 副词后的附着形式

地：标示副词以区别于标示形容词的“的”，表示状态，如：

飞快地跑、焦急地等待

不过，汉语中这些所谓的形态标记，不仅在数量上极少，更重要的是，相较英语中的形态标记，它们缺乏强制性，在使用上也有很大的局限性。

(1)所谓的表示语法意义的“着”“了”“过”等动词附着形式，在汉语中并非必需。在实际使用过程中，即使不用也可表示这些形态所具有的语法意义，如：

我无时无刻不想念着祖国。

我无时无刻不想念我的祖国。

有时动词的同一附着形式，在同一句型中会有不同的语法意义，如：

我走了。

他走了。

两个句子句型相同，“走”后面都附着“了”，可是在“我走了”中表示的是将来时，而在“他走了”中表示的是过去时，或现在完成时。“我走了”是英语的“I am leaving”，“他走了”是英语的“He has left”或“He left”(周志培，2003)。

最大的区别是，在一定的上下文中，汉语动词的时、态、语气等往往是隐含的，没有形式上的标志。如：

我一两年之内不会去美国。(将来时)

I won't go to America in one or two years.

我们上完课时，他却还没露面。(过去完成时)

When we finished classes, he hadn't shown up yet.

据说巡回演出引起了轰动。(被动态)

It is said that the tour has made a sensation.

你死了，我就去做和尚。（虚拟语气）

If you should die, I would go and be a monk.

(2)名词和人称代词后面的附着形式“们”的使用局限性很大，不能用于事物名词后面，如不能说“狗们”“火车们”；也不能用于专有名词后面，如可以说“先生们”，但不能用“王先生们”（尽管事实上有两个或几个姓王的先生在一起）。“们”的使用也有相当的弹性，如：“我校”也可以说成“我们学校”。

(3)用在名词和人称代词后面表领属的“的”在使用上也很有弹性，既可以说“我家”，也可以说“我的家”。

(4)副词后的“地”本来就是为了区别“的”而人为制定的用法，而且在语法学家中意见也不统一。中国著名的语法学家张志公就认为“的”“地”不必区分，也区分不清楚。“地”的用法本身也有问题，如“耐心等待”可以说成“耐心地等待”，但“快跑”说成“快地跑”就不行。

二、语序对比

语序就是语言中各级语言单位的排列次序，这种单位，小到语素，大到句群，都是语序研究的对象。这里我们主要把语序当作一种“句法序列规范”（刘宓庆，2006），主要是讨论现行体系下的 SVO 语序问题。

（一）英语语序特点

英语语序的稳定性在印欧语系各语言中比较突出，它的屈折形态变化已经在长期的历时发展（特别是在中古英语时期）中解体，语序上升为重要的语法结构手段。稳定性主要表现为以 SVO 结构为基础的基本句占优势。但是英语语序在具有强制性的同时还具有一定的灵活性。这种属于灵活性的语序变化，主要有主谓倒装和宾语前置，有些主谓倒装和宾语前置是结构性的，具有语法强制性；有些主谓倒装和宾语前置则属于功能性或文体性的，主要是为了强调，去掉强调以后又可以复位于常规语序。

结构性变通是特定的，具有语法强制性，功能性变化是为了强调，句中很多词类都可以居于强调位置，去掉强调以后又可以复位于常规语序。

1. 英语语序的结构性倒装

(1)疑问句。为表达不同的疑问而构成的句式。例如：

Will she go?

Have you ever been there?

He can ride a bicycle, can't he?

英语中不用倒装句式的疑问句有两种。一种是以疑问词作主语或修饰主语的特殊疑问句。例如：

Who invented the steam engine?

Which book is the best?

另一种是怀疑式疑问句。这种问句由陈述句+问号构成。它的语义与倒装的一般疑问句不同，它主要是用于对陈述的事实表示怀疑。试比较：

He is a doctor?（他是个医生？）

Is he a doctor?（他是医生吗？）

(2)祈愿句。为表达祈愿而构成的句式。例如：

Long live the People's Republic of China!

May good luck attend you!

(3)虚拟条件句。虚拟条件一般通过 if 引导分句来表达，但在正式文体中可通过省略 if 后构成倒装句式来表达。例如：

Were John here now, he would explain the whole matter.

Should he come tomorrow, I should tell him.

(4)让步句。让步意义一般由 though, even though, no matter 等连词引导分句表达，但在正式文体中可通过省略连词后构成倒装句式来表达。例如：

Be it ever so late, I must finish the work.

Come what may, we will always stand by you.

(5)附和句。为表达对别人或自己话语的附和而构成的句式。例如：

He has been to Beijing. So have I.

I don't like him. Nor do I.

(6)存现句。为了引出存在物(主语)这一新信息而构成的句式。例如：

There lies a lake near our village.

Now comes your turn.

(7)感叹句。倒装可以出现在宾语或表语为感叹对象的句子。例如：

What an interesting game we're watching!

How interesting a game we're watching!

What a stupid boy he is!

(8)特定句式。为表达特定的意义,需构成特定的句式,这时就有可能因句法规则要求而引起宾语前置。这种情况主要出现在宾语是疑问代词、连接代词,关系代词,或被这些代词修饰的句子中。例如:

What(work)did he do then?

I don't know who/whom I should ask for help.

Whatever(nonsense)the newspaper prints, some people always believe it.

You can talk about anything that you're interested in.

由于这类语序变化是英语特有的结构性变异,因此不可能与汉语取得对应。

2.英语语序的功能性倒装

这种倒装是非强制性倒装,其目的是为达到强调或为达到不同的修辞效果而对语序进行调整。英语有以下几种常见的功能性倒装句式。

(1)强调句。为强调某些句子成分,可将其由通常较为靠后的位置提至句首。这种情况往往引起主谓倒装。例如:

So angry was he that he couldn't speak.(强调表语)

Speak you.(强调动词)

Growl you will, and go you must.(强调动词)

Don't you smoke again.(强调否定)

Never did I hear him say "enough".(强调否定)

Only in this way can you solve this problem.(强调状语)

Under no circumstances will we give into difficulties.(强调否定状语)

(2)描写句。为对事件进行生动描写,可将方位词或声色词提至句首,这时往往出现主谓倒装。例如:

The door burst open and in rushed the crowd.

Rap; rap; rap; came the knocks on the door.

另外,表示地点的介词短语在生动描述时可引起主谓倒装。例如:

Across the river lies a long bridge built only two years ago.

Inside the pyramids are the rooms for the bodies of the kings and queens.

(3)平衡句。主语较长时,为保持句子结构平衡,避免头重脚轻,常采用主谓倒装句式。例如:

Such was Albert Einstein, a simple man of great achievements.

To this list may be added a few more scientists working in another department.

(4)衔接句。为使语句之间前后连贯,后句常用主谓倒装句式与前句衔接。例如:

"Why should we celebrate a failure?" asked he.

...From this comes the theory of atoms.

(5)对比句。为突出对比概念,比较和方式分句中有时也采用主谓倒装。例如:

We live a much better life than did the people in the past.

The present owner is a keen art collector, as were several of her ancestor.

有时是为了对比上下文中两个平行结构,采用宾语前置。例如:

The job he got; the fame he lost.

The novel I liked, but the musical I was disgusted with.

(二)汉语语序特点

汉语的宏语序虽属于SVO型语序语言,但汉语不像英语那样具备SV(SVO)稳定特征。汉语句子经常表现出多种形式的语序变通,而这种序列变通往往是一个有争议的问题,下面就简单介绍汉语语序的变化情况。

1. 汉语语序的结构性倒装

刘宓庆(2006)认为,汉语中不具备印欧语式的结构性倒装。汉语具有特殊的素质,不必也不应按印欧语的"语法—逻辑"概念,认定某些语序变通是宾语倒装或状语前置。所以下面的几种情况都应是汉语的基本语序规范。

(1)现代汉语中处于谓语动词之前的宾语,不应看成是英语式的"OV结构性倒装",而是汉语的SV自然语序,例如:

钱花了。S+V:The money has been spent.

饭吃了。S+V:The meal has been eaten.

(2)处于受事主语之后的施事者,仍然是主语,被称为"施事主语",施、受并存于主位(即大主语小主语)。在汉语语法中,这是自然语序,不能看作是倒装,因为受事不能复位,只要推导出这两句的话语语境,即可看出差异:

钱我花了。(钱哪里去了?钱我花了。)Where is the money? I spent it.

我花钱了。(你猜我干吗了? 我花钱了。)Guess what I did. I spent some money.

(3)句首表示地点或处所的词语,不能看成句首状语,应该认定它们都是话题主语(见第三节“汉英句子结构对比”):

台上坐着主席团。

村东头种了一百来棵树。

墙上是一张世界地图。

山那边跑来两匹马。

但是,上面句子的分析会有争议。潘文国(1997)认为之所以人们对汉语倒装有争议,是因为人们对主语、宾语的定义下得不一样,对倒装的认识也不一样。例如着眼从施受关系确定主、宾语时,下面这些句子就要看作是倒装:

台上坐着主席团。

外面进来一个人。

这本书我没看过。

我这本书没看过。

天大的事我一人承担。

你家不回,在这儿干什么?

而着眼于以语序定成分的,把前两句看作SVO,把后四句看作主谓谓语句,就都不存在倒装的问题了。

但是,潘文国(1997)、何善芬(2002)认为,下面的句子结构应该是汉语宾语的结构性前置,主要出现在含“什么……都……”“一点……也不……”这类结构的强调句式中。例如:

什么事他都做/他什么事都做。

谁我也不认识/我谁也不认识。

汉语中的这种宾语前置是结构性前置,是因为这种前置是强制性的,是为表达特定的意义而构成的特定句式。如宾语不前置,句子或是不能成立,或是表达完全不同的意义。试比较:

什么事他都做。≠他都做什么事。

我谁也不认识。≠我也不认识谁。

2. 汉语语序的功能性倒装

现代汉语的功能性倒装都是为了强调的目的，多数功能性倒装是可以复位的。

(1)汉语主谓的功能性倒装很常见，都是为了强调，例如：

真伟大啊，中国人民！

怎么了，你？

想干什么，你这傻瓜？

(2)汉语动宾的功能性倒装是古汉语倒装(“时不我待”“吾谁欺？欺天乎？”)的陈迹(刘宓庆，2006)，都是为了强调。例如：

天不怕，地不怕。

酒喝一点，鸡不吃了。

小刘在，小王没找到。

他出国了，听说。

他酒不喝，牌不打，烟也不抽。(他今天怎么啦？闷闷不乐。)

(3)汉语中有一些动宾倒装式中宾语前带上了介词，其实它们也是功能性动宾倒装句，有语境制约下的意义，表示强调，常见的是用“连”与“也”“都”前后呼应，例如：

嫂子连我也不认得了？

他连一口水都没喝就走了。

三、虚词对比

除了形态和语序之外，汉英虚词也被认为是一个重要的语法手段。虚词是汉语用语，英语中叫结构词(structural words，也称为 function words)。结构词和虚词都属于封闭性词类(closed classes)，即本身不能再派生新词。但英语的结构词与汉语的虚词有很大的差别。下文中对汉英虚词的分类引自刘宓庆《新编汉英对比与翻译》(2006)。

(一)虚词的分类

1. 英语的“结构词”

英语的“结构词”主要由以下几类词组成。

(1)参与名词短语的结构词——限定词(determiners)。例如 a、an、the。

(2)参与动词短语的结构词——助动词(auxiliaries)。例如 am－are－is、was－were、being、have been；have－has－had；may－might、shall－should、will－would；can－could、must、ought to、have to－had to。

(3)参与代词结构的结构词——代词(pronouns)。例如 I－we、you－you、he－she－it；me－us、you－you、him－her－it、them；my－our、your－your、their；mine－ours、your－yours、his － hers－its、theirs；this－that、these － those；其他不定代词等。

(4)参与介词结构的结构词——介词(prepositions)。例如 of、to、in、at、for、with、on、by、from、up 等。

(5)参与形容词和副词结构的结构词——修饰词(qualifier)。例如 more－most、very、less－least 等。

(6)参与并联结构的结构词——并列连接词(coordinators)。例如 and、or、but、so、than、as 等。

(7)参与从属连接结构的结构词——从属连接词(subordinators)。例如 that－which；who－whose；what、when、where、how；if、whether、as、because、lest、unless 等。

(8)参与疑问句结构的结构词——疑问词(interrogatives)。例如 when、where、why、how、who、which、what 等。

(9)参与否定结构的结构词——否定词(negatives)。例如 not、no 等。

2.汉语的虚词

汉语的虚词是实词(full words)的对立面。虚词一般分为四类：

(1)助词。例如：

结构助词——的、得、所、地、似的；

时体助词——着、了、过；

语气助词——呢、啊、吗、吧、了。

(2)介词。例如:

引导施事的介词——被、叫、让、由;

引导受事的介词——把;

引导与事的介词——跟、给、对、为、比;

引导时地的介词——在、到、从、于;

引导手段、方式的介词——用、以。

(3)副词。例如:

独立性副词——甭、别、不、不必、趁早;

可以置于句外或自成一个单位的副词——敢情、刚刚、刚好、难怪、幸好、也许、一块儿、怪不得、没准儿;

非独立性副词(即不能置于句外或自成一个单位的副词)——也、还、更、本、全(都)、却、则、往往、反而、越发。

(4)连词。例如:

可、和、与、及、可是、如果、即使、不仅……而且……。

由以上分类可以看出英语结构词定界宽,包括汉语虚词所不包括的冠词、代词、助动词、疑问词,以及汉语中没有的从属连接结构词;另一方面,英语结构词又不包括汉语中列入虚词的独立性和非独立性副词及汉语所特有的句尾语气词。

(二)汉英虚词的异同

作为表示语法意义的一种重要手段,汉英虚词都具有参与语法和语义结构的功能。二者的结构参与功能都直接影响到句法和语义结构的“合格性”。比如汉语如果没有虚词,句子就成为不合格句:

(1)用车把货运来了。(语法合格,语义完全)

(2)车货运来了。(语法不合格,语义残缺)

英语句子中如果没有冠词就不能称其为合格句;冠词位置变换,句义也就改变了:

(1)Box leaves before you go*.(不合格)

(2)Box the leaves before you go.(在你走以前把树叶装进箱里)

所以说,如果没有虚词参与从语素、词、词组、句到语段这五个层级的基本组合关系,任何语言(特别是汉语这种没有词尾形态变化的语言)必将会成为“一盘散沙”。

对于汉英虚词之间的对比,潘文国(1997)认为“以前做得较多的是微观对比,有的是一类类的词,如介词的对比,有的是一个个具体的词的对比,如‘和’与

'and'、'all'与'都'等。这些研究都是很有价值的,也很有用,但是我们还必须从宏观上对两种语言的特性和使用规律进行对比,才能了解在两种语言的语法手段上占有重要一席的虚词在各自语言中所占有的真正地位。所谓从宏观上去看,就是从体系上去看,从语言的根本特性上去看"。

基于这种角度,潘文国(2010)认为汉英虚词最本质的区别在于:英语虚词是形态的补充和替代,其使用是刚性的。汉语虚词是语义虚化的产物,也是补充语义、调节声气的语音手段,其使用弹性很大。下文节选自潘文国主编的《汉英语言对比概论》(2010)中"虚词的宏观对比"一节(有删改):

(一)英语虚词是形态的补充和替代,其使用是刚性的。

英语从古英语发展到现代英语,经由了从综合性(synthetic language)向分析性语言(analytic language)的转变,最明显的变化就是词的屈折变化之类的形态特征不断削弱,而词序和虚词的作用在不断提升。……在某种意义上,词序和虚词就起到了这一补偿和替代作用,从而达到了新的平衡。

英语动词在历史演变中,一些重要的形态变化所具有的功能也逐渐被虚词所替代。古英语中的情态和语气一般通过动词词尾的形态变化来表达。例如虚拟语气,古英语是在单数和复数的动词后面分别添加-e和-en形成屈折变化。到了18世纪以后,由实义动词虚化而来的情态动词may,can,shall,will,might,must等逐渐用来表示动词的虚拟形式。

英语从本质上看,是一种形态型的语言。在古英语及中古英语时期,其形态型特征突出地表现为词尾形态繁复的屈折变化。不过,在英语由综合型转向分析型的过程中,许多词尾形态屈折变化逐渐弱化和消失,取而代之的是英语虚词的频繁使用,它们以另一种较为固定的表现形式与这些屈折变化缺失的词相互组合,很大程度上保留了英语形态型语言的特征。

许多依靠虚词而成的语法手段也依然是一种形合的手段。……这种依靠虚词而成的词汇手段和其他一些存留下来的词汇形态变化一起共同完成词间、小句间和句子间的组合关系,形成广义上的"形合"。英语语法的形合手段具有强制性、欠缺灵活度的"刚性"特征,这也表现在了虚词的使用上。

更值得一提的是,作为虚词的英语代词也是"形合"的手段之一。如英语人称代词在形态变化上比名词和形容词更为丰富,形、数、格等外在形式变化清晰。代词的使用同样具有刚性或强制性的特点,这突出地表现在充当形式主语的it和引导词 there 的使用上。形式主语的 it 和引导词 there 两个词本身完全没有意义，其使用主要是为了完成“主—谓”结构框架。

（二）汉语虚词是语义虚化的产物，也是补充语义、调节声气的语音手段，其使用弹性很大。

现代汉语虚词一般都来自古代汉语中的实词，每个由实词演变而来的虚词的意义都和它们以前的实词意义有渊源关系。如现代汉语中“在”，常用作介词，表示动作、情状所涉及的处所、时间、范围等，而在春秋时代的文献中，它只用作动词。试看下列两例：

关关雎鸠，在河之洲。（《诗经·周南·关雎》）

五月斯螽动股，六月莎鸡振羽。七月在野，八月在宇，九月在户，十月蟋蟀入我床下。（《诗经·豳风·七月》）

这两例中的“在”都用作动词，上古时期“在”的语法意义只表示某人或某事物存在于某个地点，而不表示存在于某时。在第二例中，“斯螽”“莎鸡”是“七月在野，八月在宇，九月在户”的共同主语，构成了“某人/某物‘在’某地（做某事）”的紧缩语法格式。其中的“在”就逐渐虚化成为引介地点的介词。例如现代汉语“骏马在广袤的草原上驰骋”的“在”就是这一演变的结果。现代汉语中“在”也可当作副词，如“孩子们在齐声朗诵诗歌”，“在”表示的是正在进行某种动作或正处于某种状态，这也是由动词性的“在”虚化而来表示时间状态的结果。现代汉语中其他一些如“把”“被”等介词也都遵循了类似的实词虚化的发展规律。值得注意的是，实词虚化而来的虚词，主要获得了语法意义，但是其原本所具有的语义并未完全丧失。它们在进入句子时，不仅承担了语法结构的作用，而且在语义上也能使整个句子更加完整。

不过汉语虚词除了自身固有、实词虚化的来源以外，还有一部分则是语气词实化的产物。郭绍虞认为：“（一部分虚词）是由词头、词尾、词间性质的发声词、收声词或语间词转化来的。”如助词转化成为连词、介词、代词，甚至副词。这种“由虚到实”的现象是汉语虚词所独有的。在古汉语中，典型的例子是连词“而”字。“而”可用作语气词，通“尔”。如《论语》中“已而，已而，今之从政者殆而”。后来经常用在两个词语之间，则成了连词，即可以连接两个并列成分，如“美而艳”“高而大”；它可连接偏正成分，如“侃侃而谈”；也可连接主谓成分，如《诗经·鄘风·相鼠》中的“相鼠有皮，人而无仪。人而无仪，不死何为”这种极虚的表示语气的音节，逐渐在长期宣泄声气的使用中，显示出了一定的语句组织的语法作用，慢慢地形成了虚词。

虚词在形成和划分上的多元化，令汉语虚词在使用上呈现多样化、极富灵活性的特点。汉语虚词的使用具有弹性，具体表现在以下几个方面：一是虚词可用可不用。与英语虚词相较，汉语虚词的使用在一定的语境或上下文中可有可无，这是两者的最大分别，二是汉语的虚词存在音节伸缩的问题。汉语虚词具有伸缩的弹性特点，这跟汉语单双音节配合使用而造成不同节奏的情况有关。例如：

这些问题和矛盾，虽然有发展中难以避免的因素，也与我们在既往的发展中过多地强调"快"，而常常忽视"好"有很大的关系。

我们可以重写为：

这些问题矛盾，虽有发展中难以避免的因素，也与我们在既往发展中过多强调"快"，而常忽视"好"有很大关系。

第二节　汉英"句子"的定义

"句子"是语言研究的一个重要单位，在英语里叫 sentence。但是汉语的"句子"跟英语的 sentence 是一样的吗？这是本节要探讨的问题。

一、句子(sentence)与话语(utterance)

索绪尔在其《普通语言学教程》一书中提出了语言研究的几对基本概念。其中有一对是语言(langue)和言语(parole)。语言是指语言体系本身，言语则指语言体系在实际使用中的体现。索绪尔认为语言学所要研究的是语言，而不是言语，因为语言是一个受一定规则制约的体系，而言语则不是。现代语言学的任务就是要对语言进行分析，寻找它的构成规则。20 世纪 50 年代后期，乔姆斯基提出了语言能力(competence)和语言行为(performance)之间的区分。他认为，"语言能力"和"语言行为"是两个不同的概念。前者指的是本族语者所习得的语言知识，这种知识往往是隐含的，即知其然而不知其所以然；后者则指本族语者的实际语言运用，也即本族语者具体的说话和听话行为。语言能力是语言行为的基础，应该作为语言研究的对象。乔姆斯基语言能力和语言行为之间的区分与索绪尔的语言和言语之间的区分一脉相承，虽然他们两人对语言本质的理解不尽相同(何兆熊，2000)。

西方语言学，特别是自从索绪尔、乔姆斯基强调研究语言、语言能力以来，十分重视作为语言系统一部分的 sentence 的研究。乔姆斯基在其研究中明确地肯定了 sentence 作为最大结构单位和语法单位的地位。

那么什么是 sentence 呢？sentence 有无数的定义，但大多数定义都受到美国语言学家布龙菲尔德(Leonard Bloomfield)的影响，强调 sentence 概念的结构自主性或独立性。布龙菲尔德(1933)说过："任何句子是个独立的语言形式，它不借助任何语法结构而被包含在更大的语言形式里。"在定义 sentence 的时候，他还同时用到了 utterance 这个概念，他认为 utterance 是由 sentence 组成的。

莱昂斯(Lyons，1968)认为 sentence 是一个抽象实体，是抽象语言系统的一部分。utterance 作为实际使用的话语，是从来不会由抽象实体组成的。组成utterance的只能是对应于抽象句子的实际言语片段。莱昂斯把 sentence/utterance 的区分跟索绪尔的语言(langue)和言语(parole)的区分联系起来：utterance 是说话人用语言系统的成分(如 word 和 sentence)按一定规则说出来的一段一段的 parole。因为语言系统的成分和规则构成 langue，我们也可以说，说话人根据 langue 说出来的 parole 是 utterance。

我国学者何兆熊(2000)阐述得更为明确：

句子是一个属于语法范畴的概念，它是所属语言的语法单位，它的构成需符合一定的语法规则，如英语的句子必须要有主语和谓语等。话语是语言交际的一种单位，它是具有一定的交际功能的最小语言单位，这个具有交际功能的最小语言单位可能恰好是一个语法完整的句子。实际上，在交际过程中大多数的话语都是以完整句子的形式出现的，例如："There is a dog at the gate. We'd better keep away."这两句完整的句子在一定的语境中便可能分别具有"警告"和"建议"的交际价值。也有不少话语是以省略了某些成分的不完整的句子形式出现的，例如："(There's) A dog (at the gate)!"还有一些话语根本不是个句子，但它们的交际功能却是十分明显的，例如"Hello!""Hi""Ouch!""Wow!""Good morning!"等。可见，句子和话语是两个不同的概念，它们是在人们从不同的角度去观察、研究语言时牵涉到的不同概念。

二、汉语的句子与英语的 sentence

从语言的共性来考虑，汉语和英语句子的基本特征应该一致，英语句子的定义适用于汉语，汉语的也适用于英语。实际情况并不完全如此，汉语和英语句子的定义有各自的侧重点，汉语和英语句子本身存在的差异是导致定义不同的直接原因，这在一定程度上反映两种语言存在差异。

我们先考察国内外语言学家对句子的定义：

布龙菲尔德(1933)认为任何句子是个独立的语言形式，它不借助任何语法结构而被包含在较大的语言形式里。

叶斯柏森(1924)认为句子是人所说的(相对)完整和独立的话语；完整性和独立性表现在它具有单独存在或可以单独存在的能力上，即它本身可以单独说出来。

王力(1954)为汉语句子提出了这样的定义，即一个句子是一个完整的独立的语言单位。

朱德熙(1983)的观点是，句子是前后都有停顿并且带着一定的句调表示相对完整的意义的语言形式。……句子是由词组成的，可以很长，也可以很短。

可以明确的是，国外语言学家关于"句子"的定义是从印欧语角度出发的，而国内语言学家的"句子"定义是针对汉语而言的。但是大多数汉语言学家都接受了西方语言学家以印欧系语言为基础建立起来的语法模式，因此他们给汉语句子下的定义和西方语言学家下的定义极其相似，但是这样的定义，不论其普遍性和严密性如何，对于我们确定汉英句子显然是无能为力的，"因为我们想要知道的是，操汉语的人和操英语的人，他们心目中对自己语言的句子概念是否相当。要判断一个句子是否具有完整性和独立性，我们最后还得求助于操本族语的人，而这正是我们所要追寻的东西"(曹逢甫，2004)。

对于英语"句子"来说，尽管定义不胜枚举，分歧很大，但正如叶斯柏森(Jespersen，1958)所说，"虽然语言学家们在理论上意见不一，但是他们在实践中一般都趋于一致。当他们遇到某个具体的词组时，对于是否应把它当作一个真正的句子，他们是不会犹豫不决的"，他们几乎采用相同的标准，得出十分相同的看法，"他们似乎都同意不借助主语和限定动词这样的范畴就无法在表层定义英语句子"(曹逢甫，2004)。

综合各种观点，*Random House Webster's Dictionary*(1996)给出的英语句子定义是"由一个或多个词根据一定的语法关系结合起来的结构相对独立的语言单位。在口语中，句末通常有停顿。在书面语中，句首字母大写，句末使用句号或其他终止性标点符号。英语句子的一个典型特点是一个句子只能有一个主谓结构，且必须有一个谓语动词，以表示陈述、疑问、请求、命令或感叹"。

汉语自古有"句"，刘勰的《文心雕龙》有"因字而生句，积句而成章，积章而成篇"的说法。但古代汉语中的"章""句""篇""句读"在不同的时期有不同的划分标准，这也就成了影响汉语"句子"划分的因素。徐通锵(1999)认为，"因字而生句"时"生"到什么地方才算一个句子，没有类似一致关系那样"硬"的标准，完全取决于所要表达的意义的完整性，而“完整”则又可能因人而异。在哪儿断句，主要取决于说话人或标点人对意义的理解。有学者认为汉语句子与句子的界限很难确定，一篇文章或一段话包含多少句子，只能根据标点符号来确定。但使用句号来标识汉语句子界限，并没有得到一致认可。对于标点符号标识句子界限，吕叔湘(1979)认为句号、问号、叹号或分号可以用来代表汉语书面语中的句子终了语调，但语法分析不能完全依赖书面上的完句标点。这样看来标点符号并不完全是汉语句子完结的形式标记。

汉语语言学家认为对“句子”的定义很难达到完全的共识。大多定义提到汉语句子表达“完整意义”，但很难把握是以标点符号为标记，还是以意义表达的结束为标记。况且句子意义的完整与否与个人的语感有关。语感不一，句子“完整意义”的划分则不同，句子的长短也有异。潘文国(1997)认为：

> 这样看来，对汉语的句子，我们就无法使用英语句子的定义，而只能下一个似乎不很科学，而且有弹性的定义：口头上有较长停顿的，书面上以句号、问号或感叹号结束的语言片段。

这样定义的“句子”等于英语的 sentence 吗？答案是否定的。我们知道，在以英语研究为代表的西方语言研究中，sentence 已逐渐与 utterance 分离，演变成一个抽象单位，虽然在日常生活中这两个词的界限并不清晰。而汉语研究一向注重意义，忽视形式；注重实际单位，忽视抽象单位。特别是对相当于 sentence 这一级单位的研究开始得比较晚，以至汉语的“句子”至今仍是一个具体单位和使用单位，或称“动态单位”(吕叔湘，1979)。汉语的“句子”不等于英语的 sentence。如果一定要在英语里为“句子”找一个对应物，我们宁愿说，它更像 utterance(姜望琪，2005)。“因为汉语的一个句子可能相当于英语的一个词、一个短语、一个分句、一个单句、一个复句或者一个句群”(潘文国，1997)。

第三节　汉英句子结构分析

下面我们来讨论汉英句子构造的基本特点，首先我们对汉英主语、谓语进行对比，对主语、谓语的对比有助于我们深入地认识汉语与英语的句法结构差异。

一、汉英主语对比

(一)英汉主语的特征

总的来看，英语主语是句子的主脑，和全句具有密切的关系，是谓语陈述描写的对象。汉语主语的概念较泛，对全句不具有全面密切的关系，只是汉语谓语说明的对象。

(1)英语所有的陈述句和疑问句都必须有主语，即使在讲不出行为者或受事者的时候，也要用一个形式主语 it。例如：

It's warm here.

汉语中主语并非必要成分，在大量的句子中没有主语，可能是省略、隐含或者说不出。在说不出主语时，也没有像英语中那样用一个形式主语来代替。例如：

只要勤奋就能取得成绩。(隐含)

把书拿来。(省略)

热得我透不过气来。(说不出)

(2)英语主语决定动词谓语的数，也就是谓语中定式动词要与主语在数上取得一致。所有英语的陈述句和疑问句都要建立在这个一致关系上的主谓构架。例如：

The girl is now a student at this college.

汉语由于缺乏形态变化，主谓语的构架靠意合，没有形态形式上的一致关系，由于没有主谓一致关系，就不可能形成以定式动词为核心的主谓主轴。因此汉语句中的主语伸缩性很大，可能没有主语，也可能有多个看似平列、实质不在一个层次的主语(或称大主语和小主语)。例如：

这座桥我们造了三年。("这座桥"为大主语，"我们"为小主语)

我们这座桥造了三年。("我们"为大主语，"这座桥"为小主语)

在汉语中甚至可能有超过两个，达到三个、四个以上的大小主语的套叠。如：

国庆节三天我们第一天全家人全聚德吃烤鸭。

其中"国庆节三天""我们""第一天""全家人"可以依次作大主语，"全聚德"是小主语。全句总共可以分析出来大小五个主语。

这种套叠的主语框架在英语中是绝对容纳不下的，必须把那些不同层次的大小主语纳入它的以定式动词为核心的主谓主轴中去：

On the first day of the three national days all our family will enjoy the roast duck in the restaurant "Quanjude".

(3)英语所有主语都必须是名词性的。其他词类要作主语，必须通过构词变化，变成名词性成分。例如：

He is swimming now.(代词主语)

To swim consumes physical energy.（不定式主语）

Swimming consumes physical energy.（动名词主语）

汉语的主语具有很大的词类兼容性，主语除了名词可以充当外，动词、形容词、数词以及由它们构成的短语甚至句子都可以充当，如果用句子充当主语，在英语中就是复句了，而且要有 that、wh-词等形式词联系，而汉语中则可以无须形式标示，只需放在前面就可以了。汉语中之所以如此，是因为汉语词无词类的形式标示，无形态变化，作什么成分一靠语义，二靠语序。例如：

干净是饮食的第一要求。（形容词）

干净得一尘不染是他的习惯。（形容词短语）

唱歌要有天赋。（动词）

游泳消耗体力。（动词）

背书也是一种有效的方法。（动宾短语）

天天慢跑，很有必要。（状动短语）

背着书包上学堂孩子们最高兴。（连动短语）

要孩子们在课堂上保持安静最难最难。（兼语短语）

跑得太快气喘。（动补短语）

他当选为班长不假。（句子）

(二)英汉主语的类型

就主语与谓语动词之间存在的语义关系来说，英汉主语有如下类型，见表 6：

表 6 英汉主语类型

1. 施事	We caught a thief.	1. 施事	警察抓住了小偷。
2. 受事	The thief was caught red-handed.	2. 受事	三个小偷都抓住了。
3. 形式	It's raining.	3. 零位	下雨了。
4. 话题	The book is very interesting.	4. 话题	妈妈是家里最辛苦的人。
		5. 与事	他的事你不必着急。
		6. 时间	昨晚抓住了三个小偷。
		7. 地点	公交车上抓住了三个小偷。
		8. 工具	一把菜刀闹革命。
		9. 方式	这么快就写完了作业。

从表 6 中可以看出，英语的主语从语义上来看只有四种，而汉语就主语谓语间的语义关系来说，呈现出多样性，归纳起来至少有九种。

从语义上看，第一类、第二类汉语与英语完全相同，英语第三类是从形式上定的，汉语的第三类叫"零位"主语，是因为这种句子在汉语中可以不用主语，它们既不是省略句，又不是倒装句，而是零位。汉英第四类有学者叫作"主题"，所谓主题（话题）句就是判断句，因为它既不是施事，也不是受事。比如，I am a student. "I"既未发出动作，也没有接受动作，只能是个主题（话题）（潘文国，1997）。表中"与事主语"就是句首关系语（朱德熙，1983），意思是它可以游离在句子主干成分之外，在语流中形成停顿，并且不与句中的某一个成分发生直接的结构关系，它具有某种参与意义，在总体意义上与句子有关，特别是与施事主语有关，这种与事主语，与其说它是主语，不如说是话题，到英语里大多也是状语。以下几例句首成分都是与事主语：

这些材料我们只够盖一栋房子。

这件事你暂且保密。

婚姻大事儿女们自己做主。

句首部分是不是"与事主语"往往可用添加介词的方法来判断，如上例中"用这些材料""对于这件事""关于婚姻大事"等。但就汉语语法而言，"与事主语"并不是什么其他形式的省略，而是汉语句法结构"话题-说明"结构的一种特征，用介词去完形是用印欧语的概念去判断。另外几种都是从语义上着眼的。说它们是主语，只不过是因为它位于句首，汉语中的这些主语到英语里大多只能是状语。

二、汉英谓语对比

（一）汉英谓语的特征

广义上说，谓语是与主语相对的成分，是对主语状态或特征的陈述或说明。汉语的谓语与英语的谓语有很大的区别。

（1）英语句子的谓语必须与主语搭配，不能离开主语而独立成句（祈使句除外），形态上依主语而定。

汉语谓语的独立性、自足性较强。可以不必与主语搭配而独立成句（非主谓句），在任何情况下（时态、语态及人称等）均以原形出现，不必受与之搭配的主语的牵制。

（2）英语谓语必须以动词为基础和核心，动词以外的任何词类，都不能取代谓语动词这个主体成分。

汉语的谓语构成成分比较复杂多样，兼容性很大，汉语谓语可以不必是动词性的，很多词类都可以充当谓语。而在动词性的谓语中，动词不受限制，可以是一个动词单独构成谓语，也可以连着出现几个动词构成连动式谓语或兼语式谓语。

(二)英汉谓语的类型

仔细观察表7中英语的七个基本句型，可知其中的不同主要取决于谓语动词的性质。

表7 英语基本句型

句型	例句	注解
1. SV	The train has arrived(quietly)(at the station)(before we notice it).	主谓一致，不及物动词，状语任意
2. SVC	She is a student(in London)(now).	主谓一致，系动词，必有主语补语，状语任意
3. SVO	They ate the meat (hungrily)(in their hut)(that night).	及物动词必有宾语，状语任意
4. SVOO	He offered (her)some chocolates(politely)(outside the hall)(before the concert).	双重及物动词，必带直接宾语，可带间接宾语，状语任意
5. SVOC	They elected him chairman (without argument)(in Washington)(this morning).	复合及物动词，必带宾语和宾补，状语任意
6. SVOA	She put the plates on the table(yesterday).	及物动词，必有宾语，无状语意义不完整
7. SVA	Mary lives in Xi'an(now).	主谓一致，不及物动词，无状语意义不完整

同一个动词，由于用法不同就可能构成不同的句型。如：

She made a cake. (SVO) made 为及物动词

She made him a cake. (SVOO) made 为双重及物动词

She made him a hero. (SVC) made 为复合及物动词

所以说，英语的谓语，只集中于动词的形态变化体系，具有稳定的形态样式。英语的谓语部分可以划分出四个单位，即定式动词、补语、宾语和状语(状语有时和整个句子有关)，核心就是定式动词，它可决定补语和宾语，而说明定式动词的状语则安置在其前后。

从谓语的构成上来看，汉语谓语由于无形态变化，自由度大，因而能充当作谓语的成分也比英语来得复杂多样。我们按主谓句的谓语构成和非主谓句的谓语构成分别列表如下（见表8、表9）：

表8　汉语主谓句

句型	例句	注解
名词谓语句	小王上海人。	判断性：对主语的属性、特征、状况等进行判断
	这套丛书三百元。	说明性：说明主语在数量方面的特性、状况等
	这个人急性子。	描写性：对主语的属性、特征、状况等进行描写
形容词谓语句	这本书难了一点。	评判性：表达说话人对某人、某事或某物的评判（看法）
	这里的黎明静悄悄。	描写性：说话人对某人、某事或某物进行描述
	天空突然暗了下来。	叙述性：具有类似动词的叙述作用，叙述主语发生某些变化
主谓谓语句	这件事老师不知道。	大主语＋（小主语＋动词谓语）
	我们班一半南方人。	大主语＋（小主语＋名词谓语）
	他性格开朗。	大主语＋（小主语＋形容词谓语）
动词谓语句	校园在沸腾。	单动，与SV大致对应
	明天将是新的一天。	单动，与SVC大致对应
	我听说过这件事。	单动，与SVO大致对应
	我借给他一万元人民币。	单动，与SVOO大致对应
	我们生活在最美好的时代。	单动，与SVA大致对应
	他惜时如金。	单动，与SVOA大致对应
	很多人求他帮忙。	单动、兼语，与SVOC大致对应
	他站着讲了两个小时。	双项连动
	他下了班骑车去超市。	三项连动
	他下了班骑车去超市买鱼。	四项连动
	他下了班骑车去超市买鱼回来马上烧。	多项连动
	他派小王通知小李明天出差。	两个兼语
	你扶着太太上车。	连动兼语混合
	你回去请张工程师明天来工会开会。	连动与兼语交错
	我叫小王把自行车修理一下。 我把小王叫来修理自行车。	兼语与“把”字短语交错
	他被叫到校长办公室去做检查。	连动与“把”字短语交错

表 9 汉语非主谓句

句型	例句	注解
名词性非主谓句	好大的风啊!	名词
形容词性非主谓句	热啊!	形容词
叹词性非主谓句	哎哟!	叹词
动词性非主谓句	吓死我了!	单项动词
	上车买票。	双项连动
	排队买票上车。	三项连动
	娶了个媳妇没文化。	兼语

三、树式结构与竹式结构

(一)英语的树式结构

英语的简单句是指由一个小句构成的句子,简单句中只包含一个主谓结构,按结构通常划分为七个基本句型。

从表 7 中可以看出英语简单句呈现出以 SV 为主轴、以动词谓语即定式动词为核心的中心辐射样态:

(1)英语句子共同的部分是 SV 两个成分,但在实际的语言运用中英语句子千变万化。不过无论怎么变化,也离不开 SV。在主谓这根主轴上,把那些次要成分宾语、补语、定语、状语放到相应的位置上,就会造出无数的句子来。

(2)在主谓这根主轴上,又以动词谓语即定式动词为核心。英语动词的内部屈折变化和外部形态变化非常丰富,具有时、体、式、态等二十几种样式,每种形式表示一种或数种语法意义。在仔细观察分析一下,就会发现,英语七种基本句型的根本差异反映在动词的不同要求、不同用法上。英语句子中的谓语是动词性谓语,它构成了基本句型的核心,承载着全句的重要信息,决定着整句的句型与变化。

(3)英语句子 SV 结构外的次要成分都是紧紧围绕着主谓一致的主轴而展开:定语用于修饰名词,与主语、宾语有关,而宾语、状语、补语都与动词发生关系。所有这些最后都要归结到主谓一致上来,即主语与定式动词谓语在人称和数上的一致,把主谓两个主要成分联系起来构成句子的主轴。而在这个主轴上,又以定式动词为核心。稍稍复杂一些的简单句，即次要成分多一些的简单句就呈现出以动词为核心的辐射样态。

我们从夸克(1972)等列举的典型例句中选取一个图示(见图 10)，就可看出这个样态。

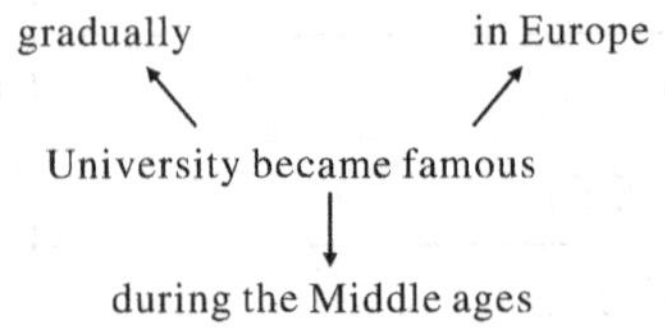

图 10　英语以动词为核心的辐射样态

在该句中，除去次要成分，我们剥离出 SVC 的基本架构：university became famous；而 gradually，in Europe，during the Middle Ages 则围绕核心动词became，分别作方式状语、地点状语和时间状语。

英语句子的扩展也是在 SV 主轴上进行的。英语的句子成分可以复杂化，担任句子成分的可以是单词，还可以是短语和从句。然而短语和从句尽管很复杂(动名词短语、分词短语、不定式短语、介词短语、主语从句、定语从句、表语从句、状语从句、宾语从句、同位语从句等)，但它们在句中的作用却只相当于一个词。因此，种种从句从另一个角度分类，又可以叫名词性从句、形容词性从句、副词性从句等。这样，不管一个英语句子多复杂，都可以纳入上述几个基本句型的框架里。例如：

In praising the logic of the English language we must not lose sight of the fact that in most cases where, so to speak, the logic of facts or of the exterior world is at war with the logic of grammar, English is free from the narrow-minded pedantry which in most languages sacrifices the former to the latter or makes people shy of saying or writing things which are not "strictly grammatical". (O. Jespersen)

上述句子是通过先在主句里套了一个同位语从句，然后在同位语从句里又套了三个定语从句扩展成一个复杂长句，但并没有改变句子的基本主干 SVO。

有学者曾指出，英语句式结构的分布样态，可以形象地理解为一种"树式结构"，不仅反映在简单句中，也贯彻在英语的复句中："英语中，主干结构突出，即主、谓、宾结构突出，有如一棵树的主干。英语在表达较复杂的思想时，往往开门见山，先把句中的主语和主要动词这两个主要部分连起来，然后再运用各种关系词把定语从句以及其他短语往这两个部分上挂。有人把英语长句子比作一棵枝叶繁茂的参天大树。其道理就在这里”(转引自潘文国,1997)。潘文国将这一特征概括为三点:

(1)句子有一个基本的主干;

(2)所有的枝丫都是从主干上分出来的;

(3)句子的复杂化不影响这个基本主干。

(二)汉语的竹式结构

汉语基本句型复杂,分类只能就大体而言,各家众说纷纭。汉语语法学家通常将之分为“主谓句”和“非主谓句”两大类。

从表8中可以看出汉语主谓句中的动词谓语句与英语简单句句型基本吻合,但是它们只是汉语“动词谓语句”的一部分,并且它与英语简单句的“动词谓语句”还存在着一些本质差异。例如,动词谓语句中的连动句和兼语句,已经突破了印欧语句子中只允许一个主语和一个定式动词的结构格局。例如:

他进了门直奔楼上拉开抽屉找到了那张证书。(连动)

王大夫嘱咐他按时按量服药。(兼语)

更为重要的是,许多汉语简单句并不遵循印欧语的“谓语动词中心论”,这突出地表现在形容词谓语句、名词谓语句和主谓谓语句中。

汉语“主谓句”尽管并不符合印欧语的“谓语动词中心”基本原则,但至少还能辨析出一个主谓框架。可是,现代汉语中除了“主谓句”之外,还存在着大量的“非主谓句”,从表9中可以看出这些“非主谓句”不以主谓框架为其成立的必要前提,是由单个词或主谓词组以外的词组构成的句子。“非主谓句”在现代汉语中占有重要的地位,在口语中,非主谓句的数量占优势,在文艺作品中,非主谓句也与主谓句数量相当。

可见,汉英句子结构有着较大的差异,汉语句子结构形式纷繁,呈现无主谓主轴、无动词核心的平铺直叙的样态:

(1)汉语不需由主谓框架形成句子主干,也无须秉持“谓语动词中心”原则;既可以没有主语,只有谓语;也可以只有主语,没有谓语。汉语的谓语中可以没有动词,也可以有一个或几个动词,动词没有形态变化,也没有“主谓一致”原则的约束。

(2)汉语没有形态约束,结构形式多样,呈一种流散和疏放的样态。汉语简单句的组合主要靠意义的连贯及符合逻辑顺序的词序安排。逻辑顺序包括时间上的先后顺序，空间上的大小关系，事理上的因果关联，以及心理上的轻重考量，等等，例如：

他拿了苹果就走。（时序先后）

救死扶伤。（心理重轻）

积劳成疾。（事理因果）

这样按照意义连贯或逻辑顺序，逐步交代，层层铺开，结构犹如竹子，一节一节连下去。构成句子的"竹节"是语音语义凝在一起的团块，这个团块是语音上相对独立而语义上相对完整的短语，可能是名词短语、动词短语，也可能是主谓短语或小句（潘文国，1997），表义不完，句子不止。例如：

他手里拿着证书回家了。

他手里拿着证书和同学们说说笑笑地回家了。

他手里拿着证书和同学们说说笑笑兴高采烈地回家了。

他手里拿着证书和同学们说说笑笑兴高采烈地回家来向父母报告。

他手里拿着证书和同学们说说笑笑兴高采烈地回家来向父母报告他要参加工作了。

在这个一系列不断平铺直叙扩展的连动式句子里，汉语的叙述是按照意思连贯和时间顺序组织的。

(3)汉语句子不存在主干，所以句子在扩展的时候往往会引起结构的不断变化。潘文国（1997）在《汉英语言对比纲要》一书中引用了一副对联加以说明：

梅花	粪桶
一朵梅花	两个粪桶
鬓边斜插一朵梅花	肩上横挑两个粪桶
红颜小姐鬓边斜插一朵梅花	黑脸长工肩上横挑两个粪桶

四句话的结构依次是名词句、偏正短语句、主动宾句、主主动宾句。

从汉语简单句的整体架构看，汉语呈现出一种开放性的特征，一种流散和疏放的样态。这种结构或样态，使包括简单句在内的汉语句子呈现出不同于英语的"竹式结构"："汉语句子一般简短明快，很少长句。即便是较长的句子也不像英语那样，盘根错节十分复杂。恰似一根春竹，一节之后又生一节，中间掐断无伤大雅"（范仲英，1994）。潘文国（1997）将这种"竹式结构"特征也概括为三点：

(1)汉语不存在一个主干结构,也没有主干和枝杈之分;

(2)汉语句子的构造方式就像竹子一样是一节一节拔起来的,这样的竹节可多可少,是开放性的,符合汉语句子界限不定的特点;

(3)不存在主干的汉语句子,在扩展的时候会引起结构的不断变化。

四、"主语-谓语"与"话题-说明"

李讷等(Li et al.,1976)把语言的结构类型分成了四种不同的类型:主语显著(subject-prominent)的语言,如英语;话题显著(topic-prominent)的语言,如汉语;主语和话题都显著的语言(both subject-prominent and topic-prominent),如日语;主语和话题都不显著的语言(neither topic-prominent nor subject-prominent),如菲律宾语。

汉语与英语属于两种不同的类型。那么什么是主语显著,什么是话题显著呢?周志培(2003)引用 *Longman Dictionary of Applied Linguistics* 中的一个定义进行了说明:

A Subject-Prominent language is a language in which the grammatical units of subject and predicate are basic to the structure of sentences and in which sentences usually have subject-predicate structure. A Topic-Prominent language is one in which the information units of topic and comment are basic to the structure of sentences.

主语显著的语言是指这样的语言,即在该语言里主语和谓语这两个语法成分是句子的基本结构,句子中通常都要有主语和谓语。话题显著的语言是指语言里话题和评说这两个信息单位是句子的基本结构。

(一)英语"主语-谓语"框架

20 世纪 60 年代,乔姆斯基给英语句子做了如下界定:S=NP+VP,即主语和谓语是英语典型句子必不可少的组成部分。从前面归纳分析的英语基本句型中也可以看出,英语简单句必须有一个主语,有一个谓语,呈现出以主谓(SV)为主轴,动词谓语为核心的中心辐射样态。同时,主语和谓语之间有许多相互制约的语法关系,主语是名词性的,其他词类要作主语,必须通过构词变化,变成名词。谓语中必包含定式动词,主语和谓语中的定式动词必须在人称、数上取得一致。另外,英语中其他句子类型也都是在 SV 结构基础上通过变式、扩张、组合、缩略、倒装等方式演化而来。如:

A. Did you know that he had gone to the United States?(变式)

B. Now the integrated circuit has reduced by many times the size of the computer of which it forms a part, thus creating a new generation of portable mini-computers.(扩张)

C. They watched television and enjoyed themselves immensely, but we couldn't see the program because our television was broken.(组合)

D. To err is human, to forgive(is)divine.(缩略)

E. Never was night so still;never was sky so blue, nor stars so bright.(倒装)

(二)汉语"话题-说明"框架

"话题-说明"最早是萨丕尔(Sapir)在1921年出版的《语言论》中提出来的,他说:"句子……是一个命题的语言表达。它把说话的主题和对这个主题的陈述二者结合起来"(萨丕尔,1985)。而把"话题-说明"概念运用于汉语研究的第一部著作是赵元任的《中国话的文法》,赵元任指出:"在汉语中,主语和谓语间的语法关系与其说是施事和动作的关系,不如说是话题和说明的关系,施事和动作可以看作是话题和说明的一个特例。……在许多语言中,表示施事和动作意义的句子占的比例很高……但在汉语中,即使做了种种调整,这类句子占的比例仍然很低,也许不会超过百分之五十,用含义更广泛的话题和说明也许要合适得多"(转引自潘文国,1997)。

徐通锵也认为"话题-说明"能更准确描述汉语的句子,"鉴于此,我们放弃了出一致关系控制的、以谓语动词为中心的'主语-谓语'的结构框架,而主张用'话题-说明'(topic-comment)的框架来分析汉语的句法结构"(徐通锵,1997)。

英语句子框架是"主语-谓语",采用的是形式标准,用英语的形式标准分析汉语句子常常出现争论。根据上面学者们的观点,采用语义标准,以"话题-说明"框架分析汉语句法结构应该是很好的选择。

从归纳的汉语"基本句型"可以看出:汉语句子中主语不是必要的成分,可以有,也可以没有,有大量的无主句;谓语的动词也不是必要的构成元素,可以有动词,也可以没有动词;动词无形态变化,谈不上主谓之间的一致关系;句子常常无主语谓语主轴,无定式动词作谓语的句子核心,因此很难归纳出汉语的基本句型(有人统计出几十个句型,有的人竟归纳出一百多个)。

用"话题-说明"的观点看待和分析汉语句子,比用"主语-谓语"名称更能客观地反映汉语句子的实际。汉语句子的“话题”是说话人想要说明的对象，是句子的主体，是全句起主导作用的成分，总是习惯放在句子的开头处。“说明”部分是述说“话题”的成分，往往位于“话题”之后，对“话题”进行说明、解释、质疑。汉语句子“话题”形式多种多样，它可表示施事、受事，也可表示时间、地点；可用名词、代词、动词，也可用形容词、数词。“说明”的形式也是灵活多变，可以是一个名词或动词，也可以是一连串的动词、名词短语或连动结构，还可以是形容词及各种词组等。例如：

(1)衣服洗好了。(“话题”为受事名词“衣服”，“说明”为动补结构“洗好了”)

(2)李明在写论文。(“话题”为施事名词“李明”，“说明”部分为动词性偏正词组“在写论文”)

(3)跳伞需要勇气。(“话题”为动词“跳伞”，“说明”部分为动宾词组“需要勇气”)

(4)今天星期五。(“话题”为时间名词“今天”，“说明”为名词“星期五”)

(5)他们捐钱帮助贫困学生。(“话题”为代词“他们”，“说明”为连动式词组“捐钱帮助贫困学生”)

(6)新校区很漂亮。(“话题”为地点名词“新校区”，“说明”为形容词性偏正词组“很漂亮”)

(7)三百万是一个不小的数目。(“话题”为数量词组“三百万”，“说明”为动宾词组“一个不小的数目”)

潘文国(1997)认为汉语的“话题-说明”机制是建立在这样的心理基础上的：重要的事先说，先想到的事先说。一个句子可以由许多板块组成，每一个板块(甚至不一定要名词性成分)都可能成为话题。潘文国用了如下的例子进行了分析：

这把刀我用来切肉。

我用这把刀切肉。

切肉我用这把刀。

这把刀我切肉用。

我这把刀切肉用。

即分别用“我”“这把刀”“切肉”等作为话题。

这样看来，……决定话题的是其在说话人心目中的重要性。由于哪一个板块在说话人心目中最重要是随具体情景变化的，因此汉语句子的组织跟语用的关系很密切。但据此就认为“话题-说明”只是语用上的概念，句法上只需分清主语谓语就不妥了。因为上面这五个句子都是正常的汉语句子，不是先有了一句“我用这把刀切肉”，再通过语用的变换造出来的。

周志培(2003)总结说：

潘文国的例子和这段话，说明了四个问题：第一，汉语的话题是基础生成的，不是变换造出来的；第二，“话题-说明”既是语用的，也是语法的；第三，汉语中确定话题的语用原则是先想到的先说，重要的先说；第四，英语的话题选择和表现要由形态形式来配合，汉语无形态形式配合。

用“话题-说明”框架来解释长期以来争论不休的主宾语问题，会让人更为信服。对于“台上坐着主席团”，“这把刀我切肉”和“这个问题我不懂，你也不懂”等众所周知的例句，出于没有形式标记，在是主语还是宾语的问题上难以统一。但主谓语的区别在英语不成问题，它们都有相应的标记。用“话题-说明”这一理论和方法来观察，很快就可以看清，所有这些争论的句子都可以归入“话题-说明”结构。句首部分都是说话的起点，陈述的对象就是话题，后面的那一部分就是说明(当然汉语中的“话题-说明”除这几种类型以外还有其他一些类型)。

话题和说明之间的联系有时非常松散，读起来一般后面有停顿，书面语也可在后面加逗号，并且大多可以在后面加一个标示话题的语气词“嘛”“啊”“呀”“呢”等。如：

(1)这件事嘛，他还蒙在鼓里。

(2)电脑呢，我还是外行。

(3)这件事啊，我知道。

(4)这把刀呀，我切肉。

尽管“话题-说明”结构研究还有不少问题，但相对而言比较适合以语义为重的汉语句子的分析。

第四节　汉英复句对比

复句是包含两个或两个以上分句的句子，这是复句的较为容易理解和接受的定义。汉英语都有这样的句子，但它们在各自的结构关系上呈现出显著的差异。为更好比较，我们从形合意合角度分析。

一、英语复句

英语中由两个或两个以上分句(clause)构成的句子可以称为复句(尽管英语

中没有这种叫法)。

对于句子中的两个或两个以上的分句的连接,并列(Coordination)与从属(Subordination)是两种不同的连接手段。章振邦(1997)认为,从语义上看,两个分句或其他结构所表示的意义如果具有同等的重要性,我们就可以把它们并列起来;如果两个分句或其他结构所表示的意义不具有同等的重要性,比如甲句为主,乙句为辅,我们就可以使乙句从属于甲句,从而分清意义上的主次。

分句间的关系是并列的,称为并列复合句(compound sentence);分句间的关系不是并列的,而是一种主从关系时就称为主从复杂句(complex sentence)。

在英语中,无论是并列复合句还是主从复杂句,一般都需依靠形式标记词标注各分句间的关系。这些形式标记词分为连接并列分句的并列连词(Coordinating Conjunctions),连接复杂句的从属连词(Subordinating Conjunctions),及某些连接性副词和介词短语。

(一)英语的形合复句

1. 并列复合句及标示并列关系的形式词

并列复合句所含的分句之间是并列关系,标示并列关系的形式词主要是并列连词、某些可标示并列关系的连接性副词和介词短语。

1)并列连词

并列连词是连接彼此是并列关系的词、短语、从句或句子的连词。章振邦(1997)的《新编英语语法》中将并列连词分为如下几种。

(1)以 and 为代表的表示意义引申的并列连词:and、both ... and、not only ... but also、and ... as well、not ... nor、neither ... nor 等。and 可以表示意义的增补、动作的先后、意义转折或让步,还可表示条件结果,表示对比,表示评注等。

(2)以 but 为代表的表示转折和对比的并列连词:but、while、whereas、only 等。but 可以表示意义转折、对比或对照等。

(3)以 or 为代表的表示选择概念的并列连词:or、whether ... or、either ... or 等。or 可以表示选择、同位关系及大约(不确定)、否定等意义。

(4)表示因果概念的并列连词只有一个 for。它与从属连词 because 的区别是:for 分句只能后置,是对前一分句在理由方面作补充说明;而 because 分句用来回答 why 的问题,可前置也可后置。

2)边际并列连词

英语中有几个连词的结构介于并列连词与从属连词或介词之间,它们有时像并列连词,有时却又像从属连词或介词,所以有的语法学家称它们为边际并列连词(Quasi-Coordinator)。常见的有:as well as,more than,rather than,no less than等。

3)连接性副词

某些连接性副词可标示并列关系中的列举(first、furthermore等)、补充(moreover、equally等)、转题(incidentally等)、小结(briefly等)、同位(namely、or rather等)、结果(so、therefore、accordingly等)、推断(otherwise、then等)、更换(alternatively、worse still等)、对比(instead、contrastingly等)、让步(however、anyway等)。

4)介词短语

有些介词短语也可标示并列关系中的某些意义,如列举(in the first place、for a start)、加强(in addition、above all)、等同(in the same way)、转题(by the way)、小结(in all、in conclusion)、同位(for example)、结果(in consequence、as a result)等。

基于这些标示并列关系的形式词,英语就可以构成并列复合句,例如:

It never rains **but** it pours.

It was what he meant **rather than** what he said.

We had a marvelous meal at that restaurant you recommended—**incidentally**, I must give you the number of a similar one I know of that you might like.

You need money and time; **in addition**, you need diligence.

2. 主从复杂句及标示从属关系的形式词

主从复杂句是由一个主句和一个或一个以上的从句构成的,主句为句子的主体,从句只用作句子的一部分,不能独立。在主从复杂句中,主句和从句的关联是通过联结两者的关联词而实现的。英语主从复杂句常用关联词一般包含了从属连词、疑问代词、疑问副词、关系代词和关系副词几类。

1)从属连词

从属连词是最主要的主从关系的标示形式,主要有简单、复合和关联三类:

(1)简单从属连词就是一个词的连词:after、as、because、if、(al)though、directly等;

(2)复合从属连词就是由两个或两个以上的词构成的连词:except that、so that、as long as、as if、as though、in case等;

(3)关联从属连词是由两个关联词构成的连词,往往是成对的,一个在主句里,另一个在从句里:no sooner ... than...、as ... as ...、more ... than ...、if ... then 等。

2)边际从属连词

这类词本来不是连词但实际起着从属连词的作用。主要有三类:

(1)副词+连词或连词+副词构成的习惯性组合:even if、just as、if only;

(2)分词形式+that:supposing that;

(3)时间名词+(that):the(very)moment/minute/instant(that)。

3)主语和功能词的倒装

用主语和功能词的倒装表示从属关系,主要表示条件。在这些条件分句中,功能词是 had,were 或 should。

4)疑问代词、疑问副词、关系代词和关系副词

标示从属关系的句子还可以通过疑问代词、疑问副词、关系代词和关系副词等来联结。

(1)疑问代词:who、which、whom、what、whose 等;

(2)疑问副词:when、why、where、how 等;

(3)关系代词:who、which、whom、that、whose 等;

(4)关系副词:when、why、where 等。

在基本关联词的基础上,我们可以根据从句在主从复杂句中的功用和种类,将之分为主语从句、宾语从句、表语从句、同位语从句、定语从句和状语从句等几类。其中,主语从句、表语从句、宾语从句和同位语从句因为在句中充当了名词的功用,因而也可被合称为“名词性从句”。

主语从句在主从复杂句中作主语,其基本位置等同于陈述句中的主语。如:

What caused the accident is a complete mystery.

表语从句位于主从复杂句系动词之后,在句中充当表语。如:

Home is **where your friends and family are.**

宾语从句在主从复杂句中充当宾语,由句中的及物性谓语动词引出,也可以作介词或非限定动词的宾语。如:

I can't make out **what you are talking about.**

同位语从句在主从复杂句中置于某些名词之后,充当它们的同位语,用以说明这些名词的具体内容。如:

Any proposals **that John should be dismissed** must be resisted.

定语从句在主从复杂句中充当定语，用以修饰句中的某一名词或代词。如：

He has read almost every book on linguistics **that he could get hold of in the library.**

状语从句主要由从属连词引导，在主从复杂句中充当状语，修饰动词、形容词或副词等，一般置于句首或句末。如：

Where there is plenty of sun and rain, the fields are green.

(二)英语的意合复句

英语的复句不管是并列复合句还是主从复杂句，都有一套非常完整的标示形式系统，基本上全是形合的。但有的英语复合句也依靠分句之间的语序、逻辑关系紧密结合，胶着在一体。分句中某一实义词或某一分句成分有时显示出特有的胶粘作用，分句之间从整体意义上相互呼应，包含各种不同的逻辑关系，但无须借助任何关联词语，在结构上很类似汉语意合结构的句子。这种句子虽然所占比例不大，但为英语形合句的补充，丰富了英语的表达手段。英语复合句中的意合方式包括以下几种。

1. 并列分句间的意合

在英语中，作者经常利用分句之间词语或词组的对应关系，使得两个分句之间内含某种逻辑关系，从而形成真正意义上的意合句，分句间不借助任何连接方式。例如：

It was the best of time, it was the worst of time, it was the age of wisdom, it was the age of foolishness, it was the epoch of belief, it was the epoch of incredulity, it was the season of light, it was the season of darkness, it was the spring of hope, it was the winter of despair, we had everything before us, we had nothing before us, we were going direct to Heaven, we were going direct the other way ... (Charles Dickens: *A Tale of Two Cities*)

上例一连用了七个对比结构，用逗号连接，没用任何关联词语，甚至 and 都没用，但都隐含着转折关系。句中任何地方加一连词都会破坏句子的完美性，损害奔流直泻、气吞山河的浩荡之势。

英语意合复句主要用于文学作品中，结构严谨、言简意赅、表意明快、表达灵活、声情并茂、节奏感强，起到画龙点睛的作用。请欣赏下面意合复句：

To spend too much time in studies is sloth; to use them too much for ornament is affectation; to make judgement wholly by their rules is the humour of a scholar. (Francis Bacon: *Of Studies*)

三个并列分句，组成一个复句，列举读书的三种弊端，提醒学人谨防。三个分句结构基本一致，用词考究，前后呼应，风格统一，句意紧密相连，合成一体，形成一个完美的整体，分句之间无任何有形连接的痕迹。这是该文中唯一真正的意合句，起到承上启下，前后贯通的作用。

这些例子显示了意合结构的优势：结构严谨、选词精当、用词考究、句意紧密、说理清晰、干净利落，在任何一处增加任何关联词语都是多余的、累赘的。这样的意合复句实际上起到了修辞的作用。

2. 祈使句与分句构成意合句

一些表示命令、劝说、建议、要求等方面的祈使句与其后面的分句一起构成意合句，第二句是对前面句子的解释、说明或补充。例如：

Come and try my cake: it tastes so good.

Get me some better pens; this is a bad one.

这两句结构基本一样，内含因果关系：前句是结果，后句用来解释或说明前一句的。

3. 古英语留下来的谚语或者古英语习惯表达法的残留

周志培(2003)认为现代英语中少量的意合复句，大多是古英语留下来的谚语或者是古代语法习惯表达法的残留，这些谚语及表达法言简意赅、内容丰富，但隐含一定的逻辑关系。例如：

No pain, no gain. (不劳则无获)

Sow nothing, reap nothing. (一分耕耘，一分收获)

Nothing venture, nothing gain. (不入虎穴，焉得虎子)

Sound in body, sound in mind. (有健全的身体才有健全的精神)

We will go, rain or shine. (不管晴雨，我们都要去)

另外，主从复杂句中，只有两种情况不包含从属地位的标记。一个是省略 that 的名词性分句，如"I told him(that) he was wrong"；另一个是评说分句，如"He is wrong, I suppose"。

二、汉语复句

在现代汉语研究中，单复句之分一直是个学术界极具争议的话题，两者的区分问题历来是困扰语法界的一个难题。所以吕叔湘(1999)在《汉语语法分析问题》中说："单句复句的划分是讲汉语语法叫人挠头的问题之一。"其深层原因可能如有些学者所指的，汉语中其实并无印欧语式的简单句和复句之分。不过，长期以来，语法学界仍在努力定义汉语的复句，并得出一些界定的标准。

汉语句子可以划分为单句和复句，这在20世纪八九十年代已为绝大多数语法学家所肯定。典型的单句复句之间一般不存在区分困难的问题，但是就实际情况来看，某些具体的句子在不同语法著作里的归属并不完全相同，有的将其分析为单句，有的将其分析为复句，这种混乱局面的出现，根本原因就在于各家划分所持标准不一。

早期的语法研究通常把复句分为联合复句和偏正复句，两类下面再继续分出不同的小类(黄伯荣 等，2007)。其实，将现代汉语的复句二分为联合与偏正，有模仿西方语法的痕迹，邢福义(2001)就对此持否定态度。他认为这一体系中的一级类不能统率二级类，而二级类又不能概括所有重要现象，二级复句类在归类上又不符合同一规律的要求，他着眼于逻辑关系提出因果、并列、逆转三分的新分类体系。胡明扬(1989)将复句重新分为有关联词语复句和无关联词语复句，无关联词语复句又分为意合句、流水句、排比句。潘文国(2010)在其主编的《汉英语言对比概论》中是这样认为的：

汉语复句可大致被理解为由两个或两个以上意义上紧密相关、结构上互不包含的分句所构成的句子。在复句的确立和分类上，语义关系和形式标志可被视为两种基本原则：复句在结构上互不包含，互相不做句子成分，分句之间在意义上紧密相关，特别是针对没有形式标志的意合复句而言，语义关系分析非常重要；从形式标志来看，复句之间经常使用关联词语连接分句，关联词语是复句重要的语法标志，是表达分句之间结构关系和语义关系的重要语法手段；同时，从所用标点符号看，一个复句只有一个句调，书面上用句号、问号或感叹号表示；分句之间一般都有停顿，书面上一般用逗号、分号或冒号来表示。

例1：我常想读书人是世间幸福人，因为他除了拥有现实的世界之外，还拥有另一个更为浩瀚也更为丰富的世界。(谢冕《读书人是幸福人》)

例 2：槽内的水左冲右突，翻着花，滚着个，激扬飞溅，像爆炒着一槽玉珠，风翻着一槽白雪，隆隆声震荡着山谷。（郑伯伦《黑龙潭印象》）

例 3：寒冬大雪，可以冻死一部分越冬的害虫；融化了的水渗进土层深处，又能供应庄稼生长的需要。（峻青《第一场雪》）

例 4：人不犯我，我不犯人。

上述四个复句在分句组合上采取了不同的方式。例 1 采用了明显的关联词语“因为”，表达了“原因”的含义。而在例 2 中，整个复句没有形式标记词，整个复句需要依靠语义关系来判断。例 3 中的复句间的分句之间不靠形式标志词而是由分号相连接。而例 4 中的复句虽没有形式标记词，但我们可以加上相关的关联词，使之语义关系更为明确：“人（若/如果）不犯我，我（则/就）不犯人。”

很明显，从关联词使用与否来看，潘文国所举的这四个句子分别代表了汉语复句的两种基本类型：形合复句和意合复句。下面汉语复句的分析就是基于这两种基本类型。

（一）汉语的形合复句

形合复句是指在汉语复句构建中，运用了丰富的形式类关联词语标示各分句间结构关系和语义关系的复句。

1. 形式类关联词语

关联词语是形合复句重要的语法标志，一般由起关联作用的连词、副词以及一些短语等组成，具体分类如下：

1）连词

连词连接分句，表示分句之间的结构关系和语义联系，本身没有修饰、限制或补充的作用，不作句子成分，常见的有“因为……所以……”“虽然……但是……”“不但……而且……然后”“于是”“只要”“既然”“如果”等。

2）关联副词

关联副词既起关联作用，又能在句子中充当句子成分。复句中使用的关联副词主要有“也”“才”“再”“便”“就”“又”“都”“还”“却”“既”“越”等。关联副词可以单独使用，也可以配对使用，如“既……，又……”“既……，也……”“又……，又……”“也……，也……”“再……，也……”等。有时与连词呼应使用，如“只有……，才……”“只要……，就……”“如果……，就……”“无论……，都……”等。

3)起关联作用的固定短语

起关联作用的固定短语主要有“反之”“如果说”“若不是”“不但不”“就是说”“还不如”“为的是”“之所以”“正由于”“正是因为”“总而言之”“一方面……另一方面”等。

4)非疑问用法的疑问代词

某些非疑问用法的疑问代词也可以在复句中起连接分句的关联作用,例如“谁”“哪里”等。

5)助词“的话”

“的话”是个表示假设语气的助词,用在假设复句之中,常与“如果”“假如”“要是”等关联词语表示分句之间具有假设和结果的关系。

当然,有关联词语的句子不一定都是复句。关联词语也可以出现在单句中,分辨的方法主要看去掉关联词语后,被标点分开的部分之间是否具有结构关系。如果一部分是另一部分的句子成分,就不是复句,而是单句。例如:

法制社会里,无论什么人,都应该遵纪守法。

只有那张被太阳晒黑了的脸,才说明这是一个长期搞农村工作的人。

借助这些关联词,我们可以大致分析形合复句各分句间的意义关系和逻辑关系。有了这一套形式标志,汉语就形成了两种形合复句,一种是有三类关系十一种句型的形合复句,还有一种就是具有条件、让步、转折等关系的紧缩形合复句。

2.三大类型的形合复句

根据关联词语标示的分句间的关系可以把汉语的形合复句分为三大类:因果类、并列类和转折类。

1)因果类

因果类复句是表示广义因果关系的各类复句的总称。这一大类复句,反映各种各样的“因果聚合”。事实的因果固然属于因果聚合,假定的因果也属于因果聚合;说明性的因果固然属于因果聚合,推论性的因果也属于因果聚合;已然性因果固然属于因果聚合,期盼性因果也属于因果聚合。这就是说,排除现实性和假设性、说明性和推断性、已然性和期盼性等差异,甲乙两事之间只要存在因与果相互顺承的关系,都是广义因果关系;属于这一关系范畴的复句,都是因果类复句(邢福义,2001)。因果类复句主要有以下几种:

(1)因果句:以“因为……,所以……”“既然……,就……”为代表。关联词语有“因为”“所以”“由于”“既然”“可知”“可见”等。例如:

先生既然救了我，就把好事做到底，让我吃了你吧。

(2)目的句：以“……，以便……”“……，以免……”为代表。关联词语有“为了”“为了……起见”“以便”“以免”“用以”“好让”“免得”“省得”等。例如：

为简便起见，这种民族共同语也可以就叫普通话。

(3)假设句：以“如果……，就……”为代表。关联词语有“如果”“要不是”，有时与“就”“那么”呼应使用。例如：

你要知道梨子的滋味，你就得亲口尝一尝。

(4)条件句：以“只有……，才……”“只要……，就……”为代表。关联词语有“只有”“只要”“除非”，大都与关联副词“就”“才”呼应使用。例如：

在和平时代，唯有这种国家之间大规模对抗性的大赛，才可以唤起那种遥远而神圣的情感。

2)并列类

并列类复句是表示广义并列关系的各类复句的总称。这一大类复句，反映各种各样的“并列聚合”。横式并列固然属于并列聚合，纵式并列也属于并列聚合；共时性的并列固然属于并列聚合，历时性的并列也属于并列聚合；合取性的并列固然属于并列聚合，析取性的并列也属于并列聚合。这就是说，排除种种差异，几件事之间只要存在并举罗列的关系，而不存在因果联系，那么都是广义并列关系。邢福义(2001)把属于这一关系范畴的复句都归入并列类复句。并列类复句主要有以下几种。

(1)并列句：以“既……，又……”“不是……，就是……”“……，就是说……”为代表。关联词语还有“也……，也……”“又……又……”“一方面……，另一方面……”“一边……，一边……”“一面……，一面……”“不是……，而是……”“……，就是说……”等。例如：

我一边吃着没刺的鱼肉，一边想：“怎么妈妈的妈妈也喜欢吃鱼头？”

(2)连贯句：以“首先……，然后……”“……，接着……”为代表。其他关联词语有“然后”“便”“就”“于是”“才”“这才”等。例如：

起先，军团首长杀了自己的马，分给大家吃，后来连马骨头、马皮都变成珍食美味了。

(3)递进句：以“不但……，而且……”“尚且……，何况……”“不但不……，反而……”为代表。关联词语有“不光……，就连……”“不仅……，更……”“不

只……,还……”“甚至”“更”等。例如:

正常人尚且难得,何况一个饱受病魔缠绕之苦的女子呢?

(4)选择句:以“或者……,或者……”为代表。关联词语还有“是……,还是……”“不是……,就是……”“要么……,要么……”“与其……,不如……”“要不……,要不……”“要就……,要就……”“与其……,宁肯……”等。例如:

与其事后悔不该当初,还不如事先对婚姻大事加以慎重考虑。

3)转折类

转折类复句是表示广义转折关系的各类复句的总称。这一大类复句,反映各种各样的“转折聚合”,包括种种直截了当的转折、先作让步的转折和假言否定性转折的聚合。其聚合点,是事物间的逆转性,或者说是事物间的矛盾对立(邢福义,2001)。

(1)转折句:以“……,但是……”为代表,是一种简单转折句。其他关联词语还有“然而”“可是”“却”“不过”等。例如:

矛盾是普遍存在的,不过事物的性质不同,矛盾的性质也就不同。

(2)让步句:以“虽然……,但是……”“即使……,也……”“宁可……,也……”“无论……,都……”为代表。例如:

就算身在他乡,也改变不了我的中国心。

(3)假转句:以“……,否则……”为代表。其他关联词语有“不然”“要不然”“要么……,否则……”等。所谓“假转”,即假言否定性转折。这类复句,先指明甲事,接着指出如果不这样就会成为乙事(邢福义,2001)。如:

他们天天打拳,但是身体还是不好。(转折)

他们天天打拳,否则身体不会这么好。(假转)

3.紧缩形合复句

周志培(2003)认为紧缩形合复句与一般形合复句的区别表现在两个方面:第一,紧缩句没有明显的语音停顿,书面语中两分句间没有逗号;第二,形式标示也有简化,用单音的成对词,或只用一个单音词,或呼应复用疑问代词。例如:

旅程即使艰难,我们也决心去。(形合复句,让步)

旅程艰难也决心去。(紧缩形合复句,让步)

这孩子越夸奖,他就越骄傲。(形合复句,条件)

这孩子越夸奖越骄傲。(紧缩形合复句,条件)

紧缩形合复句表示的关系主要是条件、让步、转折等。

1)条件句

主要以"不……不(非)""(一)……就""越……越……""……才……"为形式标志或复用疑问代词"什么"。例如：

不到长城非好汉。

一说出差他就愁眉苦脸。

她越批评越不服气。

集中注意力才能听懂这门课。

他胃口特好,从来就是有什么吃什么。

2)让步句

主要以"……总……""不/再……也……""……也……"为形式标志或复用疑问代词"谁"。例如：

事无巨细他总要亲自过问。

我们再争也白搭。

这种扯皮事谁碰上谁头痛。

市长来了也奈何不了我。

3)转折句

主要形式标志为"……又……"。例如：

他想接受这个任务又不敢。

4)假转句

主要形式标志为"非……不……"。例如：

她非南方人不嫁。(相当:除非是南方人,否则她不嫁)

(二)汉语的意合复句

汉语的意合复句可以分为两类,一类是紧缩句,一类是公因话题句。此两类意合复句,与英语对比来说,是一大特色,是最能体现汉语本质特征的句型。英语复句,不管是并列的,还是从属的,大多数要用形态形式来控制。而汉语除了上面已提到的形合复句,多为无形式标示的意合句。

1. 紧缩句

(1)任何物质,如果遇到热,它就会膨胀,如果遇到冷,它就会收缩,这是共性。

(2)任何物质,遇到热就膨胀,遇到冷就收缩,这是共性。

(3)任何物质,热胀冷缩,这是共性。

句(1)中"如果……就……"是表示条件关系的形合复句;句(2)中"……就……"是表示条件关系的紧缩形合复句;句(3)中"热胀冷缩"是两个紧缩意合复句。

这三个句子的任何一个如果要用英语来说,都得用一个多重复句来表达:

It is a common property of any matter that it expands if(when)it is heated and it contracts if(when)cooled.

紧缩意合复句中分句之间的关系与形合复句一样,可能是并列关系,也可能是因果或转折关系,但都是语义关系。

(1)风大浪大。(并列)

(2)人欢马叫。(并列)

(3)风平浪静。(因果)

(4)风大浪高。(因果)

(5)雷声大雨点小。(转折)

(6)围堤内风大浪小。(转折)

(7)坐吃山空。(条件、因果)

(8)乘风破浪。(条件、因果)

(9)我什么都没说,我怕他报复。(先果后因)

(10)我们要团结所有的人,一起把工作搞好。(目的)

(11)请你找一下主管人,领我们看看仓库。(目的)

(12)好铁要打钉,好男要当兵。(解注并列)

(13)雨过天晴。(连贯并列)

在这十三个例句中表明的分句间的关系,由于没有了任何形式标示,所以只能靠语义的连贯和按时间顺序和逻辑顺序的排序来表示,只有例(9)是先果后因。

2. 公因话题句

公因是从数学中的术语"公因式"借来简化而成的。这类复句以一个统一的话题为对象,从不同方面就此对象加以单层次平面铺陈式的展开和说明。周志培(2003)讨论了公因话题句的三个特征:

1)公因话题

在一个复句中有三个以上的音义语块,每个语块的语义都与这个话题有关,这就是公因话题。它在整个复句中起着一种统率作用,是“纲”,它使整个复句中看似流散的各个语块串到一起,构成一个完整的连贯的意思。例如:

(1)她吃完了饭,换上新衣服、新手帕、绣花鞋、镶边裤,又擦了一次粉,加了几件首饰,然后叫于福给她备了驴,她骑上,于福给她赶上,往区上去。(赵树理《小二黑结婚》)

(2)她仍然头上扎着白头绳,乌裙,蓝夹袄,月白背心,脸色青黄,只是两颊上已经消失了血色,顺着眼,眼角上带些泪痕,眼光也没有从前那样精神了。(鲁迅《祝福》)

(3)草地的气候就是怪,明明是月朗星稀的好天气,忽然一阵冷风吹来,浓云像从平地上冒出来的,霎时把天遮得严严的,接着,就有一场暴雨,夹杂着栗子般大的冰雹,不分点地倾泻下来。(王愿坚《七根火柴》)

(4)但人一上了年纪,世界成天变,变去变来这人有了钱,成过家,喝点酒,生儿育女,生活安适,这个慢慢地转成一个和平正直的人了。(沈从文《丈夫》)

例句(1)、(2)的公因话题是“她”,例句(3)的公因话题是“草地的气候”,例句(4)的公因话题是“人”。

公因话题句的内容可以是表示人或物的话题发出的一系列的动作,如例(1);也可以是对人物、事物话题的描述,如例(2);也可以是与话题有关的连续发生的各种现象,如例(3);也可以是对话题的议论,如例(4)。

2)语序规律

公因话题句要表达整体意义连贯,除了公因话题的统帅作用外,还必须要有个按逻辑顺序安排的语序。由于音义语块之间基本上没有形式词标示它们之间的关系,所以严格遵循时序律和因果律等逻辑规律,就显得十分重要。针对上面的例句,周志培(2003)是这样分析的(这里分析顺序稍有变化):

例(1)中,话题“她”发出一系列的动作:吃饭,换衣,擦粉,加首饰,叫人备驴,骑驴,叫人赶驴,去区上。这些动作完全遵照时序安排,前后顺序一点也不能改动。

例(2)中对话题“她”的描述,已经没有时序规律,虽有一些因果规律(如脸色黄,两颊失了血色,顺着眼,就构成了“眼光没有从前那样精神”的原因),但这里主要遵守的是另外一些规律:汉人描写事物从大到小,从外到里,从上到下的规律。句中对“她”的描写从头饰到服装,从服装到脸色,脸色又从整体青黄到局部两颊失血，从两颊再到眼睛。看完了这一切外表后，再看内在：眼光是否有精神。

例(3)中出现的一系列自然现象，虽不是话题"气候"发出的，但都是与"气候"有关的。这一系列自然现象：月朗星稀、冷风、浓云、暴雨、冰雹，都是依序发生的，先刮冷风，后浓云遮天，再下暴雨，下冰雹，大致上也是不能乱的，而且含有一种因果关系。所以例(3)中音义语块的安排是既按时序又遵守逻辑规律的。

例(4)中对"人"这个话题发表的议论中，主要的已不是时序，而是按因果律安排的。先是世界变，世界变人跟着变，人先变有钱然后才能成家，喝酒，生活安适，于是，人也向好的方面变，最后变成和平正直的人。

3)**音义语块**

音义语块就是语音上相对独立而语义上又相对完整的短语。公因话题句中每个语块后面有短暂的停顿，书面上有逗号，有时用顿号或分号隔开。

音义语块的构成可能是名词短语，如"乌裙""蓝夹袄""绣花鞋"；可能是动词短语，如"擦粉""喝点酒"(动宾)，"叫于福给她备驴"(兼语)，"往区上去"(状动)，"把天遮得严严的"(把字动宾，动补)；也可能是主谓短语，或者所谓的小句，如"脸色青黄""一阵冷风吹来""世界成天变""眼光也没有从前那样精神了"，等等。

这里讲公因话题句中的音义语块就是这种语音和语义都相对独立的短语，相当于古人所说的音句或句读。这些音义语块，在它们进入句子后，都与公因话题发生关系而构成一个完整的义句即公因话题句。

三、汉英复句的异同

(一)汉英复句的概念内涵不同

英语复句在结构上有并列类(Compound Sentence)和主从类(Complex Sentence)之分，由此引导分句的连词也有标示并列关系的形式词和标示从属关系的形式词之分。标示并列关系的形式词所关联的复句，其前后分句之间不存在主从关系；标示从属关系的形式词关联复句时，其前后分句之间存在着制约和被制约的关系，就是我们通常所说的存在着主句和从句之分。这类形式词所关联的复句，语法上把它称为主从复杂句。英语中对于连词的这种区别和划分，在汉语中是不存在的，汉语中关联复句的连词没有并列连词和从属连词之说，这是汉英复句关联标记类型的一个重要差异所在。试看下面几个例子：

(1)Tom's father is a teacher, **and** his mother is a doctor.

(2)He worked very hard, **but** he failed the exam still.

(3)Mary did not come to class yesterday **because** she was ill.

(4)**When** you arrive in Xi'an, give me a call at once.

以上各例中，例(1)和例(2)是并列类复合句(Compound Sentence)，它们前后分句之间分别存在着并列关系和转折关系，但是各分句在结构上都是独立的，不存在彼此间的修饰关系；例(3)和例(4)是主从类复合句(Complex Sentence)，例(3)中由表示原因的连词 because 所引导的分句 she was ill，整个用来交代和修饰另一个分句 Mary did not come to class yesterday 之所以成为现实的原因，语法上称为原因状语从句；例(4)中由表示时间的连词 when 所引导的分句 you arrive in Xi'an，整个用来交代和修饰另一个分句 give me a call at once 所发生的具体时间，称为时间状语从句。

构成汉语一层复句的分句虽然在语义上存在某种联系，但是各分句间在结构上互不作成分。这即是说，汉语复句中各分句间虽然存在着一定的语义关系，但是它们彼此不存在结构上的主从关系，试看下面几个例子：

(1)因为他想跟苦三儿说说话的心情越来越急切，所以送饭的间隔也越来越缩短了。

(2)尽管他们在漆黑的世界里奋力四处寻找出路，但因辨不清方向而找不到出口。

(3)现在，不但许多事情都搞清楚了，而且许多人都觉得在精神上高大起来。

(4)如果你能读到这段文字，那么你更是拥有双份的福气。

上面各例中，例(1)是因果句，前后分句之间包含因果关系；例(2)是让步句，前后分句之间包含让步关系；例(3)是递进句，前后分句之间包含层递关系；例(4)是假设句，前后分句之间包含假设关系。尽管构成这些复句的各个分句之间存在一定的语义关系，但是它们在结构上都是相对独立的，不存在整个分句用来修饰另一个分句的情况。

由于汉语中没有英语的关系代词和关系副词，这样一来，英语中占了很大分量的名词性关系分句和修饰性关系分句，如主语从句、宾语从句、定语从句、补语(表语)从句、同位语从句，在汉语里就不可能有，有的是主谓结构(主谓短语)和动宾结构(动宾短语)作主语、宾语、定语、补语等。

从关系标记的角度来看，英语复句关系和汉语复句关系并不对应，英语复句有时间、处所、方式、比较等较为特殊的关系，这些关系在汉语中一般不用分句形式表现出来。试看以下3个例子：

(1)Science had its beginning when man started asking questions about his environment.

(当人类开始对自身所处的环境感到质疑的时候，科学就开始萌芽了。)

(2)Most plants can not live in a place where there is no water.

(绝大多数植物不能生长在没有水的地方。)

(3)In this huge ocean of air there is more energy than in all the coal, oil, and gas we have on earth.

(这样一个广袤的大气层里面所含有的能量，比地球上的煤、油、气资源加到一起还要多。)

以上三例中，例(1)是一个包含了时间状语从句的复合句，例(2)是一个含有表示地点的定语从句的复合句，例(3)则是一个含有比较关系的并列复合句，它们的共同点，就是在结构上都是由两个分句组合而成的。三个英文例子后面的括号内标明了它们的汉语译文，从汉语译文的结构上我们不难看出，英语中表示时间、处所和比较关系的复合句在汉语中成为简单句结构，尽管这些简单句可以有其修饰成分，但修饰成分不是一个独立而完整的分句了。

此外，英语中分句间的关系除了用关联词语来标示外，还有其他形态形式的要求，就是各分句中动词谓语的时、体、态要有相应的格式，如虚拟假设条件，除用if标示外，还要用一般过去时、过去完成时等不同的相应格式来表示与过去事实相反的假设、与现在事实相反的假设以及与将来事实相反的假设(说话人认为不可能实现)。主句是将来时，when时间从句、if条件从句中的动词就要用一般现在时来表示将来时间等。汉语的动词没有这些形态变化，也就没有了这些对应形式，关系表达的精确程度自然不及英语。

(二)英语关联词语是强制性的，汉语关联词语是非强制性的

语言学家洪堡特(2001)也阐述这样的观点："一切语言的语法都包含两个部分，一个部分是明示的语法，由标志或语法规则予以表达，另一部分是隐含的，要靠领悟而不是靠标志或语法规则。在汉语里，明示的语法要比隐含的语法所占的比例小得多。"尽管英语复句也有无连接词的意合复句，但在大多数情况下英语的并列复合句总会使用一定的关联词语，把两个分句连接起来，哪怕是用and。譬如培根(Francis Bacon)的《谈读书》(*Of Studies*)全文共18句，除第一句和第十二句为

简单句外，其他16句都是复句，其中并列复合句共11句，主从复杂句有5句。这些复句除第十四句是隐性连接(意合复句)外，其余均采用显性连接方式。

另外，英语复句中不能将并列连词和从属连词搭配到一起使用，例如英语复句中不能出现"Because A, so B""Although A, but B""If A, and B"这样结构的复句，英语复句表示因果、假设、让步等关系时，连词一般是单独出现的，而且一般是通过使用从属连词来构成主从复杂句。试看下面的例子：

(1) * Because his family is rich, so he went to a foreign university after high school.

(2) * Although Xiao Ming was very hard, but he lost the exam.

上面各例中，例(1)和例(2)在语法上是错误的，原因就在于它们将从属连词because、although和并列连词so、but搭配使用了。

汉语复句中连接各分句的关联标记，在很多情况下既可以搭配着使用，也可以单独使用，甚至还可以省去不用，只通过分句间的语义关系为纽带来关联分句构成复句。这种情况英语复句中虽然也有，但是出现频率比汉语复句要少得多。试看下例：

(1)因为原稿写得太密，无法在原稿上改动。

(2)如果你银行户头有存款，你已经身居世界上最富有的8%的人之列。

例(1)是一个因果句，它只在前分句使用了关联词"因为"。这个复句我们可以只在前分句使用关联词"因为"，也可以只在后分句使用关联词"所以"，或者"因为……所以……"搭配使用，或者干脆不使用关联词，对整个复句的构成都不会产生什么影响；同样，例(2)是一个假设句，它只在前分句使用了关联词"如果"，对这一个复句，我们既可以只在前分句使用关联词"如果"，也可以只在后分句使用关联词"那么"，或者将"如果……那么……"搭配起来合用，整个句子的语义关系都是一样的。

应该指出，语法学界通常认为在构句层面英语属于"形合"语言，具体表现在除语序和语调外，对形态变化和连接成分的依赖程度较高。换言之，就语法意义和逻辑关系表达而言，英语对显性连接成分的依赖程度比汉语高。汉语在组合分句构成复句这一层面上，汉语经常使用意合法的构句方式。汉语注重逻辑事理，以事件的发生、发展为铺排顺序，以语义为重，复句则是这一方式的具体运用。换言之，在通过意合法组合分句构成复句的过程中，在对连接成分的处理方式上，隐性连接要比显性连接表现突出。

(三)英语关联词语位置相对稳定,汉语关联词语位置相对灵活

夸克(1989)等人对英语关联词语的具体位置和连接分句的方式进行了研究。并列连词(and 或 or)作连词引导分句时,其位置只限于分句之首,绝大多数从属连词(如 because、as、unless、though 等)以及一些副词(如 yet 和 so)通常也在分句之首。and 或 or 以及 but、for 和 so that 引导的分句一般要放在与它并列的分句之后,大多数副词引导的分句也是如此。

汉语的关联词语包括连词、副词、助词、动词(是),以及一些习惯搭配(如"如果说""之所以""不但不")。与英语相比,汉语能起连接作用的词比英语多,只要能把分句接续下去的都能起到连接的作用,很灵活。概括起来,汉语复句中充当关联标记的连词、副词既可以位于分句句首,也可以位于分句句中。试比较以下几个例子:

(1)我们之所以没有灭顶于废话之中,是因为我们还有音乐。

之所以我们没有灭顶于废话之中,是因为我们还有音乐。

(2)与其白白地送上门去被阎王杀掉,我不如就这样走下去。

与其白白地送上门去被阎王杀掉,不如我就这样走下去。

(3)**If** they do not give you exact meanings, they should at least bring you much closer.

(如果他们没有把准确的意思告诉你,至少应该把更接近的意思告诉你。)

(4)I gave him all he asked for, **yet** he was still not satisfied.

(他要什么我给他什么,但他还是不满足。)

第七章 汉英语篇对比

语言对比研究可以发生在语言的各个层次和各个方面，但从历史上看，语音、词汇/语法和语义等层次的对比基本上是在句子或小于句子的语言单位中进行的，语篇对比极少，即使有也不系统(朱永生，2001)。但随着语篇分析理论、功能语言学理论的发展和对语境和认知因素的重视，语言对比也开始在语篇层面上进行。

对句以上语言单位的分析在语言学中称为语篇分析(text analysis)和话语分析(discourse analysis)，其中的“语篇”“话语”是指句以上的语言单位。但是，对于“语篇”“话语”这两个术语，不同的流派有不同的用法。这里，我们综合威多森(Widdowson，1973/1979)和库尔哈德(Coulthard，1977)等人的观点，语篇分析所要研究的是“句子(sentence)”在语篇中的“用法(usage)”和组句成篇的形式规律，而话语分析所要研究的是“语句(utterance)”在特定情景中的“使用(use)”及其交际功能。这样，就把语篇研究看作是研究语篇组织结构规律的一个语言学分支，而将话语看作是语言学的另一个分支——语用学的研究对象。

第一节 语篇的结构

语篇并不是一连串句子的组合，而是一个语义上的统一体。任何一个语言段，不论是口头的还是书面的，不论是一句话(或甚至是一个词)还是一部巨著，只要构成一个语义上的整体，便可称为语篇。胡壮麟(1994)认为语篇是指任何不完全受句子语法约束的在一定语境下表示完整语义的自然语言。这就是说语篇可以由一个句子甚至由小于句子的短语和单词来体现。然而，语篇分析或双语对比分析所使用的语篇素材通常都是跨句的。从实用的角度考虑，我们也可以把语篇看作是一个在篇幅长短上大于句子的语言单位(朱永生,2001)。

语篇的结构与句子的结构有着本质上的不同。句子的结构主要体现为句子内部各成分之间所结成的语法关系,如主谓关系、修饰关系等。语篇的结构性主要表现在两个方面:①语篇中各句子之间在语言形式上的衔接(cohesion);②语篇中各句子所表达的概念或命题之间在语义逻辑上的连贯(coherence)。

一、衔接

衔接是语篇研究中常用的一个术语,但是究竟指什么,各派的说法不一。许余龙(2002)综合各家观点认为,衔接是指语言的语篇组成部分,特别是那些和句与句之间的组合有直接关系的语言现象。同时,句与句之间在表面结构形式上的联系也可看作是一种语篇衔接手段。按照许余龙的观点,语篇衔接可以粗略地分为两大类,一类是语篇中的句子在结构上的衔接,另一类是语篇中的各种语言形式在语义上的衔接。

(一)结构衔接

结构性衔接主要体现在句子在特定上下义中的信息结构和主述位结构上。

1.信息结构

句子作为语言的基本单位,其功能是实现交际任务,即传递信息。信息结构是指把言语组织成信息单位(Information unit)的结构。信息在口头交际和书面交际中有不同的表现形式。在口头交际中,信息的表现形式是语调,因此,句子的信息结构是由语调来决定的。一个信息单位表现为一个语调组(其长度通常与一个小句相吻合,但也可以大于或小于一个小句),每个信息单位必须包含一个未知信息(new information),另外还可以根据需要包含一个已知信息(given information)。这就是说,在每个信息单位中,未知信息是必不可少的,没有未知信息的信息单位是不完整的、不能成立的;已知信息可以自己决定是否需要,是可以取舍的。如无特别因素影响,一个信息单位中的语调核心重音,落在承载未知信息的语言成分上。

语篇中,一句句子的信息结构必须反映出与它前面句子的联系,否则就失去了衔接性。许余龙(2002)引用韩礼德(Halliday)的一个例子进行了分析:

(1)No one else had known where the entrance to the cave was situated.

(2)The one who discovered the cave was John.

(没有人知道山洞的洞口在哪里。发现那个山洞的是约翰。)

句(2)构成一个信息单位，其中的新信息是 John，因而语调核心重音落在这个词上。如果我们将 the cave 处理为新信息(即语调核心重音落在 the cave 上)，那么这种信息结构不再能与(1)发生衔接关系，因为 the cave 已经在(1)中交代过了，如果没有其他理由，就不能再在下一句中将它作为新信息。

信息结构则与言语活动中上下文的关系十分密切。离开上下文，很难区分已知未知信息。因为，在口语中我们可以听到句子语调核心重音，可以了解句子的未知信息所在，但在书面语中，除非特别标明，我们是不知道语调核心重音所在的。在书面交际中，信息可以由句子内部词序、衔接关系等语法、词汇手段来表示，下面我们就介绍句子内部组织信息的主述位结构。

2. 主述位结构

主述位结构(或主位结构)是功能语法中语篇功能的重要组成部分。韩礼德等(Halliday et al.,1976)认为任何句子和话语从交际功能角度出发，均可分为主位(theme)和述位(rheme)，主位在前，述位在后。句首部分的语言成分是主位，主位是信息的起点，通常传递交际双方已经熟悉，或有所闻的内容，即已知信息；其余部分是述位，通常传达受话者未知的内容，即新信息。

在语篇中，由于一个句子通常选用前面提到的已知信息作为主位，这样在上下文中就能起到承上启下的作用。例如还是上面的一个例子：

(1) No one else had known where the entrance to the cave was situated.

(2) The one who discovered the cave was John.

句(2)的主位是 the one who discovered the cave，这是一个已知信息，因为(1)中蕴含了 someone knew where the entrance to the cave was situated 的意思，这样句(2)就与句(1)衔接在一起了。

相反，如果我们将(2)变换一下，成为下面的情况：

(1) No one else had known where the entrance to the cave was situated.

(2) What John discovered was the cave.

这样句(2)的主述位结构不再与句(1)发生衔接关系，因为句(2)的主位是 what John discovered，而句(1)却并没有交代过 John discovered something。

正是由于在语篇中，句子通常选用前面提到的已知信息作为主位，因而一句句子中的已知信息和主位在一般情况下是重合的。也就是说，句首的一个成分通常既充当句子信息结构中的已知信息，又充当句子主述位结构中的主位(Halliday,

1970)。这种两者合一的语言成分称为主题(topic),句子中的其余部分称为述题(comment)。例如下面的例子:

(1)No one else had known where the entrance to the cave was situated.

(2)The one who discovered the cave was John.

句(2)中的 the one who discovered the cave 是主题,was John 是述题。

有一点需要明确的是,主位与主语不同,它可能是词、词组或从句,也可能是主语、状语、宾语或其他成分,是交际内容的出发点,而述位则是该内容的推进。任何语言语篇中的句子都具有主述位结构,借以实现其语篇功能。由于不同语言在句法结构方面有各自的规律,在语篇段落组织方面也有自己的特点,因此在句子的主述位结构方面也就不尽相同。

(二)语义衔接

语义衔接是语篇中各种语言形式在语义上的联系,即韩礼德等(Halliday et al., 1976)所说的语篇中表示语义联系的语法和词汇手段,即照应、省略、替代、连接和词汇衔接。这五种衔接手段也用于句内的语言组织,但由于句内的各语言成分已经由各类不同的语法关系将它们联系在一起,因此只有句子之间的衔接才真正显示出衔接手段的语篇纽带作用。

照应衔接是通过具有指称作用的语言项目与它们的所指项目之间的语义联系而取得的。具有指称作用的语言表达形式有人称代词、指示代词和表示与其他事物相比较的词。这些词分别与它们所指称或比较的、在语篇其他地方提到的事物发生联系。

替代和省略衔接是通过使用替代或省略的语法手段,将替代或省略形式与语篇中其他地方提到的被替代或省略的形式联系起来。替代或省略的句子成分可以是名词短语,也可以是动词短语或小句。

连接衔接是通过使用各类连接词,将句与句之间语义逻辑联系明确地表示出来,使语篇成为一个统一的语义整体。连接词表示的连接关系有递加、逆转、因果以及时间或逻辑发展顺序等。

词汇衔接是通过在语篇的上下文中选用一对或一组具有某种语义联系的词而取得的。这种词义联系,可以表现为词与词之间在语义上的全部或部分重复,如同一词项的重复,同义词、近义词、上下义词的运用;也可以表现为词项在一定语境中的习惯性同现,如反义词及搭配。

二、连贯

韩礼德认为衔接和连贯是语篇区分于非语篇的两个必要条件，但他过度关注了语篇的衔接功能，对连贯的提法似乎有些含糊。语言学家们对连贯的定义也是从不同角度展开的。关于连贯的本质究竟是什么，目前学界的分歧多于共识。至于连贯如何实现、如何表现以及如何分析语篇的连贯特征，则更是众说纷纭。许余龙(2002)认为，语篇连贯不仅是指语篇的表层结构形式的衔接，更取决于各句所表述的概念或命题之间，以及这些概念和命题与整个语篇的主题之间在语义逻辑上的联系。

许余龙引用了伯格兰德等(Beaugrande et al.,1981)举过的一个例子说明连贯与衔接的区别：

(a)A great black and yellow V-2 rocket 46 feet long stood in a New Mexico desert. (b)Empty,it weighed five tons. (c)For fuel,it carried eight tons of alcohol and liquid oxygen.

(d)Everything was ready,(e)Scientists and generals withdrew to some distance and crouched behind earth mounds,(f)Two red flares rose as a signal to fire the rocket.

(一枚四十六英尺高的黄黑相间的巨大 V-2 型火箭矗立在新墨西哥州的一片沙漠中。它自重五吨，内装八吨酒精和液态氧作为燃料。

一切准备就绪；科学家们和将军们撤离发射场，蹲伏在土堆后面。升起两颗红色信号弹：火箭点火。)

在这个语段的第一段中，(b)、(c)两句中的代词 it 是指句(a)中提到的那枚火箭(rocket)，因而构成了一种照应衔接，将这三句句子联系在一起。而第二段中的三句句子之间并没有衔接关系，而且(d)、(e)两句与第一段中的三句也没有严格意义上的衔接联系。但是，这三句在语义逻辑上却仍具有连贯性。因为句(d)所说的“一切准备就绪”与句(e)所说的“科学家与将军们撤离发射场”，是句(f)所说的“发出点火信号”所必不可少的前提。而且这三句的先后次序，代表了火箭点火发射前准备工作的进展过程，在语义上构成一个连贯的整体。此外，就整个语段的语义结构来说，这两段文字在语义上也是连贯的，因为第一段的中心是交代那枚待发射的火箭，第二段的中心是交代火箭点火前的准备情况。这两段文字在语义上显然是为整个语篇的主题，即为叙述火箭的发射过程服务的。

根据伯格兰德等(1981)的观点,语篇的连贯性与语篇中所表达的各种概念之间的联系有关。语篇中的概念可以分为两大类:一类是基本概念,基本概念是语篇的组织核心,包括所描述的对象或情景或所叙述的事件或行动;另一类是次要概念,次要概念是受基本概念的控制,是为了进一步说明或发展基本概念的,包括外形、属性、状态、特征、关系等描述细节,也包括施事、受事、工具、时间、地点、原因、结果等。那么上面的例子中,"火箭(rocket)"应该是一个基本概念,是语篇的组织核心。"巨大的(great)""四十六英尺高(46 feet long)"等是说明火箭的属性和特征的,"矗立在新墨西哥州的一片沙漠中(stand in a New Mexico desert)""装有八吨酒精和液态氧(carry eight tons of alcohol and liquid oxygen)"等是说明火箭的状态的,这些应该是次要概念。

在上面例子的第一段三句之间借助于照应衔接,使得这三句在语义上的连贯显而易见。当语篇没有明显衔接手段,概念或命题之间通常在表面上看不出有什么直接的联系,我们怎么分析其连贯性呢?许余龙(2002)认为:

我们往往需要运用有关的背景知识作逻辑上的推理,补上某些省略了的概念,才能最后判断语篇的内在连贯性。例如,我们在前面提到,上述例子第二段中的"一切准备就绪"和"科学家们和将军们撤离发射场"是"发出点火信号"的前提。因而这三句在语义逻辑上是连贯的。但是,我们怎么知道前两者是后者的前提呢?这就需要我们运用有关的火箭发射的常识进行推测,补上"发射"这一语篇中省略未提的概念,因为上述三个命题都与火箭发射有关。再者,"科学家们和将军们"与语篇的基本概念"火箭"有什么联系呢?文中没有交代,但背景知识同样可以告诉我们,他们是来指挥和观察火箭发射的,因此我们可以补上"指挥和观察"这一省略了的概念。通过诸如此类的推理,语篇的内在连贯性就显露出来了。

当然,要更好地分析语篇的连贯性,还可以进一步说明各类概念之间联系的性质和类型。例如,可以说明概念之间联系的密切程度,还可以进一步说明表示移动的方式类型等,这里就不赘述了。

总的说来,衔接是连贯的外在形式,连贯是衔接的内在意义。句子之间具有衔接性,因而句子在语义上的连贯性也就更加显而易见。但衔接并不能保证语篇的连贯,连贯的语篇不一定都是衔接的。关于这一点,我们后面还要进一步讨论。

第二节 汉英语篇衔接对比

前面说过，语篇的衔接可以表现为语篇中的语言单位（如句子、段落）在结构上的联系，也可以表现为语篇中的各类语法词汇成分在语义上的联系。这一节，我们主要讨论汉英语篇衔接方面的异同。

一、结构衔接对比

表现语篇结构衔接的语言手段主要体现在句中在特定上下义中的信息结构和主位结构上。

在语篇中，一个句子通常选用前面提到的已知信息作为主位，因而一个句子中的已知信息和主位在一般情况下是重合的，这样主位就起到承上启下的衔接作用。

但是，语言的主述位结构，在很大程度上受语言内部的句法结构规律的制约。汉英语言由于语言类型的差别，各自的句法结构规律就有差异，句子可能具有的主述位结构也就不尽相同。

语言学家早就注意到，汉语中的主语不像英语等一些语言中的主语那样容易确定。据此，李讷等（1976）提出，语言可以分为主语显著（subject-prominent）、话题显著（topic-prominent）、主语话题都显著（both subject-prominent and topic-prominent）和主语话题都不显著（neither topic-prominent nor subject-prominent）等四种类型。在主语显著的语言里，句子的基本结构是以主语和谓语的形式出现的，句子中的主谓关系总是很容易识别。而在话题显著的语言中，这种主谓关系并不总是能很容易识别的，句子的基本结构主要体现为话题与说明的关系，而不是主语与谓语的关系。一般认为，英语属于主语显著的语言，而汉语则属于话题显著的语言。

主语是句法结构分析中的一个概念，而话题（也有学者叫主题）是语篇结构分析中的一个概念。因此，所谓主语显著的语言，实际上是一种重句子型（sentence-oriented）的语言；而话题显著的语言，是一种重语篇型（discourse-oriented）的语言。正是由于汉语话题显著，因此在一定的语篇上下文或语境中，当需要将某些已知信息处理为主题时，汉语要比英语容易将这些成分主题化，许余龙（2002）对此做过详细分析：

(1)由于语篇衔接的需要，汉语可以较自由地把宾语前置使之主题化，前置的位置也比较自由，可以在主语前面，也可以在主语和动词之间，例如：

我喜欢豆子。

豆子我喜欢。

我豆子喜欢。

而在英语中，如果由于语篇衔接性的需要，必须将句子中的宾语前置的话，由于受内部句法规律的制约，这个宾语只能放在主语的前面，而不能放在主语与谓语动词之间：

I like beans.

Beans I like.

* I beans like.

(2)在一定的语篇上下文或语境中，汉语在必要时还可以同时将一个以上的已知信息成分处理为主题，即有多个主题。例如：

豆子我喜欢，他却不喜欢。

“豆子”是上面两个小句共有的大主题，而“我”和“他”分别是两个小句的小主题。

我豆子喜欢，茄子不喜欢。

“我”是上面两个小句共有的大主题，而“豆子”和“茄子”分别是两个小句的小主题。

有时候，一句汉语句子中还可能同时出现三个主题。比如，赵元任(Chao，1968)举过一个例子：

你花浇的水够不够？(Did you put enough water on the flowers?)

显然，这一句问话把“你”“花”“浇的水”都处理为已知信息，成为问句中的三个主题，而把“够不够”处理为所要知道的未知信息。这种结构在主语显著的英语中是不可能出现的。汉语的这一特点说明，汉语句子结构更能适应语篇组织的需要，体现出句子在语篇中与上下文或语境的联系。

(3)汉语中有一种特殊的“把”字结构，可以将动词后的名词提前，置于动词前面。曹逢甫(Tsao，1987)认为，汉语中“把”字的功能是标示句子中的第二主题，以便使后面的动词短语成为新信息。比如，要回答下面一个问题：

老鼠把奶酪怎么样了？

为反映语篇中句子之间的联系，答句的信息结构最好能将“老鼠”和“奶酪”同时处理为已知信息，而且在答句的主述位结构中，也最好能使这两个成分同时处在主位上。汉语通过采用“把”字结构，大致可以做到这一点，如：

老鼠把奶酪吃了。

在这一上下文中，该句子重音应在“吃”上，因而“老鼠”是第一主题，“奶酪”是第二主题，都是句子信息结构中的已知信息，“吃”是新信息。同时，“老鼠把奶酪”处于句子的首位，因而也可以看作句子主述位结构中的主位。这样，这句话中的已知信息和主位重合，成为句子的主题，清楚地表现出与句子“老鼠把奶酪怎么样了？”的语篇衔接。

而在英语中，如果我们要回答问句“What did the rat do to the cheese?”，我们只能说：

The rat ate the cheese. 或 The cheese was eaten by the rat.

在这一上下文中，该句中的 the rat 和 the cheese 都是已知信息，但是只有 the rat 或 the cheese 才能成为句子主述位结构中的主位。因此，与汉语句子“老鼠把奶酪吃了”相比，英语的这句答句，在主述位结构上只能部分地表现出与问句“What did the rat do to the cheese?”的语篇衔接。

二、语义衔接对比

语篇中构成语义衔接的语法与词汇手段共有五类，即照应、替代、省略、连接和词汇衔接。

(一)照应

在语篇中，对一个词语的解释不能从词语本身获得，而必须从该词语所指的对象中寻求答案，这就产生了照应关系(Halliday et al.,1976)。因此，照应是一种语义关系，它指的是语篇中一个成分作另一个成分的参照点，是语篇中某一个成分与另一成分之间在指称意义上的相互解释的关系。

从语用功能角度来看，照应可以分为两种：外指(exophora)和内指(endophora)。外指照应指的是语篇中某个成分的参照点不在语篇本身内部，而是存在于语境中。内指照应指的是语言成分的参照点存在于语篇上下文中。外指照应本身不能建立语篇上下文之间的衔接关系，只有内指照应才能构成语篇衔接。正因如此，这里讨论的照应关系主要是内指照应。

照应一般可分为人称照应、指示照应和比较照应。

1. 人称照应

人称照应就是使用人称代词的各种形式所表示的照应关系。但一般认为，在人称照应系统中，只有第三人称代词具有内在的语篇衔接功能。下面我们针对汉英两种语言第三人称代词的照应功能进行对比。

在任何语言中，应用第三人称代词作为衔接手段都是极普通的现象，但在使用频率上却因语言而异。就汉英语言来说，汉语第三人称代词在语篇中出现的频率总的来说要比英语低。赵宏等(2002)曾选取《红楼梦》《枣核》(萧乾 著)及其英译本(分别为杨宪益和张培基 译)，*Gone with the Wind*(Margaret Mitchell 著)和 *The Bridges of Madison County*(Robert James Waller 著)及其中译本(分别为翟象俊和梅嘉的译本)中各约一千字的文本，对其中出现的第三人称代词前指照应进行了统计，统计结果(见表10、表11、表12、表13)显示了汉英两种语言在第三人称代词使用上的差异。见下表：

表10 《红楼梦》节选及英译本第三人称代词内指照应统计结果

汉语	他				他们	省略							其他		总计
	12				1								7		13
英语	she	her	him	省略	they	she	her	he/him	his	it	them	their	he/she/they	her	总计
	1	1	7		1	6	5	7	5	1	2	2	6	1	45

表11 《枣核》节选及英译本第三人称代词内指照应统计结果

汉语	他				他的	省略						其他		总计
	16				1							4		17
英语	he/him	himself	省略	其他	his	he	his	it	its	they/them	their	he/she/they	her	总计
	13	1		1	1	5	4	3	1	6	2	2	2	40

表 12 *Gone with the Wind* **节选及中译本第三人称代词内指照应统计结果**

汉语	她			她的	他				省略				其他	总计
	27			3	31								3	61
英语	she/her	her	省略	her	he/him	his	it	省略	she	her/his	he/him	them	she	总计
	20	2		3	19	8	1		2	8	3	1	3	70

表 13 *The Bridges of Madison County* **节选及中译本第三人称代词内指照应统计结果**

汉语	她	她的	他	它	他们	省略				其他	总计
	11	3	15	1	1					1	31
英语	she/her	her	he/him	其他	they	she	her	he/him	his	his	总计
	11	3	15	1	1	2	1	4	3	1	41

汉英第三人称代词使用频率上的差异造成了汉语第三人称代词在语篇照应上不同于英语的两个显著特色：

(1)英语使用人称照应的场合，汉语多省略。例如：

As she spoke she watched the muscles in his forearm flex when shifted gears. (J. Waller, *The Bridges of Madison County*)

译文：她一边说一边注视着他换挡时( )前臂弯曲的样子。

( )朋友有点不好意思地解释说，( )买这座大房子时，( )孩子们还上着学，如今( )都成家立业了。(萧乾《枣核》)

译文：My friend looked somewhat ill at ease when he told me this: At the time when he bought this big house, his children had all been at school. Now they had their own homes and jobs.

你相信吗？那是我开车到几十公里以外，一块块亲手挑选，论公斤买下，然后用汽车拉( )回来。(萧乾《枣核》)

译文：Believe it or not, the rocks, hand-picked by me, were bought by the kilogram. I drove dozens of kilometers away to haul them back in my car.

(2)英语使用人称照应的场合,汉语多使用原词复现,例如:

黛玉嗑着瓜子儿,只管抿着嘴笑。可巧黛玉的丫鬟雪雁来给黛玉送小手炉。(曹雪芹《红楼梦》)

译文:Daiyu had been smiling rather cryptically as she cracked melon-seeds. Now her maid Hsueh-yen brought in her little hand-stove.

2. 指示照应

指示照应指用具有指示作用的词语来区别时空的远近、确定所指对象的照应关系。由于汉语中的指示词主要是由“这”和“那”构成的,我们将主要探讨一下汉语中的“这/那”与英语中的“this/that”在指称功能上的不同之处。

在语义上,“这”与 this 相对应,“那”与 that 相对应。但在指称功能上,汉英指示代词却存在着一定的差异。在用于外指照应时,就其所指的时间和空间概念来说,“这/那”与 this/that 之间并无多大差异,即“这”和 this 指近,“那”和 that 指远。但用于内指照应时,情况则比较复杂。

许余龙(2002)根据《汉语词汇的统计与分析》(北京外语教学与研究出版社,1985)和《英国和美国英语词汇使用频率》(*Word Frequencies in British and American English*, Longman, 1982)的抽样统计,对比分析了指示词“这”和“那”与 this 和 that 的使用频率,见表 14:

表 14 “这”和“那”与 this 和 that 使用频率对比

	频率位次	绝对使用频率		频率位次	绝对使用频率
这	12	2,845	this	22	5,287
那	27	1,398	that	7	11,188

据此,许余龙认为,从使用的频率上来看,汉语“这”高于“那”,而英语 that 却高于 this。这种差异说明,汉语在用近指词“这”的某些场合,英语一般要用远指词 that。

(1)在汉语语篇中,“这”可以用来指称别人说的话或提到的事,而在相同的情况下,英语却一般用 that。如:

四叔已知道,就皱一皱眉,道:“这不好,恐怕她是逃出来的。”(鲁迅《祝福》)

译文:As soon as my uncle knew of this he frowned. “That's bad,” he observed. “She must have run away.”

(2)在汉语语篇中,“这”可以用来指称上文中提到的刚发生不久的事,而在英语中却必须用 that。例如:

He said nothing for a moment. Then:“I scribbled something in my notebook the other day for future use, just had the idea while driving along;that happens a lot.”(J. Waller, *The Bridges of Madison County*)

译文:他一时间没说什么。然后说:“我那天在我笔记本里记下了一些话以备将来用。是在开车时临时想到的,这是常有的事。”

(3)在汉语语篇中当发话者指称上文的陈述时,一般用“这”,而英语一般用 that。例如:

在我们纠正偏差的时候,有的人把过去的工作看得毫无成绩,认为完全错了。这是不对的。

译文:When we are correcting deviations, some people look upon the work of the past as utterly fruitless and all wrong. That is not right.

To be, or not to be, that is a question.

译文:生存还是死亡,这是个问题。

(4)在汉语语篇中,“这”和“那”在表达时空距离时往往受心理或视觉的影响,而英语中的 this 和 that 表达的距离概念较接近实际的时空远近距离。例如:

她到现在还记得很明白的是五六年前的土地庙的香市中看见一只常常会笑的猴子,一口的牙齿那么白!但这也是她最后一次快乐的纪念,……(茅盾《子夜》)

译文:She could still remember the monkey she had seen several years before at a temple fair at home—it kept grinning and showing a mouthful of gleaning white teeth. That was her last, happy memory, ...

正如许余龙所说的那样,由于汉语使用者往往能化远为近,用近指词“这”来指称较远的事物。在上例中,虽然“五六年前”是一个较远的时间概念,但由于“她”对往事记忆犹新,因而在心理上仍然很近,所以作者用了表示近指的“这”来回指“五六年前”所发生的事。而相应的英语译文中所用的指示代词则是表示远指的 that。

从上面的分析可以看出,在英语中许多习惯上用 that 的地方,汉语往往要用“这”,这是英语 that 使用频率高,而汉语“这”使用频率高的主要原因。

3. 比较照应

比较照应指的是用比较事物异同的形容词或副词,及其比较级所表示的照应关系。由于任何比较至少涉及两个实体或事态，所以当语篇中出现表达比较的词语时，受话者就会在上下文中寻找与其构成比较关系的其他词语。因此，比较照应在语篇中具有承上启下的作用。

汉英两种语言的比较照应系统并没有太大差异。汉英所涉及的照应基本概念是一样的，都是主要通过形容词和副词来表达比较意义。英语和汉语在比较照应上的最大差异在于：英语有两条途径，一是运用词汇和句法手段，二是通过改变形容词和副词的形态变化来表达比较意义；而汉语的形容词和副词则没有形态变化，因而只有通过词汇和句法手段来表达比较意义(朱永生 等，2001)。例如：

(1)I thought you were a good man, or at least no worse than other men. It seemed that we both wrong.

(2) Scarlet O' Hara was not beautiful, but men seldom realized it when caught by her charm as the Tarleton twins were. (Margaret Mitchell, *Gone with the Wind*)

在以上两例中，前者比较照应是通过词形变化手段实现的，worse 是 bad 的比较级，通过词的形态变化达到了比较的效果。而后者则是通过词汇手段实现的。

(1)第二天我起得很早，午饭之后，出去看了几个本家和朋友；第三天也照样。(鲁迅《祝福》)

(2)天空积满了灰色的云块，呆滞滞的不动。他脸上的气色和天空差不多。(茅盾《子夜》)

第一句的比较照应手段是通过词汇“照样”来实现的，在回指句中的“起得很早，午饭之后，出去看了几个本家和朋友。”

第二句通过句法手段实现，通过使用“和……差不多”的结构表达了比较照应，即通过“他脸上的气色”和“积满了灰色云块的天空”之间的对比，使得语篇前后衔接。

(二)替代

替代指的是用替代形式来取代上文中的某一成分。在语篇的层面上，替代可以通过替代成分与替代对象之间的索引关系使语篇中的句子紧密地连接在一起，从而起到语篇衔接的作用(朱永生 等，2001)。例如：

From time to time the doctor came to the door for a little air and rest his eyes, which were almost smoked out of his head; and whenever he did so, he had a word for me. (R. L. Stevenson, *Treasure Island*)

句中 did so 替代上文的"come to the door for a little air and rest his eyes"。读者在理解 did so 的确切含义时，必须将 did so 与它所替代的语言成分联系起来，这样就使语篇前后承接，紧密地衔接在一起。

再看汉语的例子：

"孙主任已经快七十了。他自己的眼睛也不行了。再说，他已经好几年没上手术台。他现在的任务是搞点学术研究，带好这一批中青年大夫，还有教学的任务。让他做手术，老实说，还不如让陆大夫做更有把握。"

"要不，请郭大夫做，行不行？"（谌容《人到中年》）

句中的"要不"相当于英语中的 if not，"不"替代的是上文的"（不）让他做手术"。这种替代不但在表达上避免了啰唆和重复，而且使语篇显得紧凑。总之，由于替代成分和替代对象之间的关系可以使语篇上下文紧密地联系在一起，因此语篇中的替代关系同时也构成了语篇的衔接关系，并以此使替代具有语篇的衔接功能。

根据韩礼德等（1976）的划分，替代可分为名词性替代、动词性替代和分句性替代，即用名词性、动词性或分句性替代词取代另一个名词词组、动词词组或分句。汉英两种语言中都存在着起替代作用的词汇系统。见表 15：

表 15　汉英替代词汇系统

类型	英语	汉语
名词性替代	one, ones, the same, so	的，者，同样（的），一样（的）
动词性替代	do, do so	干，来，弄，搞
小句性替代	so, not	（不）这样，（不）这么，（不）是，不然，要不

尽管替代是汉英两种语言中比较常见的一种衔接手段，但朱永生（2001）通过对两种语言语料的对比分析后发现，替代现象在汉英两种语言中还是存在着一定的差异：

首先，由于英语有词的屈折变化形式，所以名词性替代词有单复数形式的区分，动词性替代词有时态上的形式变化。

其次，英汉两种语言中的替代现象在具体的表达上并不体现为一一对应的关系。……英语中的替代关系在相应的汉语表达中可能会体现为照应关系。

最后，汉语中替代现象出现的频率要低于英语。……造成这种现象的一个重要原因在于汉语往往使用原词复现的方式来达到语篇的衔接。

(三)省略

省略是把语言结构中的某个成分省去不提,也被称为“零替代”。省略是为了避免重复,使表达简练、紧凑、清晰的一种方式。在语篇层面上,由于被省略成分存在于语篇上下文中,因此省略就构成了语篇中句子之间的纽带。省略的语篇衔接功能体现在省略结构与被省略成分之间的预设关系上。我们引用朱永生(2001)举过的两个例子来分析:

The children had called. Neither of them could make it home again this year for her birthday, though it was her sixty-seventh. She understood, as she always did. Always had. Always would. (J. Waller, *The Bridges of Madison County*)

“你上午已经安排两个手术了。身体能顶下来吗?”

“能。”陆文婷挺直了身子,笑了笑,好像要证明她身上蕴藏着无穷无尽的精力。(谌容《人到中年》)

上面英语句中出现了两个省略结构,第一个是 Always had,其完整形式应为“She had always understood.”,第二个是 Always would,其完整形式应为“She would always understand.”。

汉语例句中的陆文婷用一个“能”字回答了对方的疑问,省略了主语和实义动词“顶下来”,使回答简洁明快,富有表达力。从这两个例子中可以看出,跨句省略不但可以避免重复,使信息更加突出,而且使语句之间的联系更加紧密。

汉英两种语言中的省略现象都可以按照韩礼德等(1976)的分类划分为三大类,即名词性省略、动词性省略和分句性省略。但是,由于汉英两种语言在结构上的不同,汉英两种语言中的省略现象仍存在本质差异。朱永生(2001)从“形合”与“意合”的角度对英汉省略现象的差异进行了分析:

(1)英语是以形合为主的语言,因而英语中的省略多数伴随着形态或形式上的标记,例如在前面例子中“She understood, as she always did. Always had. Always would.”就省略了 understand,但在语法结构上有着明显的标记。

而汉语是以意合为主的语言,省略在很大程度上与所表达的意义有直接的联系。因此,汉语的省略只求达意。只要能达意,省略的时候不但不考虑语法,甚至也不考虑逻辑。因此汉语中“今年的收成比去年好”听起来比“今年的收成比去年的收成好”要自然一点。潘文国(1997)在谈到汉语省略的时候还举过一些类似的句子,比如,“她是个日本女人”“你要死了找我”“今年天气比去年冷”“我的肉没你肥""你这块豆腐比我白"等，这些句子在上下文中一般都不会引起误会，所以潘文国(2009)说"汉语的省略是意合的极致"。

(2)汉语中最常见的省略是主语的省略，而谓语的省略则较少。在汉语语篇中，当主语出现后，就可以在以后的句子中省略掉。例如：

脱下衣服的时候，他听得外面很热闹，阿Q生平本来最爱看热闹，(他)便即寻声走出去了。(他)寻声渐渐的寻到赵太爷的内院里，虽然在昏黄中，(他)却辨得出许多人，赵府一家连两日不吃饭的太太也在内，还有间壁的邹七嫂，真正本家的赵白眼，赵司晨。(鲁迅《阿Q正传》)

但在同样的情况下，英语中的主语是不能省略的，否则句子在结构上就会不完整。

在谓语的省略中，英语和汉语的最大差别在于谓语动词，特别是实义动词的省略。英语可以借助于时态标记或情态标记等语法手段将实义动词省略，而在类似的情况下，汉语则主要通过原词重复或其他词汇手段来表达意义。试比较：

"Mr. Lorry, look once more upon the prisoner. Have you seen him, to your certain knowledge, before?"

"I have."(C. Dickens, *A Tale of Two Cities*)

"劳瑞先生，再认一次这个犯人。你确实知道你以前见过他吗?"

"见过。"(张玲、张扬 译)

(四)连接

在句法学中，连接是一种句法手段，指的是通过连词连接词语或分句，表示连接部分之间的并列关系或从属关系。在语篇分析中，连接则是一种衔接手段，指的是通过连词、连接副词、介词短语等连接性词语表示句子之间的逻辑语义关系，这些连接性词语也称为连接成分。

语篇中的连接性词语是使用最为普遍的衔接手段之一，主要用于理顺文章的逻辑关系、空间关系和时间关系等。通过连接词这种衔接手段，能够更好地搭起语篇的骨架，使其逻辑关系更为清晰。例如：

社交的吃饭种类虽然复杂，性质极为简单。把饭给自己有饭吃的人吃，那是请饭；自己有饭可吃而去吃人家的饭，那是赏面子。交际的微妙不外乎此。反过来说，把饭给与没饭吃的人吃，那是施食；自己无饭可吃而吃人家的饭，赏面子就一变而为丢脸。这便是慈善救济，算不上交际了。(钱钟书《吃饭》)

However, three days later a letter arrived, summoning me to Croydon for an interview. It proved an awkward journey; a train to Croydon Station; a ten-minute bus ride and then a walk of at least a quarter of a mile. As a result I arrived on a hot June morning too depressed to feel nervous. (Robert Best, *My First Job*)

上面汉语语篇中使用了对立连接成分"反过来说",这一连接成分反映了请吃饭可以有两种截断不同的性质:或是为了交际,或是为了慈善救济。英语语篇中的连接成分"As a result"很明显表示因果关系。

上面的例子说明,作为语篇中的衔接手段,英语中的连接成分与汉语中的连接成分之间存在着若干相同点,它们的功能是相同的。由于语篇连接成分本身均是含义明确的词项,它们在语篇中衔接句子与句子,或者衔接段落与段落时,能够明白无误地传递有关句子之间或段落之间的各种语义联系和逻辑联系的信息。朱永生(2001)认为英汉语篇连接成分的不同之处归结起来主要有两个方面,即显性与隐性的差异,他举了几个例子进行了分析:

冯二成子喝足了酒,退出来了,连饭也没有吃,他打算到磨房去睡一觉。常年也不喝酒,喝了酒头有些昏。(萧红《后花园》)

……我不习惯与朋友合作。我觉得还是自己独立的想写什么就写点什么。写好写坏写成写不成,都由自己担着。一说合作,心理上的压力就非常大。(有令峻《放弃与超脱》)

以上例子中语篇连接成分均属隐性。换句话说,句子间或段落间的语义联系不是靠连接词语作为纽带直接显示出来,而是通过句子与句子或段落与段落之间的逻辑关系以及语句的先后序列间接地表现出来。根据简单的推理,上面两个语篇片段中句子之间的语义联系显然当属因果关系。

当然,英语中偶尔也会出现类似的现象。韩礼德(1992)就曾提到过英语隐性语篇连接成分的例子:

Hudson decided next to establish himself in London. He bought what was then considered to be the largest private house in London, Albert House.

可以推断出,这个句子之间的语义联系是因果关系。

(五)词汇衔接

词汇衔接指的是词汇的选用在语篇中所起的关联作用。胡壮麟(1994)将词汇衔接定义为"语篇中出现的一部分词汇相互之间存在语义上的联系,或重复,或由其他词语替代，或共同出现”。无论在英语或在汉语中，词汇衔接都是使语篇衔接的重要手段之一。关于词汇衔接的手段的划分并不统一，这里我们根据朱永生(2001)的做法分为重复、同义词/近义词、上下义词、反义词及搭配。

1. 重复

同一个语言单位在同一语篇中的不同句子中重复出现，无论是对已经出现的事物或话题进行重述，还是提供某种新的信息，都能对语篇的前后衔接发挥不可忽视的功能。有时候，正是由于重复手段的使用，段落或语篇才有可能成为一个意义完整、上下连贯的整体，在这方面汉语和英语在重复手段的特点和实际使用上有不少相似之处。请看下面汉语、英语的例子：

那一天，接近月底，家里几乎再也找不到粮食了。母亲拿起面口袋，翻过来掉过去，使劲抖了半天，才只抖出半碗面粉。

半碗面粉什么也做不成。母亲又找来了不少白菜叶，混在一起做成了白面糊糊，熬了一锅稀稀的菜面汤。(梁晓声《我从母亲身上学习做人》)

You ask, what is our aim? I can answer in one word. It is victory. Victory at all costs—victory in spite of all terrors—victory, however long and hard the road maybe, for without victory there is no survival. (W. Churchill, *Blood, Toil, Sweat and Tears*)

由于语言系统本身的制约，汉英语重复衔接手段的运用还是存在一定的差别。左岩(1995)认为汉英两种语言的部分语篇衔接手段在使用上各有所偏重，汉语更常用原词复现和省略，而英语则多用照应和替代。例如：

那年冬天，祖母死了，父亲的差使也交卸了，正是祸不单行的日子，我从北京到徐州，打算跟着父亲奔丧回家。到徐州见着父亲，看见满院狼藉的东西，又想起祖母，不禁簌簌地流下眼泪。父亲说：“事已如此，不必难过，好在天无绝人之路！”(朱自清《背影》)

In that winter, my grandma died and **my father** lost his job. I left Beijing for Xuzhou to join **him** in hastening home to attend my grandma's funeral. When I met **him** in Xuzhou, the sight of the disorderly mess in our courtyard and the thought of my grandma started tears trickling down my cheeks. **He** said, "Now that things've come to such a pass, it's no use crying. Fortunately, Heaven always leaves one away out."(张培基 译)

原文4处都用“父亲”一词，而译文除在第一句使用名词 my father 外，接下来的几句都用代词 he/him 来照应。

Darcy took up a book; Miss Bingley did the same; and Mrs. Hurst, principally occupied in playing with her bracelets and rings, joined now and then in her brother's conversation with Miss Bennet. (J. Austen, *Pride and Prejudice*)

达西拿起一本书来。彬格莱小姐也拿起一本书来。赫斯脱太太聚精会神地在玩弄自己的手镯和指环，偶尔也在她弟弟跟班纳特小姐的对话中插几句嘴。（王科一 译）

从以上译文中可以看出，汉语在传达英语中 the same 的替代意义时是通过原词重复和副词“也”来表达的。

2. 同义词、近义词

同义词、近义词除了可以避免重复，防止单调，为语篇的风格增色外，更为重要的是通过不同的表现形式表达同样的意义，使语篇中两个或两个以上的成分彼此衔接。需要说明一下的是，关于同义词的认定，西方有些语言学家（如韩礼德）已经放弃了词性一致这条原则，认为只要两个词在概念意义上相同或相近，即使词类不同，也可视为同义词，这里我们采用了这一观点。

利用同义词、近义词实现意义的衔接是英语和汉语共有的现象，请看下面各例：

任何一个社会的改革，都是牵动千百万人的大事，我国的又称之为革命，其难度之大可想而知。物价改革，工资制度和劳动制度改革，都是大难题，却又非改不可。怎么办？见难而退，绕开走？不行。古今中外，这样的事例何止千百，其结果是社会停滞，人民蒙受更大的损失。中国不改革没有出路，改革不历险也没有出路，那就横下一条心，坚持改革到底。困难、险阻当然有，但改革中的困难，只能以进一步改革去克服。

上例“难题”“困难”和“难度”为近义词复现。

The man who ... will not suffer from the fear of death, since the things he cares for will continue. And if, with the decay of vitality, weariness increases, the thought of rest will be not unwelcome. I should wish to die while still at work, knowing that others will carry on what I can no longer do ...

上例中 death、rest、die，各自出现在不同的小句中，使语篇前后呼应，连成一体，突出了语篇的主题是死亡问题，rest 是死亡的委婉语，和 death、die 构成同义词复现。

当然两种语言在这方面也存在一些差别。朱永生(2001)认为,在运用同义词近义词实现衔接功能方面,汉语语篇,尤其是文学类的语篇,同义词出现的频率超过英语语篇。他认为汉语中同义词的并列使用是造成这种现象的主要原因之一。此外,语篇类型也即体裁对同义词的使用频率也有一定的影响。英语法律文件中同义词出现的机会大大超过汉语法律文件便是一个有力的例证。当然这些都还需要通过语料进行详细的对比分析。

3. 上下义关系

所谓上下义关系,就是指一个成分所表达的意义属于另一个成分所包含的意义范围之内,即"A 等于 B 的一种"。

整体局部关系和上下义关系都是语义场之间的上下级关系,它们共同构成语义场的层级体系。语言学界也有人主张将整体与局部关系即"A 属于 B 的一个组成部分"这种语义关系归入上下义关系(严格来说,整体局部关系与上下义关系不同,整体局部关系,也叫总分关系,是词所指对象之间的整体与部分的关系)。我们也采取这种观点,不再对整体局部关系和上下义关系做出区分,而把它们统统视为上下义关系。

根据上下义关系的界定可知,上下义词有着共有的语义成分,因此可以运用这些语义关系在句子中或语篇中使它们相互替代,即可以避免词语重复使用过多,使语篇显得苍白无力,也能起到很好的衔接作用。例如:

鲁镇的酒店的格局,是和别处不同的:都是当街一个曲尺形的大柜台,柜里面预备着热水,可以随时温酒。做工的人,傍午傍晚散了工,每每花四文铜钱,买一碗酒,——这是二十多年前的事,现在每碗要涨到十文,——靠柜外站着,热热的喝了休息;倘若肯多花一文,便可以买一碟盐煮笋,或者茴香豆,做下酒物了,如果出到十几文,那就能买一样荤菜,但这些顾客,多是短衣帮,大抵没有这样阔绰。只有穿长衫的,才踱进店面隔壁的房子里,要酒要菜,慢慢地坐喝。(鲁迅《孔乙己》)

A good case in point is the white-tailed deer. Like most wildlife, deer reproduce, grow, and store fat in the summer and fall when there is plenty of nutritious food available. A physically mature female deer in good condition who has conceived in November and given birth to two fawns during the end of May or first part of June, must search for food for the necessary energy not only to meet her body's needs but also to produce milk for her fawns. The best milk production occurs at the same time that new plant growth is available. This is good timing, because milk production is an energy consuming process—it requires a lot of food. The cost can not be met unless the region has ample food resources. (Aaron N. Moen *A Deer and the Energy Cycle*)

在上述汉语语篇中出现“下酒物”“荤菜”“盐煮笋”“茴香豆”，英语语篇中出现 wildlife、deer、physically mature female deer、fawns，每个下义词的出现对相应的上义词都起到进一步说明、使意义更加明确的衔接作用。

汉英语言上下义词的衔接功能都是一样的，不同之处在于汉英两种语言对某些上下义关系的不同划分上。两个词在英语中是上下义关系，在汉语中有可能就不是这种关系。例如，英语中的 vegetable 包括 cabbages、cucumbers、eggplants、potatoes 等，不包括 tomatoes，而汉语《同义词词林》却明确地把“西红柿”看作是“蔬菜”的一种。另外，英汉两种语言即使在上下义关系的划分上是一致的，在表达习惯上也有可能不同，比如方位和时间等关系，汉英的表达习惯就不相同。

4. 反义词

关于反义词，不同的语言学家们的分类也不相同，而且使用的名称也不完全一致。这里，我们从衔接功能的角度出发分析反义词，和上一节讨论同义词时一样，我们认定的反义词既不受词性的制约，也不受语言单位大小的限制。

在语篇中，反义关系的功能是在两个词项之间可以期待一种意义有区别的对比关系，促使语篇衔接，语义贯通。例如：

It was the best of times, it was the worst of times, it was the age of wisdom, it was the age of foolishness, it was the epoch of belief, it was the epoch of incredulity, it was the season of light, it was the season of darkness, it was the spring of hope, it was the winter of despair, we had everything before us, we had nothing before us, we were all going direct to Heaven, we were all going direct the other way. (Charles Dickens, *A Tale of Two Cities*)

该语篇中 best 与 worst，wisdom 与 foolishness，belief 与 incredulity，light 与 darkness，hope 与 despair，everything 与 nothing 均构成反义词，这些反义词的共同出现促使了语篇的衔接。

再看汉语的一个例子：

我先提一个问题：人类是变得越来越精呢？还是越来越蠢？

答案好像是明摆着的:越来越精。

在几千年有文化的历史上,人类对宇宙,对人世,对生命,对社会,总之对人世间所有的一切,越来越了解得透彻、细致,如犀烛隐,无所不明。例子伸手可得。当年中国人对月亮觉得可爱而又神秘,于是就说有一个美女嫦娥奔入月宫。连苏东坡这个宋朝伟大的诗人,也不禁要问出:“明月几时有?把酒问青天。不知天上宫阙,今夕是何年?”可是到了今天,人类已经登上了月球,连月球上的土块也被带到了地上来。哪里有什么嫦娥?有什么广寒宫?

人类倘不越变越精,能做到这一步吗?

可是我又提出了问题,说明适得其反。例子也是伸手即得,我先举一个包装。

……

如果我回答我在开头时提出的问题:人类越变越蠢。你怎样反驳?!(季羡林《论包装》)

上面的语篇中只含有“精”和“蠢”这一对反义词,但它们对全文的上下衔接所发挥的作用却不可忽视,离开它们,全文就成了一盘散沙。

反义词的衔接功能是显而易见的。与同义词一样,汉英两种语言中的反义词之间不存在一对一的对应关系,由于构词法的不同也使有些对应形式产生不同的含义。比如,在英语中,可以通过词缀的使用和变化使词义走向反面,从而生成反义词,汉语就不可能按同样的方式造出反义词。此外,在成语中所含反义词的数量以及语篇类型对反义词使用的制约这两方面也存在明显的差别。

5. 搭配

韩礼德等(1976)论述的搭配与传统的一般意义上的搭配有着明显区别,他们将“搭配”的概念扩展到语篇的层次,也就是说“搭配”不再仅指一个词组或一个句子内部的词与词的横向组合关系,而且包括了跨句或跨段落的词项的习惯性同现,所涉及的词项之间可能存在若干种不同的同现模式和语义关系。某些词汇由于语义上的习惯性同现,这些词汇就形成了词汇链,同一词汇链中词汇语义均从同一语义中心辐射出去,在语义上相互联系,起到语篇衔接的作用。

“搭配”首先由英国语言学家弗斯(Firth,1957)在20世纪50年代提出。他认为这种搭配关系在决定一个词的词义时起举足轻重的作用。他有句名言:“通过与其结伴的词,可以认识一个词(you shall know a word by the company it keeps)”。弗斯还指出,两个词项间的搭配关系是一种互相预示自己“搭档”可能出现的结构。

韩礼德(1976)指出:“许多词项倾向于在同一语境中出现,具有语篇衔接力,这样的衔接叫作搭配性衔接。”

韩礼德等人在《英语的衔接》第6章第4节中列举了若干例证阐明他们关于搭配及搭配的语篇衔接功能的理论:

laugh . . . joke

blade . . . sharp

garden . . . dig

ill . . . doctor

try . . . succeed

candle . . . flame . . . flicker

poetry . . . literature . . . reader . . . writer . . . style

不难看出,这些在语篇中习惯性共现的词项有一大共同点,那就是在语篇中起到有效的词汇衔接作用,它们有机地,系统地组合在一起,形成一条相互衔接的搭配链,取得主题意义的完整性、统一性和连贯性。下例非常清楚地勾画出语篇中搭配的走向:

Universities are funded indirectly by central government grants. They enjoy complete **academic** freedom, appoint their own staff, decide which **student** to **admit**, provide their own **courses** and award their own **degrees**. **Admission** is by selection on the basis of A level results, **school** references and an interview. Older **students** may qualify for **admission** through different **examinations** provided by foundation **courses** at **colleges** of further **education**. **Degrees** are awarded after successful continuous work **assessment** and final **examinations**.

该段中的黑体字围绕主题形成了一条相互衔接的搭配链。相关词项的同现有助于语篇主题意义的稳定和统一。

词语的组合搭配在语篇中有衔接上下文的重要功能,但英语和汉语的词语搭配习惯、搭配范围都受到各自语言特征和文化因素的制约或影响,朱永生(2001)从描写汉英欢度节日的场景的不同,分析了汉英语语篇搭配的历史文化因素:

As Christmas draws near, the big shops stay open long after dark, and get more and more crowded. Everyone is buying Christmas presents for friends and relations. The home is decorated with colourful paper chains, leaves of holly and mistletoe, and attractive greeting cards received through the post from friends. In the corner there may be a Christmas tree with its branches decorated with shining ornaments such as coloured lights and glass balls, and sometimes hung with gifts. On Christmas Eve, it is said, Father Christmas, also called Santa Claus brings presents but only to good children ...

在春节之前一周，市面上就可以看出那个苗头来。春节的气氛一天天浓厚，这首先反映在百货商店、食品店、儿童玩具摊、爆竹焰火摊上，许多商店都特别在门口搭起了年货专棚，不但挂起了大红横额，而且用红绸结起了一个个彩球，“张灯结彩”。这一着是南方所没有的。许多商店挂起了大红灯笼，笼身贴着金纸，笼下飘着流苏，和横额旁边的彩球互相辉映，年糕汤丸、儿童玩具、零星小食、爆竹焰火的花样可多啦。……因此，那个市场，实际上也就是中国各种传统年货的大陈列馆了。（秦牧《北京漫笔》）

英语例子中除句内出现的搭配外，跨句的搭配词项有 Christmas ... presents ... Christmas tree ... Santa Claus ... 汉语例子中除句内出现的搭配外，跨句的搭配词项有“春节……‘张灯结彩’……大红灯笼……传统年货……”。

两组搭配都体现了欢乐喜庆的节日气氛，但是它们描绘的具体景象却迥然不同。圣诞节是纪念耶稣基督诞生的节日，圣诞礼物、圣诞树和圣诞老人都是英美等西方国家中与此节日必然相关的事物、人物；春节是我国农历标志一年开初的传统节日，张灯结彩和争购年货是我国过年时的热闹景象。很难想象，圣诞节与中国春节、争购年货与装饰圣诞树，两者会习惯性地同现。圣诞节和春节的起源很不相同，它们的内涵当然也不相同。相同的是，它们欢庆的形式都是在各自文化中世代传袭下来的，都具有鲜明的民族特色。因此，上例的语篇中起上下衔接作用的词语搭配显然受到历史文化因素的制约。

第三节　汉英语篇连贯对比

前面说过，连贯指的是语篇中所表达的各种概念及命题之间在语义逻辑上的联系，一篇文章或讲话能否做到连贯取决于作者能否恰当地谋篇布局，即把所要表达的概念和命题组织成一个有机的整体。而谋篇布局的方式不仅可能因人而异，而且还会因语言的不同而呈现出不同的特点。要比较不同语言之间在语篇语义结构上的异同，我们需要分析说这些语言的人在将一组概念和命题组织合成语篇时所惯用的方式。本节我们重点介绍国内外学者的相关研究。

一、卡普兰与对比修辞学

对比修辞学(Contrastive Rhetoric)主要是通过不同文化的母语与第二语言在语篇规约和修辞模式上的对比研究来探求第二语言写作中出现的问题。1966 年，卡普兰(R. Kaplan)发表了对比修辞学奠基性文章《跨文化教育的文化思维模式》，率先对母语的思维模式和语篇结构在第二语言中的表现进行研究。他认为，语篇的组织方式具有语言和文化的特殊性，反映了人的思维模式。通过对语篇的语义结构和组织方式的分析，有可能找出具有不同语言文化背景的人所习惯采用的不同思维模式。卡普兰曾对将近 600 份母语非英语的学生所写的英语作文(其中包括一批中国学生的作文)进行了研究分析，得出的结论是：不同语言和文化背景的人有着不同的思维模式，并且直接反映在他们所写作文的语篇结构上。卡普兰基于对那些英语作文的研究，把具有英语、闪语、东方语言、罗曼语、俄语等不同语言文化背景的人的惯用思维模式概括为如下类型(图 11)：

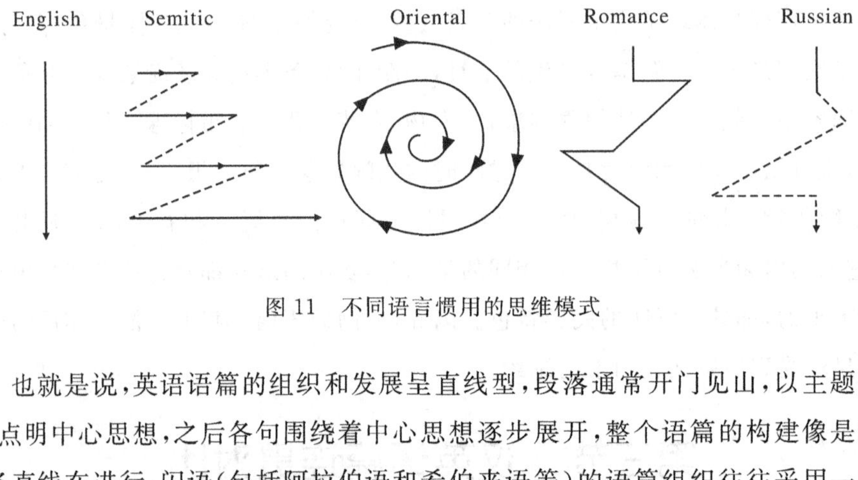

图 11　不同语言惯用的思维模式

也就是说，英语语篇的组织和发展呈直线型，段落通常开门见山，以主题句开头，点明中心思想，之后各句围绕着中心思想逐步展开，整个语篇的构建像是沿着一条直线在进行；闪语(包括阿拉伯语和希伯来语等)的语篇组织往往采用一系列复杂的平行结构，故语篇的发展呈平行型；以汉语为代表的东方语言的语篇发展呈螺旋型，语篇的主题是采用迂回的方式来加以阐述，往往是到最后才点明主题；罗曼语和俄语的语篇组织比较相似，呈曲折型，特点是叙事描述多小曲折，常带有一些看起来不是很必要的小插曲。

几十年来，围绕卡普兰提出的观点，尤其是他关于英语语篇呈直线型而汉语语篇呈螺旋型的观点，国内外对比修辞学界的学者们进行了进一步的研究，不少研究都在一定程度上支持他的观点。胡曙中等人(1989)对比研究了英语和汉语的语篇修辞模式，分析了思维方式、文化、政治对语篇修辞模式的制约作用。结论是：典型的英语语篇修辞模式呈线性，汉语语篇修辞模式呈螺旋型。

确实，一种语言中把一组命题和概念组织成语篇的方式会受到该语言的结构以及该语言社团的文化和思维方式的影响，逐步形成该语言的篇章修辞模式。总体看来，汉英语篇的确分别呈现螺旋式与直线形的逻辑特征。这从根本上讲是中西方各自重综合与重分析的思维习惯的表现。例如：

The village of Marlott lay amid the northeastern undulations of the beautiful Vale of Blakemore or Blackmore aforesaid, an engirdled and secluded region, for the most part untrodden as yet by tourists or landscape-painter, though within a four hours' journey from London. (Thomas Hardy *Tess of the D'Urbervilles*)

前面说过的那个美丽的布雷谷或布莱谷，是一处群山环抱、幽静偏僻的地方，虽然离伦敦不过4个钟头的路程，但是它的大部分都不曾有过游历家和风景画家的足迹。马勒村就在它东北部那块起伏地带的中间。(张谷若 译)

这段中译是著名翻译家张谷若的佳作。它与原文却有着根本的区别：英语直截了当以主题"马勒村"为主位和重心，由里向外扩展，直到远涉伦敦；中文则以一个已知信息为主位，先远涉伦敦，再迂回到近旁的、作为主题的"马勒村"。

上例可以看出汉英语篇确实呈现螺旋式与直线形的逻辑特征。但不少学者认为简单地说汉语的思维和写作是螺旋型，英语的思维和写作是直线型，结论似乎太绝对化。

随着对比修辞学研究的不断深入，卡普兰早期对比修辞学理论已视为"传统"对比修辞学，并受到了不少批判。有一些学者认为他的"英语思维模式是直线型的，而其他语言的思维模式都是非直线型的"观点多少带有一些英语文化中心论的色彩。还有相当一部分的研究得出了与卡普兰的研究完全相反的结论，认为英汉写作在语篇结构上没有本质的差别。潘文国曾列举了莱格特等(Leggett et al.,1991)提到的英语常采用的取得段落连贯的八种组织方式，即时间(time)、空间(space)、从一般到特殊或者从特殊到一般(general to particular or particular to general)、层递(climax)、比较和对比(comparison and contrast)、分析与分类(analysis and classification)、定义(definition)和因果(causes and effects)。这些方式使用恰当，与衔接手段配合，可以提高语篇的连贯性。但是通过比较发现，英语中的这八种组织方式，汉语也都会用到(潘文国，2010)。

卡普兰之后的研究之所以会出现上述两种截然相反的观点，主要是作为研究对象的语篇结构本身会受到诸如体裁、语体、题材、内容、目的、对象、场合等各种因素的影响，而卡普兰所归纳的几类语言在语篇结构上的差别，也似乎过于粗略了一些。另外，具有相同语言文化背景的人，在不同的交际情景中，很有可能会采用不同的语篇组织方式。因而卡普兰所说的思维模式只能看作是一种概括性的倾向。

潘文国(2010)认为，简单地说汉语的思维和写作是螺旋型，英语的思维是直线型，不仅太宽泛，而且也有以偏概全的倾向。使用螺旋型还是直线型，跟语体、语境有关，另外，不同的作家，会有不同的写作风格。同一个作家，在不同的文章中，又会采用不同的方法。也许，汉语和英语使用这些写作手法，会有所偏重。汉语是否更多采用螺旋型，而英语是否更多采用上述八种方法的某一种，都需要经过调查统计才知道，一定要避免绝对化。说到底，不同语言的篇章修辞模式，直线型也好、螺旋型也好，还是其他什么型也好，也只是不同语言社团或民族的“喜好”或倾向而已，既不是绝对的，也不是一成不变的。

二、认知语言学视角下的语篇连贯对比

语篇连贯研究始于20世纪50年代，到目前为止，国内外专家学者对此进行了广泛而深入的研究，并取得了令人瞩目的成就。但语篇连贯是语篇分析中最复杂的内容之一，以往的研究“都没有单独形成一个完整的、比较具体的、有较高可操作性的理论模式和分析框架”(张德禄，1999)，很多问题还有待于进一步探讨。汉英语篇连贯对比研究更是如此，“对英汉语篇连贯几乎还没有进行过系统的对比研究。大部分论著视野狭小，对比偏重语言自身研究的较多，忽视了语篇与文化、社会、思维、认知、心理等多方面的相关因素对语篇的影响，这方面的论述极不深入且数量极少”(魏在江，2007)。近些年，国内外很多学者运用认知语言学的理论研究语篇连贯，这些研究强调了认知在语篇连贯建立过程中的决定性作用。魏在江的《英汉语篇连贯认知对比研究》(2007)一书，在认知语言学的成果和理论指导下，尝试对汉英语篇连贯机制进行较为详细的对比研究，下面我们简单介绍该研究的主要内容。

(一)认知语言学简介

现代语言学的研究表明,认知与语言有着千丝万缕的联系,但语言的认知研究作为一门独立的学科却是20世纪70年代末兴起的,80年代中期以后其研究范围扩展到了语言学中的许多领域,包括句法学、语义学、音系学、篇章分析等。1989年召开的第一次国际认知语言学会议及1990年创刊的《认知语言学》杂志,标志着认知语言学的学科地位得以确立。此后,认知语言学的发展非常迅猛,越来越多的学者开始从认知的角度来研究语言。

语言是人类表达观念和思想的方式之一,是认知系统的一部分,是人类体验、文化、社会、风俗、环境等因素相互作用的结果。认知语言学把语言看作是一种认知活动,以认知为出发点,研究语言形式和意义及其规律的科学,"是基于人们对世界的经验和对世界进行感知和概念化的方法来研究语言的学科(Cognitive linguistics ... is an approach to language that is based on our experience of the world and the way we perceive and conceptualize it.)"(Ungereret al., 1996)。也就是说,认知语言学研究与认知有关的语言的产生、获得、使用、理解过程中的一些共同规律及其与思维、记忆有关的语言知识结构模式。按照认知语言学的观点,语言知识和非语言知识是难以区分的,语言的产生是对世界认知的结果,是以认知为基础的;语言运用和理解的过程也是认知处理过程,所谓语言知识只不过是关于世界的知识固化于语言符号而已。对语言认知的研究包括两个方面:一方面是语言概念形成中的认知,即人是怎样运用语言符号对事物进行概念化的,这涉及基本范畴与认知图式、意象与隐喻认知模式等;另一方面是语言使用和理解的认知过程,即人是怎样运用语言结构实现其交际功能的,这涉及语义结构中的突显与选择。具体地讲,认知语言学的研究范围包括范畴化和原型理论、隐喻概念、意象图式、认知语法、相似性和语法化以及认知语用推理(赵艳芳,2000)。

(二)基于认知语言观的汉英连贯对比

认知语言观认为语言是认知的一部分,要对语言现象进行描写和解释,就必须从人类的认知规律入手研究。连贯作为一种语言现象,也是一种认知心理现象,因此,很多学者认为研究语篇连贯性的重点应该放在语篇结构对认知世界的依附上,从认知的角度分析研究语篇的连贯性比传统的语篇连贯研究方法更有说服力,也更接近连贯的本质。

总的来讲,语篇连贯的条件可以归纳为“内部条件”和“外部条件”两类。语篇连贯的内部条件则是从语篇的意义和体现语篇意义的衔接机制的角度来影响和限定语篇连贯。语篇连贯的外部条件包括“文化语境”“情景语境”“认知图式”“心理思维”等因素,主要从文化语境和情景语境的制约、交际者的认知模式、交际目的、个体特点等对其意义选择的限定来决定和影响语篇连贯。下面主要从这两个方面进行对比。

1.汉英语篇连贯的内部机制

衔接是保证语篇意义连贯的重要手段,因为连贯毕竟需要形式的体现。连贯的内部机制主要是从语篇的意义和体现语篇意义的衔接机制的角度来影响和限定连贯的。连贯的内部机制主要包括这样的一些范围,即衔接手段的意义和种类、连贯内部的语义关系、衔接与连贯的关系、衔接的原则和方法等。

从汉英语篇连贯内部机制上看,汉英语篇连贯性的差异是:语义连贯与形式连贯;环形连贯与线性连贯;悟性连贯与理性连贯。

语义连贯与形式连贯:汉语常用内在意义的线性流动来达到辞约义丰,实现语篇的连贯。而英语常常通过形式衔接建立一个严谨的空间构架来实现语篇的连贯,重“形合”。

环形连贯与线性连贯:汉语段落呈螺旋型发展,即围绕着主题展开讨论,并从各种间接角度来说明问题,最后才点明中心思想。而英语段落先表达中心意思,后分项说明,层层推进,整个段落是按逻辑推理严密组织起来的,这种直线式展开的形式使语篇段落能保持很好的连贯性。

悟性连贯与理性连贯:汉语语篇的中心思想或主题思想往往是含蓄的,通过语篇描述、论述反映出来,由读者自己体会,常常不直截了当地说出来。英语语篇是理性连贯,作者有责任把自己写的文章要讲什么,要达到什么目的——向读者交代清楚,因此绝大多数的语篇都用一个句子把作者这篇文章要说的中心思想明确地表达出来,且常常在文章的开头。

2.汉英语篇连贯的外部机制

连贯的存在虽然表现在形式上,如各个类型和各个形式层次上的衔接手段,但是连贯绝不仅仅是一个形式问题,它更多的是一种语义特征。这种语义特征不是由语篇本身的形式和语境特征来决定的,更多的是由语言之外的因素来决定的。

语篇连贯的外部机制主要是指语篇的情景语境因素、社会文化因素以及人们的认知心理特征。

从汉英语篇连贯的外部机制来看，汉英语篇连贯性的差异是：自然顺序连贯与突显顺序连贯、情感语篇连贯与法治语篇连贯。

自然顺序连贯与突显顺序连贯：汉语中有关的行为、事实、状况、情势的记叙，大都是按时间顺序和逻辑关系由先到后、由因到果、由假设到推论、由事实到结论这样的次序来排列，而英语一般则采取相反的顺序，往往是先表示自己个人的感受、态度或是首先就事情本身做出评介，然后再叙述事情的来龙去脉，形成语篇上先短后长、头重脚轻的语言现象。

情感语篇连贯与法治语篇连贯：汉民族的模糊思维客观上要求其语言在使用逻辑连接词时具有灵活、简约的特征，从而使语言必然呈现出情感连贯特征。西方民族形式逻辑式的思维客观上则要求其语言在表述逻辑关系时必须依赖连接词，因而其语言必然呈现出法治连贯特征。

由于语篇连贯本身的复杂性，在很多情况下，很难对连贯进行一个精确的描述。作者最后也承认，认知语言学本身还处于初创阶段，用认知语言学的理论来解释语篇连贯也有不够精确的地方，有的解释还很模糊，对于语篇连贯的内部机制、外部机制到底有多少，还不能进行精确的、穷尽性的分类和描述，这都是需要更进一步完善的方面。

第八章 汉英语用对比

语用学是语言学的一个新领域。许多语言学家曾从不同的角度给语用学下了定义，但由于语言学众多的学科分类中有许多课题都同语用学有关，因此，语用学的研究范围似乎至今尚无定论。总的来讲，语用学是研究语言交际中说话人如何使用话语来达到成功交际的学科。

第一节 意义与语境

意义和语境这两个概念在语言学研究中十分重要，在语用学研究中更是如此。在语用学研究中，意义与语境总是联系在一起。

一、意义

从语言研究出发，语言文字至少可以表示两个不同层次的意义。一种是按照一种语言的规则，通过语言符号来表达的独立于语境之外的意义；另一种是通过在特定的条件下，使用一个句子所表达的取决于语境的交际意义。

第一层次的意义往往被看作是语言文字本身固有的属性，这种属性是内在的、固定的，不受外界因素如时间、地点等的影响。比如，像英语中的 dog 或汉语中的"狗"，在任何情况下都意指一种属于犬科的哺乳类家畜。一个完整的陈述句如"It is cold in here"这样的句子，只是表达了"某一地点气温比较低"这样的命题内容，排除了语言外因素的考虑，这句话在任何时候、任何地点具有一成不变的意义。

第二层次的意义涉及语境，是语言在运用中的具体意义。对于第二层次的意义，何兆熊(2000)做过清晰的解释：

语用学把语言文字本身的意义和它们的使用者联系起来。除了要弄清一个单词、一句句子本身的意指外，语用学还要进一步弄清是谁在什么情况下用了这个词或句子，他想要达到什么目的，也就是说语用学要研究一个词、一句话在特定的语境中所具有的交际价值。像上面说的“dog”这个词，除了它固有的人尽皆知的所指之外，在特定的情况下，使用dog这个词的人可能是对听话人发出警告，也可能是在进行恫吓。同样，像“It is cold in here”这样的句子，除了陈述一个客观的气温情况外，说话人很可能是为了请听话人做点什么，比如关上窗、打开暖气、借件衣服御寒等。这部分意义显然不是存在于字面上的，但却是以句子的意义为基础衍生出来的，也就是人们常说的言下之意或弦外之音。这种言下之意正是说话人使用语言目的所在。

由此可见，语用学是把语言文字本身固有的意义与语言运用者相联系，与特定的语言运用场合相联系，是对语言在一定的语境中体现出来的具体的、具有交际价值的意义的研究，这种意义称为语境意义（或语用意义）。

对于这两类不同的意义，许多学者从不同角度做过区分。一种区分是句子意义和话语意义。句子意义是符合一定语法规则构成的某一语法单位的意义，是抽象的、孤立的；话语意义以句子意义为基础，是句子意义和语境相结合的产物，是具体的，与一定的时间和空间紧密联系在一起的，往往体现了说话者的说话意图。另一种区分是格赖斯（Grice，1957，转引自Levinson，1983）的观点，他认为语言交际过程就是说话人表达自己的意图（如让受话人形成某种看法，让受话人做某事等）和受话人领会这一意图的过程，因此从语言交际的本质出发可把意义区分为自然意义和非自然意义（也叫说话人意义）。这一区分与上面所谈的句子意义和话语意义的区分本质上是一致的。

二、语境

语言活动总是在特定的时间、特定的空间、特定的情景、特定的人之间进行的。因此，对语境的确切理解必须考虑这些语言外的因素。虽然人们都本能地意识到语境的客观存在，但对语境究竟是由哪些因素构成的，却又很难做出十分明确的描述。语言学家从不同的角度对语言的使用进行研究，从而对语境也做出了不完全相同的解释。

在莱昂斯（Lyons，1977）看来，语境是一个理论概念，构成语境的各种因素是语言学家从具体的情景中抽象出来的，这些因素对语言活动的参与者所产生的影响系统地决定了话语的形式、话语的合适性或话语的意义。他认为一个说话人要能够正确判别话语的合适性，必须具备一定的知识，这些知识即是语境的具体体现，或者说这些知识构成了语境。莱昂斯归纳了六种知识：①每个参与者必须知道自己在整个语言活动中所起的作用和所处的地位；②每个参与者必须知道语言活动的时间和空间；③每个参与者必须能够辨别语言活动情景的正式程度；④每个参与者必须知道对于这一情景来说，什么是合适的交际媒介；⑤每个参与者必须知道如何使自己的话语与语言活动的主题相适合，以及主题对选择方言或语言（在多语社团中）的重要性；⑥每个参与者必须知道如何使自己的话语与语言活动的情景所属的领域和范围相适合。

何兆熊（2000）认为，语用语境所包括的内容要比莱昂斯对语境的解释更为广泛。如图 12 所示，除了莱昂斯谈到的语言知识之外，语境还包括了许多语言外的知识。构成语境的语言外知识还应包括背景知识、情景知识及相互知识：背景知识包括“常识”，是人们对客观世界的一般了解，即百科全书式的知识；情景知识指与特定的交际情景有关的知识；相互知识就是交际双方对对方的了解。

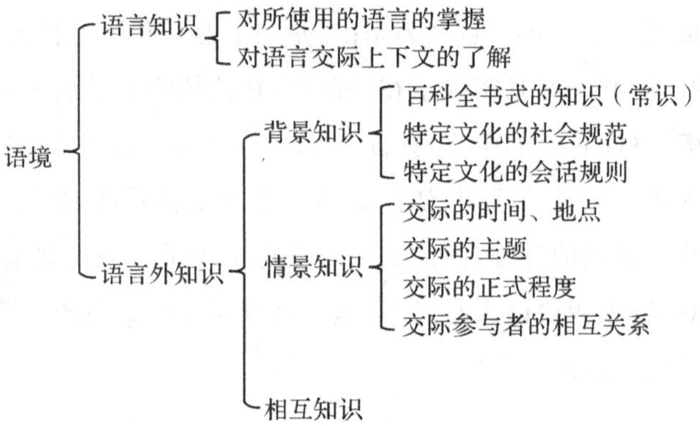

图 12　语境因素

最后何兆熊（2000）强调说：

应该指出的是语境并不是一个静态的、凝固的概念，而是一个动态的、发展的概念。交际本身就是一个动态的过程，在交际过程中，语境也随之而变。这并不只是指交际双方角色的不断轮换和更迭；有些语境因素相对来说比较稳定，例如背景知识，交际的时间、地点等，但有些因素却会变化，特别重要的是相互知识这一因素，它在交际过程中不断扩大，原来不为双方所共有的知识完全可能在交际过程中变为相互知识，成为进一步交际的基础。所以，所谓的共有知识不是一个一成不变的概念，而是在交际过程中不断发展和扩大的。

第二节 相似语言表达的语用功能对比

任何语言都有一套表达语用意义的手段，主要有语音、词汇、语法和修辞等手段。这一节，我们将着重从词汇和语法两个方面，来讨论汉英两种语言相似表达方式的语用功能差异。

一、词汇形式与语用功能

语言中词汇的选择和运用除了表达一般的语义外，还可以表达某种特定的语用含义。比如，fantastic 和 nice 都是 good 的近义词，但有程度强弱之分，前者表示的强烈程度要比后者大，说话者可以通过选用强弱程度不同的形容词，来暗示自己对某一话题的态度。

这种词汇选择的语用原则，是与人类语言交际的一般原则相联系的，因而似乎适用于所有的语言。不过，由于各种语言内部的词汇系统不同，在同一语境中，不同语言之间在可供选择的范围方面，必然存在着一些差别。这里我们仅选取汉英语言词汇表达语用意义的几个方面，进行对比分析。

(一)汉英社会指示语对比

指示(deixis)是一种十分普遍的语言现象，不同语言都可以通过人称代词、指示代词、时间或地点副词，以及表示交际双方社会地位或社会关系的社会指示词语等表达语用意义。下面仅就汉英社会指示词语进行对比分析。

社会指示语是运用指示词语表示话语参与者的社会地位以及他们之间的关系。列文森(Levinson，1983)认为，社会指示可以分为两大类：一类是关系型社会指示，标示说话者与指称对象、交谈对方或旁听者之间的相对社会关系；另一类是绝对型社会指示，标示说话者或受话者的绝对社会地位。

汉语的词汇系统中有一套较为复杂的关系型社会指示词语，即谦称词语和敬称词语。在正式或较为正式的交际场合，汉语使用者在谈到自己或者与自己相关的人或事的时候，往往要使用谦称词语；在提到交际对方或者与对方相关的人或事时，通常使用敬称词语。这主要表现在两个方面：

(1)汉语表示第二人称单数的代词系统,有敬称的"您"和非敬称的"你"之分。敬称词用于称呼自己的长辈或者比自己社会地位较高的人或用于较正式的交际场合;非敬称的"你"常用于称呼自己的平辈、晚辈或比自己社会地位较低的人或用于非正式的场合。现代英语中的第二人称单数代词 you,却没有这种敬称和非敬称的区别。

(2)汉语中有一套较为复杂的敬辞和谦辞。在需要表示尊敬的场合,称对方用敬辞,称己方用谦辞。尽管这些敬辞和谦辞多少带有一些陈旧的色彩,但在某些场合和某些地区仍在沿用。一些较为常见的敬辞和谦辞有:

①敬辞

贵:贵姓(your name)	贵国(your country)
尊:尊府(your residence)	尊夫人(your wife)
令:令尊(your father)	令爱(your daughter)
高:高见(your opinion)	高足(your pupil)

②谦辞

敝:敝校(my school)	敝处(my place)
鄙:鄙人(I)	鄙意(my opinion)
拙:拙作(my article)	拙见(my opinion)
寒:寒舍(my home)	

这些汉语谦称和敬称词语的运用主要表示对交际对象的尊敬,避免与交际对象的分歧,以求交际的顺利进行。这些敬辞和谦辞,实际上是礼貌原则中的赞扬准则和谦虚准则在汉语词汇系统中的编码体现。赞扬准则规定,说话者必须尽量称颂赞扬对方,并尽可能避免贬低对方;而谦虚准则规定,说话者必须尽量贬低自己,并尽可能避免自我吹嘘。汉语的这套词语具有赞扬和谦虚的语用功能。

对于英语来说,尽管有一些表示绝对型社会指示的词语,如 Your Excellency(阁下),Your Majesty(陛下),Your Highness(殿下),Mr. President(总统先生)等,但是表示关系型社会指示的词汇表达手段,与汉语相比显得十分贫乏。除了一些称呼之外,英语几乎没有什么其他特殊的词汇手段来表示关系型社会指示。这从一个侧面说明,汉语在涉及人与人之间的关系时,比英语更注重礼貌原则。

(二)汉英元语言否定用法对比

语言学家认为,当否定词用于否定,具有决定真假值的功能,用于否定一个命题的真实值的时候,叫作逻辑算子(logical operator);而当否定词所否定的不是一个命题的真实值,而是否决某一说话行为本身时,则是一个与言语行为有关的元语言算子(metalinguistic operator),这种否定叫作元语言否定。

元语言否定是语言交际中的一种常见现象,它不是否定句子的语义内容(命题),而是否定表达这个句子的方式(说话行为)。例如:

A:It's warm today.(今天很暖和。)

B1:It's not warm;it's cold.(今天不暖和,今天很冷。)

B2:It's not warm;it's hot.(今天不是暖和,而是热!)

上面的例子中否定词 not 出现了两次,但功能不同。B1 中的 not 否定的是 It's warm 这个命题,not 是个逻辑算子。而 B2 中的 not 用以否决前面 A 所说的 It's warm today 这一说法本身,表示这一说法不够确切,not 是一个元语言算子,所以 B2 运用了元语言否定。从语用的角度来分析,实际上这种元语言否定的含义是,A 的说法没有满足合作原则中的数量准则,因为数量准则规定,说话者所提供的信息量必须满足正在进行的交际目的。在 B2 看来,如果今天确实是热,而 A 仅仅说今天暖和,那么这种说法没有提供足够的信息量,没有把今天气温高这一信息充分地表达出来。因此,B2 采用元语言否定,把这种说法本身给否决了。

从上面这些例子中我们可以看出,英语中的元语言否定多用于否决言语交际过程中前面的一种说法,特别是别人的某种说法。对于英语的这种元语言否定,汉语都有对应的表达,不过在英语中,这两种否定都用 not 来表示,而汉语是用"不"或"没(有)"来表示逻辑否定,用"不是"来表示元语言否定,比如:

A:今天天气不冷,很暖和。

A':今天天气不是暖和,而是热得要命。

B:车子没有碰着他,他还是好好的。

B':车子不是碰了他一下,而是把他给压死了。

汉语中还有一种特殊的元语言否定,就是"不"和"没"与"好""差(一)点(儿)"等词语连用,它所否定的是自己正在说的那句话中所采用的说法。许余龙(2002)通过下面的例子进行了说明:

(1)那次好险啊，我差一点把命给丢了。

(2)那次好险啊，我差一点没把命给丢了。

在表达的形式上，这两句话几乎完全相同，唯一的差别是句(2)中加了一个否定词“没”；在表达的意义上，这两句话的基本意思完全相同，只不过句(2)比句(1)带有更强烈的感情色彩。这种强烈的感情色彩正是通过元语言否定来取得的，因为(2)的弦外之音是：我“差一点把命给丢了”这一说法，还不足以表达那次事故的危险程度，我也找不到一种更好的表达法，反正危险程度比我所说的要大得多。

汉语中的这种元语言否定在英语中找不到对应的表达法。比如将上两句翻译成英语：

(1)It was a narrow escape. I was almost killed.

(2)* It was a narrow escape. I was almost not killed.

在这一语言场合，英语(1)表达的意思与汉语(1)相同，但英语(2)并不能表达与汉语(2)相同的意思，英语(2)中的 not 只能用作逻辑算子，而且英语(2)这种说法本身也欠妥。因为，英语 almost not 只是表示能够做到这点不容易，我们总不能说，“我把命给丢了，只是那次命丢得很不容易，差一点儿没丢成。”可见，虽然英语(2)并非不合语法，但是从语用的角度来说，在日常生活中这样的句子一般是不说的。

汉语这种元语言否定有自身的独特性，在汉语语法中常称为“羡余否定(或冗余否定)”，是指某些含有否定成分的结构形式，其真实条件和语义内容并不具有真正的否定性质，否定标记成分的出现与否不影响句子的意义内容。下面是近年来不同学者所举的汉语常见羡余否定句式：

好(不)……、差一点(没)……、险些(没)……、小心(别)……、(没)……以前、难免(不)……、别(不)是……

汉语语法界陆续有人试图从自己的角度对此进行解释，但是目前的解释力度都还有限。这里我们以“差点儿＋没＋VP”的格式为例，简单地做一介绍：

在“差点儿＋没＋VP”这一格式中，“差点儿”蕴含否定。“差点儿＋没”后跟不可能或不希望出现的事情，“没”起到强调“事情没有发生”的作用，往往表示“庆幸”，这个“没”就是羡余否定；而“差点儿＋没”后跟积极、有利的事情时，这个“没”不是羡余否定，而是逻辑否定。例如：

(1)差点儿把我气死。(没气死)/差点儿没把我气死。(没气死)

(2)差点儿成功。(没成功)/差点儿没成功。(成功)

上例(1)中的“没”是羡余否定,因为叙述的是不可能或不希望实现的事情,“没”强调庆幸事情(气死)没有发生。(2)中的“没”是逻辑否定,因为这个例子是积极、有利的事件,人们不会用羡余否定“没”强调庆幸有利的事情(成功)没有发生,否则是不合常理的。

二、语法形式与语用功能

语用意义也可以通过某些形态形式来表达,也可以通过某些句法形式来表达。在英语中,由于说话人交际意图的不同,话语中的动词需要使用不同的形式。例如英语中的虚拟语气通过动词形态的变化常常在交际中用于表达说话人的愿望、建议、命令、猜测、怀疑、抱怨等语用含义。而在汉语中,由于词没有形态变化,不同场合的语体差别主要是通过词汇和句法的手段来表达的。下面,我们选取几类汉英相似句法结构,分析这些结构在汉英语言中表现出的不同语用功能。

(一)汉英被动句式的语用功能对比

汉语和英语都有被动句式,但在语用功能上二者的表现不一样。在英语中,被动句只是一种语法范畴,没有情态表意功能(刘宓庆,2006),与主动句相比,只是对同一事件从不同角度进行的一种表述(比较:I have received your letter. / Your letter has been received.),所以比较客观,不带感情色彩。而汉语被动句在语义上有着受事“受影响”的特点,加上汉语结构系统本身的制约,在使用上既受到很大的限制,也不可能像英语被动句那样显得客观和中性化。

由于上述原因,英语被动句就能频繁地使用于科技、新闻、法律、公文等文体中,表达一种公正、客观、正式的语用含义,还可以在日常交际中实施请求、建议、表达愿望、提醒等言语行为,而在类似的语境下,汉语被动句却往往显得“力不从心”,不得不借用其他句式或词汇手段表达同样的语用意义。例如:

All teachers and students of the department are requested to meet in the conference room at 2:00 pm on Wednesday for a speech.

全系师生请于星期三下午 2:00 前往会议室集合听报告。

If the letter is found, it would be appreciated if this Bureau was notified at once.

如果贵方发现此信,请即通知本局,不胜感谢。

(二)汉英语言惯用表达法对比

惯用表达法也是各种语言中表达语用意义的常用手段。与一般的语法手段不同,惯用表达法很具体,一方面具有与字面意义不一致的语用意义,另一方面在使用上也受到很大限制,一般只能用于某些特定的交际场合。所以,不同语言惯用表达法表达语用意义的对比应该把交际情景作为对比基础,比较不同语言在相似的交际情景中惯用的表达法有哪些异同。通常的做法是,我们可以从一种语言的某一惯用表达法出发,分析其语用意义以及使用语境,找出另一种语言在相似语境中对应的表达法,然后再对两种对应的表达法的语言形式、使用范围以及所能表达的语用意义进行比较,找出相互之间的异同。

汉语和英语都有丰富的惯用表达法,但是,由于两种语言在语言形式和社会文化方面的巨大差异,经常的情况是一种语言中的某一惯用表达法在另一种语言中没有对应的表达法,或者是两种语言有对应的表达法,但实际上这些表达法在表达的语用含义和使用的场合与范围方面都不一定相同。许余龙(2002)在其《对比语言学》语用对比一章中曾对汉英惯用法表达进行过对比,这里我们选取其中的某些例子进行说明:

例 1:

I'm telling you!

You're telling me!

这两个英语句子采用的都是现在进行体,是英语中的一种惯用表达,描述的不仅仅是现在正在进行的动作,因而不能按其与汉语对应的形式简单地理解为“我正在告诉你!”“你正在告诉我!”。其实,第一句发生的语境是“用来提醒听话者注意,说话者正在说的事很重要,不要心不在焉或随便插嘴”,其语用含义接近于汉语的“注意听我说”;第二句发生的情况应该是“你告诉我的事我早就知道了,而且知道得更清楚,根本用不着你来对我说”,其语用含义接近于汉语的“还用你来告诉我”。

例 2:

B: C never has a kind word to say about anyone.

A: You should talk.

这个对话中“You should talk”是英语的一个惯用表达,通常用于交际双方 A 和 B 在谈论第三者 C 时的场合。这个对话的具体语境应该是:B 刚说了 C 一句坏话,A 觉得 B 对 C 的这种批评是不公平的,因为 B 自己也属于这类人。

在相似的语境中，汉语通常也有自己的一套表达法，但在形式上与英语有较大的差别。试比较：

乙：丙对谁都没有一句好话。

甲：你也一样。（或：你也配这样说？）

例3：

This hurts me more than it hurts you.

英语的这个惯用表达似乎与汉语“打在你身上疼在我心上”的说法相似，但实际上，英汉这两个对应的句子在使用的范围和表达的语用意义方面都有较大的差别。英语这个句子可以用在这样的语境中：一个孩子做了一件该受惩罚的事，他父亲在惩罚他之前，想表示自己这样做是迫不得已。除此之外，这个句子在英语中还可以用于其他一些场合，比如孩子手上扎了一根刺，父亲把它挑出来之前，为了向孩子表明这将会带来一点痛苦，并且愿意分担一些痛苦或牙科医生在给病人拔牙前也可以说这句话，给病人鼓鼓气。而汉语这句“打在你身上疼在我心上”似乎更多地用来表示第三者对被打者的同情和安慰。

惯用表达法还包括日常交际中的礼貌客套语。受社会文化因素的影响，汉英语言中使用的礼貌性客套语也会呈现出语用上的差别，有些是语用意义以及使用场合大致相同，但语言形式和语义内容不同。例如，到机场迎接远道而来的美国朋友，英语说：Did you have a good trip? 汉语常说：一路辛苦了。商店服务员向顾客主动提供服务，英语说：Can I help you? 或 What can I do for you? 汉语说：您要点什么？有些是语言形式和语义内容相仿，但语用意义有别。例如宾馆服务员没有听清楚顾客的话，请求重复，汉语能说“什么？”而不失礼貌，而英语中虽然也能用对应的“What?”表示同样的语用意义，但一般限于熟人之间，用于顾客最起码是不够礼貌的，甚至会有对人家说的话表示惊讶等含义。再比如，汉语中常用的告别语：慢走！英语绝不会说 Go slowly、Walk slowly 等。

第三节　相似语用功能的语言表达对比

在第二节我们对比了汉英两种语言相似表达方式的语用功能，在对比实践中，我们还可以反过来，把相似的语用功能作为对比基础，比较这种语用功能在汉英语言中的语言表达方式。而由于语言交际的最小功能单位是言语行为，以相似的语用功能为对比基础的语用对比实际上也就是把汉英对应的言语行为作为对比基础。

一、言语行为

言语行为理论是与哲学家奥斯汀(Austin)和塞尔(Searle)等人的名字联系在一起的。言语行为理论的基本出发点是:言语的使用总是同说话人的具体目的、意图相联系的,这种意图体现在话语表层,就使之不仅表达了一定的意义,而且完成了说话人的一种行为,这种行为又是可以付诸行动,可以实现的。

奥斯汀早期将言语行为分为言有所述、言有所为两种。言有所述用于描述事物状态或陈述某种事实,其话语是可以验证的,即或是真实,或是谬误;言有所为的话语都是不能验证的,它们无所谓真实或谬误,因为它们是被用来实施某一种行为的。后来,奥斯汀放弃了这种两分法,提出了著名的言语行为三分法。奥斯汀(1962)认为,一个人在说话的时候,在大多数情况下,同时实施了三种行为:言内行为(locutionary act)、言外行为(illocutionary act)、和言后行为(perlocutionary act)。

(1)言内行为指的是"说话"这一行为本身,即通过说话表达字面意义,大致相当于发出一个有意义的句子,其功能是以言指事。

(2)言外行为是通过"说话"这一动作所实施的一种行为,即通过字面意义表达说话人的意图,如承诺、请求、命令、宣告、威胁等,其功能是以言行事。

(3)言后行为是指"说话"取得某种效果,即对听话人产生一定的影响,影响他们的感情、思想或行动,其功能是以言成事。

在这三种言语行为中,语用研究最感兴趣的是言外行为,因为它同说话人的意图一致。说话人如何使用语言表达自己的意图,听话人又如何正确理解说话人的意图,这是研究语言交际的中心问题。

塞尔进一步发展了言语行为理论,他认为语言交际的最小单位并不是人们通常所认为的那样是单词或句子等语言单位,而是言语行为,因此,语言交际过程实际上就是由一个接一个的言语行为构成的。每一个言语行为都体现了说话人的意图。塞尔对发展言语行为理论所做出的一个重要贡献是提出了间接言语行为,塞尔(1975)认为间接语言现象实际上是"间接言语行为是通过实施另一种施事行为的方式来间接地实施某一种施事行为"。例如,通过询问的言语行为实施请求的言语行为。间接言语行为可以进一步分为规约性间接言语行为和非规约性间接言语行为，前者指可以根据一些固定的句法形式，按照语言习惯即能从“字面意义”推断出“言外之意”的言语行为，最常见的就是通过疑问句式表示请求，如 Will you answer the phone?（你能接一下电话吗?)后者指那些交际双方必须依赖所处语境和共享的信息才能推断出说话人的“言外之意”的言语行为，如说话人说“那堆垃圾好像有点味道了”，暗示听话人赶快把垃圾倒掉。

二、言语行为对比

以对应的言语行为作为对比基础进行语用对比，主要是比较两种语言中对应言语行为的语言表达方式有什么异同。我们以朱纯深等人(2004)的研究为例进行说明。

(一)是非问句的语用功能

是非疑问句是一种对答话人回答范围进行限制的一种言语行为。具体而言，答话人对是非问的回答只有两种可能：是或否。但是，从问话人对回答内容的期望程度来说却存在三种可能：

(1)对回答的肯定或否定全无期待(这时问话人的唯一目的就是获得信息)；

(2)对回答的肯定或否定具有一定倾向性(至于具体是倾向肯定还是否定，则与问句的结构形式和相关的语境因素有关)；

(3)完全知道答话人的回答(这时问话人发问的目的不在于获得信息，而在于曲折地表达自己的意见和看法，并带有强烈的感情色彩，这种语境下的问句实际上就是反问句)。

这样，可将是非问句主要语用功能归纳为以下三项：寻求信息、引导回答、展示情感。

(二)汉英是非问句的形式

英汉语是非问句有很多表现形式，概括地说，汉英是非问句表现形式的异同存在于三层面：句式类型、命题形式和词汇。

1. 句式类型

在句式类型上，英汉间的异同有以下三点：

(1)英语是非问句的标准形式是主谓倒装，汉语的标准式是陈述句＋“吗”，例如：

英语：Have you finished the book?

汉语：你看我的脸脏吗？

(2)两种语言均有附加问句和语调是非问句(英语称为 declarative question)两种句式，例如：

英语：He likes his job, doesn't he?

He didn't finish the race?

汉语：我听说你想出国，是吗？

你似乎还没有忘记他？

(3)汉语有陈述句+"吧"形式，英语没有，例如：

昨晚有人打电话了吧？

2. 命题形式

在命题形式上，两种语言完全相同，都区分肯定式和否定式。例如：

英语：Has he told you what to do?

Hasn't he told you what to do?

汉语：小林还在等着，你知道吗？

小林还在等着，你不知道吗？

3. 词汇层面

在词汇层面上，两种语言都使用能反映问话人主观态度的助动词或副词(如汉语的语气助词"吧""吗"等)，使问句有一定的倾向性。但英语还专门区分了一组能使问句具有或不具有倾向性的单词。能使问句具有倾向性的单词称"断言形式"(assertive form)，如 some、somebody、somewhere、already 等；使问句不具倾向性的单词为"非断言形式"(non-assertive form)，如 any、anybody、anywhere、yet 等。例如：

He wants **something** to eat?

You didn't have **anything** to eat?

(三)汉英相似语用功能的是非问句形式的异同

通过比较，可以发现英汉是非问句的功能和形式之间的关系有以下特点。

(1)对于"寻求信息、引导回答、展示情感"三种主要的语用功能，英汉是非问句的标准形式都能表达。

寻求信息功能：

英语：Have you finished the book?

汉语：你看我的脸脏吗？

引导回答功能：

英语：Can you ski?（语境：问话人以为听话人不会滑雪.）

汉语：你想听听我的故事吗？（语境：问话人认为听话人不会拒绝。）

展示情感功能：

英语：Is that a reason for despair? /Isn't the answer obvious?

汉语：你有权力说这种话吗？/ 不是你叫我做这件事的吗？

(2)但是，对于“寻求信息”和“引导回答”两种语用功能，英语还可以通过非断言形式（如 any、anybody、anywhere、yet 等）和断言形式（如 some、somebody、somewhere、already 等）来区分。比较：

Did **anyone** call last night?（寻求信息，非断言形式）

Did **someone** call last night?（引导回答，断言形式）

相比之下，汉语中不存在这种分工明确而与英语完全对应的形式标记。因为汉语固然在一定的语境下可以通过语气词“吗”和“吧”来区分“寻求信息”（如“昨晚有人打电话了吗？”）和“引导回答”（如“昨晚有人打电话了吧？”），但脱离了上下文单凭“吗”和“吧”却并不足以区分这两种语用功能，例如，“吗”在一定的语境下同样也能用于“引导回答”（如问话人认为听话人不会拒绝时就完全可以问“你想听听我的故事吗？”）。

(3)同样，汉语在表达“引导回答”的语用功能时可使用“吧”字问句，英语中并没有完全对应的表达形式。例如：

他是你哥哥吧？

小李不来了吧？

(4)汉语的语调是非问句和附加问句能表达的语用功能比英语的多。例如：

寻求信息功能：

你看我的脸脏不脏？（语调是非问句）

引导回答功能：

You realize what the risks are?（语调是非问句）

He likes his job , doesn't he ?（附加问句）

你今天不要去，好吗？（语调是非问句，附加问句）

展示情感功能：

这酒留着我晚上喝，不成吗？（语调是非问句，附加问句）

以什么样的语言形式实施某种言语行为往往取决于说话人采取何种策略。在任何语言中，同一言语行为一般都可以通过不同的语言形式来表达。例如，请求言语行为在英语中就可以通过祈使句、疑问句和陈述句等多种句式来表达。但是，这并不意味着在不同的语言中，表达相似或对应的言语行为的不同语言形式之间在使用频率上就一定存在着一一对应的关系。事实上，不同语言在实施相似的言语行为时，完全可能采取不同的策略。例如，在一般情况下，在餐馆实施“请求”这一言语行为时，英语通常采用间接的方式，而汉语一般采用较直接的方式。试比较：

英语：Could we have two beers please? /Would you bring us two beers please?

汉语：老板，来两杯啤酒。/ 请来两杯啤酒。

上例中英语是间接表达，表达的是一种请求，而汉语是直接表达，表达的与其说是一种请求，还不如说是一种命令。在语气上，前者比后者客气，是一种较为礼貌的表达法。

第四节　汉英语用原则对比

一、语用原则

言语交际是一种双边的或多边的言语行为，为保证交际的顺利进行，语言应用者必须共同遵守一些基本原则，这就是语用原则。本节我们主要根据美国哲学家格赖斯于 1967 年提出的“合作原则”以及利奇等人提出的“礼貌原则”对比分析汉英语用原则运用的异同。

(一)合作原则

在语言使用中，语言形式本身的意义与说话人使用该语言形式来表达的实际意义(即交际意义)有时是有差异的。透过语言形式所表达的字面意义，结合说话时的语言环境推断出的话语的真正含义就是会话含义，也即语用含义或话语的言外之意。但是，要做出正确的推断，需要一个重要的前提，就是“谈话的参与者都必须有把话继续谈下去的愿望,也就是他们在谈话中必须持合作态度”(何兆熊,2000)。

美国哲学家格赖斯(1975)认为,在所有的语言交际活动中为了保证会话的顺利进行,说话人和听话人之间存在着一种默契,一种双方都应该遵守的原则,这种原则就是会话的合作原则。

格赖斯指出,在正常情况下,人们的谈话是不会由一系列互不相干的话语组成的,语言交际总是一个互相合作的行为,谈话的参与者都在某种程度上意识到一个或一组共同的目标,或者至少有一个被双方或多方都接受的大方向。这个目标或方向常常是在谈话的一开始时就明确的(如双方准备通过交谈商定一次会议的时间,解决一个具体的问题,协调双方的行动等);当然,这个共同的目标或方向也可能不怎么明确(如闲聊)或者是在交谈过程中逐渐明确起来的。在交谈过程中,不适合谈话目标或方向的话语被排除,使交谈得以顺利进行。这就要求谈话的参与者共同遵守某些合作的原则:即在参与交谈时,要使你说的话符合你所参与的交谈公认目标或方向。

格赖斯(1975)提出的合作原则可以具体体现为四条准则,每个准则又包括一些细则:

(1)数量准则:

①所说的话应包含交谈目的所需要的信息;

②所说的话不应包含超出需要的信息。

(2)质量准则:

①不要说自知是虚假的话;

②不要说缺乏足够证据的话。

(3)关系准则:

①说话要有关联。

(4)方式准则:

①避免晦涩;

②避免歧义;

③简练(避免啰唆);

④要有条理。

数量准则规定了我们说话时所应该提供的信息量:不应少说也不要多说。质量准则规定了说话的真实性，也就是要求说话人说真话，不说假话，不说没有根据的话。这里所说的真实性是指说话人认为是真实的话，不否认会存在说话人自认是真实的，但实际上却是不真实的情况。在这种情况下，说话人在无意识地说谎，但仍然应该说他是在遵循这条准则的。关联准则规定了说话要切题，不说和话题无关的话。方式准则在表达方式上提出了要求，要求说话人简明扼要，不要用语义含糊的词语，避免冗词赘句。

合作原则之下的四个准则是人们在交谈中大多要遵守的，遵守所有这些准则，人们就能以最直接的方式、最高的效率进行交际。但这四条准则毕竟是几条约定俗成的规约，不同于严格的语言规则，并不是绝对不可违反的。格赖斯进一步指出，如果说话人有意违反合作原则，目的不是让交际中断，而是另有企图，而这有意的违反又能为听话人所接受，并默认听话人做不同的理解，这时就产生了一种新的意义——会话含义。

所以说，“愿意合作”是说话人通过违反准则产生会话含义的大前提。因此，当我们说某人违反了会话准则时，那只是说他在字面上违反了准则，但在更深的层次上，他仍然遵守了会话原则，违反准则也是遵守合作原则的一种方式，一种表现。

(二)礼貌原则

格赖斯的合作原则只解释了话语的字面意义和它的实际意义之间的关系，解释了会话含义是怎样产生和理解的，但它却没有解释在日常生活中人们为什么要违反会话准则以含蓄地、间接地表达自己。为弥补合作原则的这一不足，利奇(1983)提出了礼貌原则。

利奇认为人们人际交往中故意违反合作原则一般是出自礼貌的考虑。虽然不能说人们违反会话原则产生会话含义都是出于礼貌的需要，但在不少情况下，人们这样做的确是出于礼貌的考虑。在交际中为了维护礼貌原则，人们甚至可以牺牲合作原则下的准则。比如说，说一个不会带来任何不良后果的谎来谢绝别人的邀请，总要比直接地回绝对方显得礼貌些，尽管你说了谎，而且对方也知道你在说谎。

礼貌原则也可以具体地体现在一些准则上(Leech，1983)：

(1)策略准则：

①使他人受损最小；

②使他人受惠最大。

(2)宽宏准则：

①使自身受惠最小；

②使自身受损最大。

(3)赞扬准则：

①尽力缩小对他人的贬损；

②尽力夸大对他人的赞扬。

(4)谦虚准则：

①尽力缩小对自身的赞扬；

②尽力夸大对自身的贬损。

(5)赞同准则：

①尽力缩小自身和他人之间的分歧；

②尽力夸大自身和他人之间的一致。

(6)同情准则：

①尽力缩小自身对他人的厌恶；

②尽力夸大自身对他人的同情。

这些准则是人们在交际中一般都遵守的礼貌原则，从中，我们可以得出这样的规律：说话人说话时往往都尽量给别人一点方便，尽量让自己多吃一点亏，从而在交际中使对方感到受尊重，同时反过来获得对方对自己的好感。当然，人们并非在任何时候、任何地方、同任何人交际时都要恪守礼貌原则，例如在紧急或意外事件中，在激烈的争辩或紧张工作的场合，或者在十分亲热友好的朋友之间不拘礼节的谈话中。在这类活动中，人们首先关心的是信息，是如何毫不含糊地以最快的速度把信息传递给对方，为此目的，参与者最大限度地遵循各项会话准则，对礼貌的考虑让位于对合作原则的考虑。

何兆熊(2000)认为，合作原则和礼貌原则之间存在着一种进退相让的关系，要多考虑一点合作原则，便只能少考虑一点礼貌原则；反之，要多考虑礼貌，便不得不牺牲合作原则。这就是为什么语言越直接，就越容易显得唐突，语言越间接，一般来说就越显得婉转。

利奇对礼貌的界定比较模糊，他的礼貌原则只是解释了合作原则未能解决的某些现象，但对礼貌的得体性没有予以充分的考虑。一般来说，对某一场合来说，有适合于这种场合的最礼貌的形式，换了一种场合，这种形式就会显得过分礼貌或者不够礼貌了。使用过分礼貌或不够礼貌的形式都会使语言显得不得体,可能会因此产生另一种会话含义。因此,利奇的这些礼貌准则是相对的,是受一系列社会因素制约的,这些社会因素决定了在特定的场合下什么是“最礼貌”的形式。利奇自己也认为,他的礼貌理论具有普遍性,但礼貌原则下的各准则,其重要性因文化、社会或语言环境的不同而有所不同。因此,探讨礼貌问题,我们必须考虑礼貌的文化特征。

礼貌是不同文化背景的人都必须遵守和维护的准则。讲究礼貌是人类社会的文明标志,但不同文化背景的社会具有不同的礼貌规范,因此人们表达礼貌的方式和评判礼貌的标准是不同的。根据汉语言文化有关礼貌的源流,顾曰国(1992)提出汉文化的礼貌有“尊重”“谦逊”“态度热情”和“文雅”四个方面的特征。“尊重”是自我尊重和赞赏对方;“谦逊”实指贬己尊人的另一种方式;“态度热情”表现为关心、体贴、好客;“文雅”指举止、谈吐得体大方。顾曰国把不同文化中带普遍性的礼貌特征和中国文化中注重和强调的礼貌言行结合在一起,在指出汉文化的四大礼貌特征的同时,提出了具有汉文化特色的礼貌准则。

(1)贬己尊人准则:指谓自己或与自己相关的事物时要“贬”,要“谦”;指谓听者或与听者有关的事物时要“举”,要“尊”。譬如,说话者在称自己时自贬,自谦为“鄙人”“小弟”等;在称对方时抬高,尊人为“您”“您老”“先生”“阁下”“师傅”等。

(2)称呼准则:即用适切的称呼语主动跟对方打招呼。适切与否需要考虑传统的“上下有义,贵贱有分,长幼有序”(《管子·五辅》),也需要考虑亲属或非亲属、职务高低、职业地位、熟悉程度、同事、性别、年龄、气氛、场合等语用因素。

(3)文雅准则:即选用雅言,禁用秽语;多用委婉语,少用直言。

(4)求同准则:与“脸”和“面子”有关,即说、听者在诸多方面力求和谐一致,尽量满足对方的欲望。

(5)德、言、行准则:指在行为动机上,尽量减少他人付出的代价,尽量增大对他人的益处;在言辞上,尽量夸大别人给自己的好处,尽量说小自己付出的代价。

顾曰国对礼貌的这一描述,兼顾了不同文化中礼貌的共同特点和汉文化中的个体特征,似乎更符合中国的实际情况。

二、语用原则的运用对比

不论是何种文化背景下的交际对象在整个交际过程中都需要遵循“合作原

则”，否则交际难以达到预期目的，但是在体现“合作原则”的具体方式和手段方面，不同文化之间存在一定的差异，一种文化中被认为是符合“合作原则”的话语在另一种文化背景下却未必如此。

（一）“谎言”与真实

刘英凯（1991）曾经举了一个例子：

我的美国同学麦克邀我周末到他家参加一个 party，我听说，一位我甚不喜欢的时髦人士也被邀请了，觉得“没劲”，不屑与之同往，便给麦克挂了一个电话，随口道：“今晚我与某某（也是麦克认识的）有急事要办，不能前往，很抱歉”云云。岂料，那位原先未被邀请的某某后来也被朋友带到了麦克的 party 上，一下子拆穿了我的西洋镜。为这事，麦克很认真地对我发了一场大火，质问缘由。我狼狈不堪，只好道出实情。麦克一听，觉得非常奇怪：“那你为什么不对我说真话？‘我不喜欢’就是一个最好的理由，没有比它更有力的理由了，为什么要撒谎呢？”在麦克看来，为“人情”“面子”，这些玄虚的东西去撒谎，由此破坏自己的信誉，实在是不可思议的蠢事。

为什么会出现这样的冲突？根据前面所讨论的合作原则和礼貌原则，我们可以看出在这个例子中，麦克考虑的是合作原则中的质量准则：不要说自知是不真实的话，而“我”考虑的是礼貌原则中的赞同准则，不想让麦克知道他与时髦人士的不一致，即他不愿与他同往，因此为了礼貌原则中的一致准则，他牺牲了质量准则，撒了谎，使得麦克既不满又大惑不解。

（二）自贬与张扬

在汉文化中，“自卑而尊人”是其礼貌的核心部分，“中庸之道”“树大招风”的思想根深蒂固，无论说话做事都避免张扬，严守谦虚准则。中国人在谈论有关自己的事情时，通常表现出自谦和自贬，以视谦虚，他们认为欣然接受别人的赞美是不礼貌的行为。

西方文化被称为“个人价值至上文化”或“个人主义文化”。个人主义表现在自我主动性、自我独立精神、自我表现力等方面。对于西方人来说，自我居于极其重要的地位，个人成就、个人主权以及个人自由被视为美德而加以颂扬和推崇。正是由于这种根深蒂固的个人价值观，当西方人受到赞美时，他们会欣然接受。这是因为他们以自己为荣，不会刻意去掩饰自己的自信心和成就感。

例：请看中英作家笔下人物对夸奖的反应：

(1) Philip Said："Oh，Lucy，you are more charming each passing week. I guess no one can help loving you when they see you." Miss Johnson smiled："Thank you，Philip，Thank you."

(菲利普说："露西，你真是越发动人了。我想每个人看到你时，都会情不自禁爱上你。"约翰逊小姐笑着说："谢谢，菲利普，谢谢你的夸奖。")

(2)方鸿渐：我知道我很大胆冒昧。你表姐说你朋友很多，我不配高攀，可是我很想在你的朋友里凑个数目。

唐晓芙：我没有什么朋友，表姐在胡说，她跟你怎么说呀？

方鸿渐：她并没讲什么，她只讲你善于交际，认识不少人。

唐晓芙：这太怪了！我才是不见世面的乡下女孩子呢？(《围城》)

《围城》中方鸿渐对唐晓芙有好感，借苏小姐的话赞扬唐晓芙善于交际。且不说方鸿渐的赞美是否是事实，唐晓芙称自己是不见世面的乡下女孩子，是典型的自我贬抑的谦虚做法。西方文化被称为"自我价值至上文化"。别人的赞扬是对听话者个人价值的肯定，听话者大多会欣然接受。不必要的谦虚会被人误解为是对说话者欣赏力的怀疑，从而伤害到说话人的面子，是不礼貌的行为。

(三)关心与隐私

英语中有句谚语叫"A man's home is his castle"，意思是每个人的家都是他自己的城堡，不容别人的侵犯。西方人非常尊重个人的隐私权，在交谈中忌讳诸如年龄、婚姻状况、个人收入、信仰之类的话题，认为那些纯属个人隐私，不便询问，否则便被视为不礼貌。而在汉语中这些事情可以随便作为话题，而且被认为是一种对他人表示关心和热情的行为，可以用以缩短彼此的社会距离。何兆熊(2000)举了一个例子：

(我立刻对这位同乡越加亲热起来。)

我：你多大了？

同乡：十九。

我：参加革命几年了？

同乡：一年。

我：你怎样参加革命的？

同乡：大军北撤时我自己跟来的。

我：家里还有什么人呢？

同乡：娘，爹，弟弟妹妹，还有一个姑姑也住在我家里。

我：你还没有娶媳妇吧？（茹志鹃《百合花》）

这似乎不是在谈话，倒像是在审讯，或查户口。但在汉文化里，这却是关心、亲热的表示，并不是不礼貌的言语行为。但对说英语的人来说，如果在日常生活中有人向他们以这样的方式询问这样的一些问题，就会感到对方在粗暴地干涉他们的隐私。

（四）含蓄与坦率

语用原则还受到中西文化不同思维模式的影响。西方人的思维模式成直线型，在语言中表现为直截了当，简洁明了，并且认为这种直入主题的会话方式是礼貌的表现。中国人的思维方式通常呈螺旋型，在语言中表现为尽量避免直截了当而采用迂回的表达方式，语言含蓄委婉，采用"暗示策略"，常把话语的核心部分放在后面，因为他们认为这样做才符合礼貌原则。

这种不同的思维模式可用于解释中西方文化中请求和邀请语的语用差异。西方人在请人办事时，采用"请求＋陈述"的方式，先直截了当地提出请求，再陈述细节。相反，中国人常常采用"陈述＋请求"的方式，先述细节，再提请求。西方人在接受邀请时，常常直截了当地表示接受或拒绝，而邀请者不再发出第二次邀请。而在中国，受邀者不能立即接受邀请，否则就会显得过于急切，是不礼貌的行为。而邀请者也须再次或三次发出邀请才算真诚。许余龙(2002)曾分析过一段对话：

A：Sir?

B：Yes, what is it?

A：My mother is not very well, sir.

B：So?

A：She has to go into hospital, sir.

B：Well, get on with it. What do you want?

A：On Thursday, sir.

B：Bloody hell, man, what do you want?

A：Nothing, sir.

我们知道，香港回归前，香港大多数普通警察都是当地中国人，而他们的上司却有不少是英国人。上面就是一位中国警察 A 和他的英籍上司 B 之间的对话。

许余龙是这样分析的：

这位中国警察显然是想向他的上司请假，因为他的母亲病了，星期四他必须送她去住院治疗。然而，他非但没有得到准假，而且惹恼了上司，结局十分难堪。问题出在哪里呢？总的来说，在这段会话中，那位中国警察采用的策略是想以间接的方式来提出请假的要求。他先后向他的上司报告了他母亲的身体情况、治疗办法和住院时间，期望得到上司的同情和理解，进而提出请假的要求。这种策略或许也可以称为一种暗示策略。对那位警察来说，采用这一策略是出于礼貌原则的考虑。他要求请假，如果得到批准，他的上司必然要安排别人来顶替他，会给上司带来一定的麻烦。因此从本质上来说，要求请假这一言语行为本身是不礼貌的。如果他直截了当地提出请求，就显得更不礼貌，所以他采用暗示策略，先看看上司的反映，然后再伺机提出请求。

而那位英裔警官却自始至终要求他的下属有话直说，不要绕圈子，也就是强调合作原则中的关系准则。当下属向他报告说母亲身体不好时，他似乎觉得这一信息与警察事务没有直接联系，这个“So?”(那又怎么样?)既表明他对下属所提供信息的关联性表示怀疑，又要求下属说明这一信息的相关性。当他把下属提供的两个信息联系起来，意识到下属要他帮忙(但并不一定意识到要请假，因为也可能要借钱或借车)，他对这种吞吞吐吐的绕圈子说法已感到有些不耐烦了，因此要求下属把要求直接说出来。然而他的下属却仍然不肯(或不敢)直说。随后，他便有些发火了，训斥了之后，再一次询问要求。看到上司面有愠色，那位可怜的警察当然就不敢再提要求了，只能推说没有什么事，他的请假也就失败了。

前面我们说过，合作原则和礼貌原则之间存在着一种进退相让的关系，多考虑礼貌就不得不牺牲合作原则，反之亦然。中西文化对礼貌一词的理解不同，因此在遵循合作原则和礼貌原则的程度也有所不同。

从格赖斯的“合作原则”来看，中国人的话语似乎经常违背各项准则，因而西方人常认为，中国人言不由衷、话语啰嗦、主题不明、含糊其词，之所以如此，是因为交际过程中各自在遵循言语规则方面所侧重的原则并不完全一致：中国人违反“合作原则”是为了更好地遵循“礼貌原则”，即牺牲“真实性”而保全“礼貌性”；西方人言谈直率，在中国人看来是不惜以牺牲“礼貌性”为代价来保全“真实性”的。这是由各民族的文化模式、民族心理、思维定式和价值取向等因素决定的。

参考文献

蔡基刚,2008.英汉词汇对比研究[M].上海:复旦大学出版社.

曹炜,2001.现代汉语词义学[M].上海:学林出版社.

曹逢甫,2004.汉语的句子与子句结构[M].王静,译.北京:北京语言大学出版社.

陈望道,1979.修辞学发凡[M].上海:上海教育出版社.

陈文存,1999.简析"Chinglish"[J].四川师范学院学报(7):68-72.

董秀芳,2011.词汇化:汉语双音词的衍生和发展[M].修订本.北京:商务印书馆.

范仲英,1994.实用翻译教程[M].北京:外语教学与研究出版社.

高名凯,1986.汉语语法论[M].北京:商务印书馆.

葛传槼,1980.漫谈由汉译英问题[J].中国翻译(2):1-8.

葛传槼,2012.英语惯用法词典[M].上海:上海译文出版.

顾曰国,1992.礼貌、语用和文化[J].外语教学与研究(4):10-17.

桂灿昆,1996.汉英两个语音系统的主要特点比较[M]//李瑞华.英汉语言文化对比研究.上海:上海外语教育出版社:81-93.

郭锦桴,1993.汉语声调语调阐要与初探[M].北京:北京语言学院出版社.

郭林花,2006.大学校园英汉语码转换的形态句法特征[J].现代外语(1):20-28.

郭绍虞,1985.汉语词组对汉语语法研究的重要性[M]//郭绍虞.照隅室语言文字论集.上海:上海古籍出版社:331-332.

何南林,2008.汉英语言思维模式对比研究[M].济南:齐鲁书社.

何善芬,2002.英汉语言对比研究[M].上海:上海外语教育出版社.

何烨,2004.改革开放以来英语对汉语句法的影响[J].四川外语学院学报(3):129-145.

何兆熊,2000.新编语用学概要[M].上海:上海外语教育出版社.

何自然,等,2001.语码转换研究述评[J].现代外语(1):86-95.
洪堡特,1997.论人类语言结构的差异及其对人类精神发展的影响[M].姚小平,译.北京:商务印书馆.
洪堡特,2001.洪堡特的语言哲学文集[M].姚小平,译.长沙:湖南教育出版社.
侯维瑞,1992.英国英语与美国英语[M].上海:上海外语教育出版社.
胡明扬,等,1989.流水句初探[J].语言教学与研究(4):42-54.
胡曙中,等,1989.英汉对比修辞研究初探[J].外国语(2):40-53.
胡壮麟,1994.语篇的衔接与连贯[M].上海:上海外语教育出版社.
黄伯荣,等,2007.现代汉语[M].增订第四版.北京:高等教育出版社.
黄巽斋,1998.汉字文化丛谈[M].长沙:岳麓书社.
贾德霖,1990.思维模式与线性序列:汉式英语语序特色[J].外国语(5):12-16.
姜望琪,2005.汉语的“句子”与英语的 sentence[J].解放军外国语学院学报(1):10-15.
姜亚军,等,2003.有关“中国英语”的问题:对“‘中国英语’质疑”一文的回应[J].外语教学(1):27-35.
焦贵甫,1992.现代英语语流音变[J].郑州大学学报(哲学社会科学版)(1):39-47.
焦贵甫,1994.英汉音节比较研究[J].河南大学学报(社会科学版)(1):95-99.
夸克.R.,等,1989.英语语法大全[M].苏州大学《英语语法大全》翻译组.上海:华东师范大学出版社.
李冬,1988.汉英词语理据比较[J].外国语(6):1-4
李国南,1999.英汉修辞格对比研究[M].福州:福建人民出版社.
李经纬,等,2004.多维视角中的语码转换研究[J].外国教学与研究(5):337-344.
李临定,1986.现代汉语句型[M].北京:商务印书馆.
李文中,1993.中国英语与中国式英语[J].外语教学与研究(4):18-24.
连淑能,2010.英汉对比研究[M].增订本.北京:高等教育出版社.
林焘,等,2013.语音学教程[M].北京:北京大学出版社.
林同济,1990.从汉语词序看长句翻译[M]//杨自俭,等.英汉对比研究论文集.上海:上海外语教育出版社:391-403.
刘宓庆,1991.汉英对比研究的理论问题(下)[J].外国语(5):44-48.
刘宓庆,1992.汉英对比研究与翻译[M].南昌:江西教育出版社.

刘宓庆,1993.思维方式、表现法及翻译问题[J].现代外语(1):12-15.
刘宓庆,2006.新编汉英对比与翻译[M].北京:中国对外翻译出版公司.
刘英凯,1991.合作原则及文化差异的英汉对比试析[J].深圳大学学报(人文社会科学版)(3):1-13.
刘英凯,2000.汉语与英语的共有词缀化趋势:文化顺涵化的镜像[J].深圳大学学报(人文社会科学版)(1):96-102.
刘永厚,2008.主体语框架模式在教师语码转换结构研究中的应用[J].西安外国语大学学报(1):15-17.
刘重德,1998.英汉语比较与翻译[M].青岛:青岛出版社.
陆国强,1983.现代英语词汇学[M].上海:上海外语教育出版社.
吕叔湘,1983.通过对比研究语法[M]//吕叔湘.吕叔湘语文论集.北京:商务印书馆:137-152.
吕叔湘,1979.汉语语法分析问题[M].上海:商务印书馆.
吕叔湘,1980.语文常谈[M].北京:三联书店.
吕叔湘,1999.汉语语法分析问题[M].增订本.北京:商务印书馆.
倪大白,1995.汉藏语系语言的系属问题[J].中国语言学报(6):255-256.
潘文国,1995.语言对比研究的哲学基础[J].华东师范大学学报(5):81-88.
潘文国,1996.关于对比语言学理论建设和学科体系的几点意见[J].青岛海洋大学学报(3):82-85.
潘文国,1997.汉英语对比纲要[M].北京:北京语言文化大学出版社.
潘文国,2002.字本位与汉语研究[M].上海:华东师范大学出版社.
潘文国,等,2004.汉语的构词法研究[M].上海:华东师范大学出版社.
潘文国,2009.汉字是汉语之魂[J].华东师范大学学报(2):75-93.
潘文国,2010.汉英语言对比概论[M].北京:商务印书馆.
潘文国,等,2006.对比语言学:历史与哲学思考[M].上海,上海教育出版社.
秦秀白,1983.英语简史[M].长沙:湖南教育出版社.
邱立中,等,2002.中国英语质疑[J].外语教学(6):23-27.
萨丕尔,1985.语言论[M].陆卓元,译.北京:商务印书馆.
邵斌,2019.英汉词汇对比研究[M].北京:外语教学与研究出版社.
申小龙,1993.汉语与汉民族思维的文化通约[J].社会科学战线(6):246-253.

沈家煊,1993.句法的象似性问题[J].外语教学与研究(1):2-8.
沈家煊,1996.英汉对比语法三题[J].外语教学与研究(4):8-13.
石毓智,2006.语法的概念基础[M].上海:上海外语教育出版社.
束定芳,2000.现代语义学[M].上海:上海外语教育出版社.
谭载喜,1983.翻译理论与翻译技巧论文集[M].北京:中国对外翻译出版公司.
滕永超,1999.从汉英构词法比较看国际汉字研究[J].汉字文化(3):31-35.
汪榕培,1991.中国英语是客观存在[J].解放军外语学院学(1):1-8.
汪榕培,1997.英语词汇学教程[M].上海:上海外语教育出版社.
王艾录,等,2002.语言理据研究[M].北京:中国社会科学出版社.
王逢鑫,2002.身体隐喻:构词理据、功能变换、冗赘与错位[J].外语与外语教学(12):6-10.
王菊泉,1982.关于英汉语法比较的几个问题:评最近出版的几本英汉对比语法著作[J].外语教学与研究(4):1-9.
王力,1954.中国语法理论[M].北京:中华书局.
王力,1985.中国现代语法[M].北京:商务印书馆.
王文斌,等,2004.英汉"看"类动词的语义及词化对比分析[J].外语教学与研究(6):412-419.
韦伯,1987.新教伦理与资本主义精神[M].于晓,等译.北京:三联书店.
卫乃兴,2001.词语搭配的界定与研究体系[M].上海:上海交通大学出版社.
魏在江,2007.英汉语篇连贯认知对比研究[M].上海:复旦大学出版社.
魏志成,2003.英汉语比较导论[M].上海:上海外语教育出版社.
魏志成,2005.汉英语言关系研究[J].曲靖师范学院学报(2):69-74.
吴东英,2001.再论英语借词对现代汉语词法的影响[J].当代语言学(2):81-89.
谢信一,2004.汉语中的时间和意象[M]//束定芳.语言的认知研究:认知语言学论文精选.上海:上海外语教育出版社:244-289.
谢之君,1995.中国英语:跨文化语言交际中的干扰性变体[J].现代外语(1):7-11.
邢福义,2001.汉语复句研究[M].北京:商务印书馆.
熊学亮,等,2004.论典型致使结构的英汉表达异同[J].外语教学与研究(2):90-96.
徐通锵,1997.语言论:语义型语言的结构原理和研究方法[M].长春:东北师范大学出版社.
徐通锵,1999.语言论[M].长春:东北师范大学出版社.
徐通锵,2001.基础语言学教程[M].北京:北京大学出版社.
许国璋,1995.许国璋论语言[M].北京:外语教学与研究出版社.
许余龙,2002.对比语言学[M].上海:上海外语教育出版社.
杨自俭,等,1990.英汉对比研究论文集[M].上海:上海外语教育出版社.
杨自俭,2000.简论对比语言学中的几个问题[M]//杨自俭.英汉语比较与翻译(3).上海:上海外语教育出版社:9-18.
杨自俭,等,1990.英汉对比研究述评[M]//杨自俭,等.英汉对比研究论文集.上海:上海外语教育出版社:1-20.
叶蜚声,等,1997.语言学纲要[M].北京:北京大学出版社.
于国栋,2000.语码转换的语用学研究[J].外国语(6):22-27.
张德禄,1999.语篇连贯研究纵横谈[J].外国语(6):24-31.
张朋朋,2004.谈文字的本质[J].汉字文化(3):44-46.
张维友,2010.英汉词汇对比研究[M].上海:上海外语教育出版社.
张志公,1980.关于汉语语法体系分歧问题[J].语言教学与研究(1):4-15.
章振邦,1997.新编英语语法[M].上海:上海外语教育出版社.
赵宏,等,2002.英汉第三人称代词语篇照应功能对比研究[J].外语教学与研究(3):174-179.
赵元任,1979.汉语口语语法[M].吕叔湘,译.北京:商务印书馆.
赵元任,1985.赵元任语言学论文选[M].北京:中国社会科学出版社.
郑卓睿,2004.汉语与汉文化[M].广东:汕头大学出版社.
周国光,2004.现代汉语词汇学导论[M].广州:广东高等教育出版社.
周荐,2014.汉语词汇结构论[M].北京:人民教育出版社.
周志培,2003.汉英对比与翻译中的转换[M].上海:华东理工大学出版社.
周志培,等,1985.英汉语的相互影响:汉语的英语化与英语的汉语化[J].新乡师范学院学报(哲学社会科学版)(1):102-112.
朱纯深,等,2004.英语是非问句汉译个案研究[J].外语教学与研究(2):137-143.
朱德熙,1983.语法讲义[M].北京:商务印书馆.
朱永生,等,2001.英汉语篇衔接手段对比研究[M].上海:上海外语教育出版社.

左岩,1995.汉英部分语篇衔接手段的差异[J].外语教学与研究(3):37-42.

AUSTIN J L, 1962. How to do things with words[M]. Oxford:Oxford University Press.

AUER P, 1998. Code-switching in conversation: Language, interaction and identity [M]. London and New York:Routledge.

BEAUGRANDE R, DRESSLER W, 1981. Introduction to text linguistics[M]. London:Longman.

BLOOMFIELD L, 1933. Language[M]. New York:Henry Holt.

CHAO Y R, 1968. A grammar of spoken Chinese[M]. Berkeley:University of California Press.

COULTHARD M, 1977. An introduction to discourse analysis[M]. London: Longman.

FIRTH J R, 1957. Papers in linguistics (1934—1951)[M]. London: Oxford University Press.

FRIES C C, 1945. Teaching and learning English as a foreign language[M]. Ann Arbor:University of Michigan Press.

FRY D B, 1979. The physics of speech[M]. Cambridge:Cambridge University Press.

GRICE H P, 1975. Logic and conversation[M]//Cole P, Morgan J. Syntax and semantics(Vol. 3):Speech acts. New York:Academic Press:307-308.

GOWERS E, 1987. The complete plain words[M]. England:Penguin Books Ltd.

HALLIDAY M A K, 1992. An introduction to functional grammar[M]. London: Edward Arnold.

HALLIDAY M A K, HASAN R, 1976. Cohesion in English[M]. London: Longman.

HALLIDAY M A K, 1970. Language structure and language function[M]// Lyons J (ed.). New horizons in linguistics. Harmondsworth: Penguin Books:140-165.

HARTMANN R R K, 1980. Contrastive tectology:Comparative discourse analysis in applied linguistics[M]. Heidelberg:Julius Groos Verlag.

HOPPER P J, TRAUGOTT E C, 1993. Grammaticalization[M]. Cambridge: Cambridge University Press.

HUMBOLDT W V, 1820. On the comparative study of language and its relation to the different periods of language development[M]//Harden T,Farrelly D (eds). Essays on language. Frankfurt am Main:Lang:1-22.

HUMBOLDT W V, 1836. On language:The diversity of human language-structure and its influence on the mental development of Mankind[M]. Peter heath (trans). Cambridge and New York:Cambridge University Press.

JAMES C, 1980. Contrastive analysis[M]. Harlow, Essex: Longman Group Ltd.

JESPERSEN O, 1924. The philosophy of grammar[M]. London:George Allen & Unwin Ltd.

JUFFS A, 1996. Learnability and the lexicon:Theories & second language acquisition [M]. Amsterdam:John Benjamins.

KACHRU B B, 1992. World Englishes: Approaches, issues and resources[J]. Language Teaching,(1):1-14.

KAPLAN R B, 1966. Cultural thought patterns in intercultural education[J]. Language Learning, 16(1/2):1-20.

LADO R, 1957. Linguistics across culture[M]. Ann Arbor: University of Michigan Press.

LEECH G, 1975. Semantics[M]. London:Penguin Books.

LEECH G, 1983. Principles of pragmatics[M]. London:Longman.

LEGGETT G, MEAD C D, KRAMER M G, 1991. Handbook for writers (11th ed.) [M]. Englewood Cliffs, New Jersey:Prentice Hall.

LEVINSON S, 1983. Pragmatics[M]. Cambridge:Cambridge University Press.

LI C N, THOMPSON S A, 1976. Subject and topic[M]. New York:Academic Press.

LOUW B, 1993. Irony in the text or insincerity in the writer: The diagnostic potential of semantic prosodies[M]//Baker M, Francis G & Togni-ni-Bonelli E(Eds.). Text and technology. Amsterdam. John Benjamins:157-176.

LYONS J, 1977. Semantics, Vol. 2[M]. Cambridge: Cambridge University Press.

LYONS J, 1981. Language and linguistics[M]. Cambridge: Cambridge University Press.

LYONS J, 1968. An introduction to theoretical linguistics[M]. Cambridge: Cambridge University Press.

MYER-SCOTTON C, 1993. Duelling languages: Grammatical structure in code-switching[M]. Oxford: Oxford University Press.

NIDA E, 1982. Translating meaning[M]. San Dimas: English Language Institute.

PACKARD J L, 2000. The morphology of Chinese: A linguistic and cognitive approach[M]. London: Cambridge University Press.

PINKER S, 1989. Learnability and cognition: The acquisition of argument structure [M]. Bradford: MIT.

QUIRK R, GREENBAUM S, LEECH G, SVARTVIK J, 1985. A comprehensive grammar of the English language[M]. London: Longman.

QUIRK R, GREENBAUM S, LEECH G, SVARTVIK J, 1972. A grammar of contemporary English[M]. London: Longman.

RICHARDS J C, SCHMIDT R, 2010. Longman dictionary of language teaching and applied linguistics (4th ed)[M]. London: Longman.

SEARLE J, 1975. Indirect speech acts[M]//Cole P & Morgan J(eds.). Syntax and semantics, Vol. 3: Speech acts. New York: Academic Press: 59-82.

SINCLAIR J, 1991. Collins COBUILD English guides: Word formation[M]. London: Harber Collins Publishers Ltd.

TSAO F F, 1987. A topic-comment approach to the *ba* construction[J]. Journal of Chinese Linguistics, 15(1): 1-54.

ULLMANN S, 1962. Semantics: An introduction to the science of meaning[M]. Oxford: Basil Blackwell.

UNGERER F, SCHMID H J, 1996. An introduction to cognitive linguistics[M]. London: Longman.

VERSCHUEREN J, 1999. Understanding pragmatics[M]. London: Arnold.

WARDHAUGH R, 1998. An introduction to sociolinguistics[M]. Oxford: Publishers Ltd.

WHORF B L, 1941. Language and logic[M]//Carroll J B (ed.). Language, thought and reality: Selected writings of Benjamin Lee Whorf[M]. Cambridge, Massachusetts: The MIT Press: 233-245.

WIDDOWSON H G, 1979. Directions in the teaching of discourse[M]//Brumfit C J, Johnson K (eds.). The communicative approach to language teaching [M]. Oxford: Oxford University Press: 49-60.

ZEIGER A, 1978. Encyclopedia of English (Revised Edition) [M]. New York: Arco Publishing Company.

ZHANG Y F et al., 1986. An introduction to modern English lexicology[M]. Beijing: Beijing Normal University Press.